वाणी एटलस

छात्रों की पहली पसन्द

हिन्दी माध्यम

सम्पादक

डॉ. आर.पी. आर्य, जितेन्द्र आर्य एवं अंशुमन आर्य

वाणी प्रकाशन

4695, 21-ए, दरियागंज, नयी दिल्ली -110 002; फ़ोन : + 91 11 23273167, 23275710

ACKNOWLEDGMENTS

© Government of India Copyright 2018.

The responsibility for the correctness of Internal details rests with the publisher.

The territorial waters of India extend into the sea to a distance of twelve nautical miles measured from the appropriate base line.

The administrative headquarters of Chandigarh, Haryana and Punjab are at Chandigarh.

The interstate boundaries "amongst" Arunachal Pradesh, Assam and Meghalaya shown on this map are as interpreted from the North-Eastern Areas (Reorganisation) Act, 1971, but have yet to be verified.

The external boundaries and coastlines of India agree with the Record / Master Copy certified by Survey of India.

The interstate boundaries between Uttar Pradesh - Uttarakhand, Bihar - Jharkhand and Madhya Pradesh - Chhattisgarh have not been verified.

The Spellings of names in this map, have been taken from various sources.

ISBN : 978-93-83673-90-2

मानचित्र संकेत

- अन्तर्राष्ट्रीय सीमा
- राज्य सीमा
- रेलवे लाईन
- देश की राजधानी
- राज्य की राजधानी
- जिला मुख्यालय
- तहसील मुख्यालय एवं अन्य नगर
- स्वर्णिम चतुर्भुज
- उत्तर–दक्षिण गलियारा
- पूर्व–पश्चिम गलियारा
- 65 राष्ट्रीय राजमार्ग संख्या सहित

Designed, Cartographed & Printed by :

INDIAN MAP SERVICE इण्डियन मैप सर्विस

जोधपुर (राज.)   मो. : 94141 00872 / 94141 00874

वाणी प्रकाशन

वाणी एटलस

अनुक्रमणिका

सौरमंडल

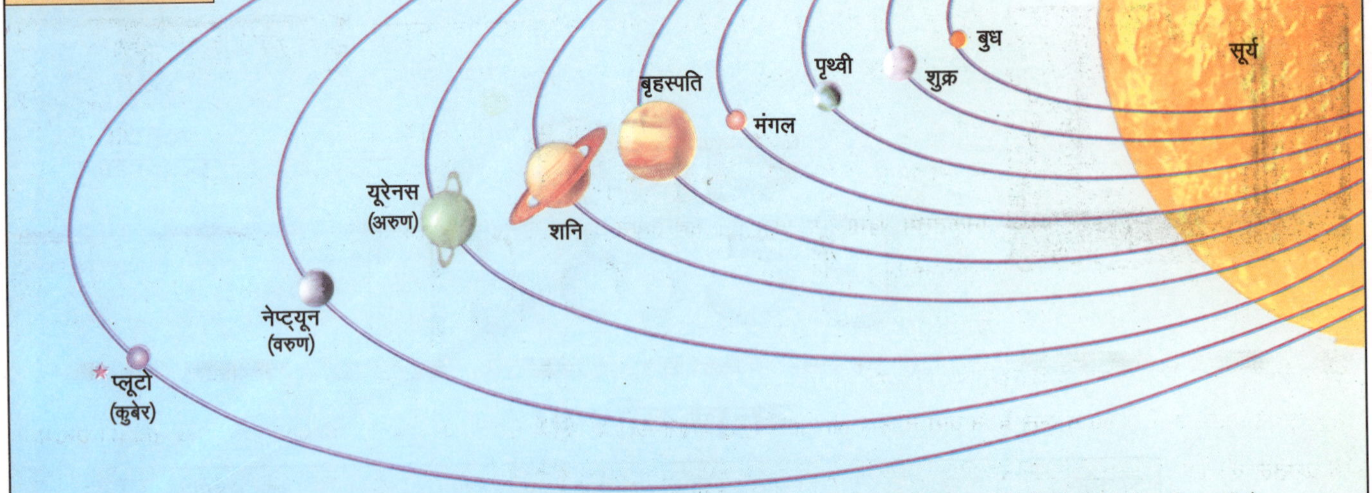

★ अगस्त,2006 में अन्तरराष्ट्रीय खगोलशास्त्रीय संघ की महासभा ने सौरमण्डल में बुध से नेप्ट्यून तक केवल 8 शास्त्रीय ग्रह स्वीकार किये हैं, जिसमें प्लूटो शामिल नहीं है ।

सौर परिवार : ग्रहों का तुलनात्मक आकार

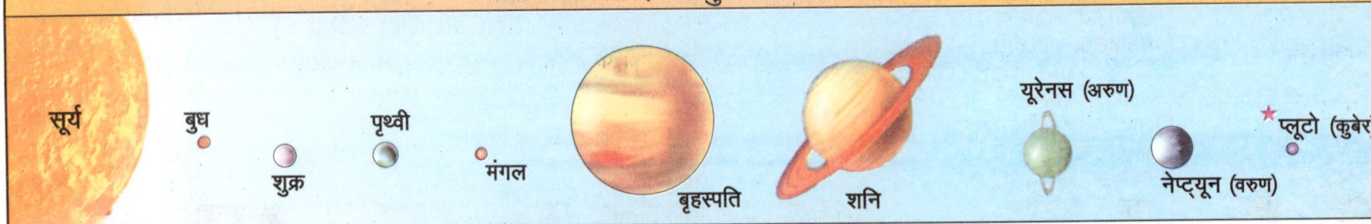

सौर परिवार की सारिणी

ग्रहों के नाम	सूर्य से अनुमानित दूरी (मिलियन किलोमीटर में)	भूमध्य रेखीय व्यास (किलोमीटर)	अपने अक्ष पर परिभ्रमण समय	सूर्य के चारों और परिक्रमण समय (किलोमीटर)	उपग्रहों की संख्या
बुध	58	4,878	58.6 दिन	88 दिन	0
शुक्र	108	12,110	243 दिन	224.7 दिन	0
पृथ्वी	150	12,756	23.9 घण्टे	365.26 दिन	1
मंगल	228	6,794	24.6 घण्टे	687 दिन	2
बृहस्पति	778	1,42,880	9.9 घण्टे	11.9 वर्ष	63
शनि	1427	1,20,500	10.3 घण्टे	29.5 वर्ष	33
यूरेनस (अरुण)	2871	51,400	16.2 घण्टे	84 वर्ष	27
नेप्ट्यून (वरुण)	4497	48,600	18.5 घण्टे	164.8 वर्ष	13
★ प्लूटो (कुबेर)	5914	3,000	6 दिन 9.3 घण्टे	248.5 वर्ष	1

चंद्रमा से पृथ्वी का दृश्य

उपग्रह से पृथ्वी का दृश्य

चन्द्रमा

चन्द्रमा

पृथ्वी के समान चन्द्रमा का दिखाई देना

चन्द्रमा पृथ्वी का एक उपग्रह है। वैज्ञानिकों की मान्यता के अनुसार इसकी उत्पत्ति पृथ्वी से हुई है। जब पृथ्वी तरल अवस्था में थी और तीव्र गति से घूम रही थी तो उसका एक अंश टूटकर पृथक हो गया। पृथ्वी से अलग हुआ वह अंश ही चन्द्रमा है। चन्द्रमा पृथ्वी का सबसे निकटतम खगोलीय पिंड है। यह अपने सौन्दर्य और शीतलता के कारण मनुष्य के लिए सदा से आकर्षण का विषय रहा है। पृथ्वी से इसकी दूरी लगभग 3 लाख, 84 हजार किलोमीटर है। इसका व्यास 3478 किलोमीटर है, जो पृथ्वी के व्यास का लगभग एक चौथाई है। इसमें स्वयं में कोई प्रकाश नहीं है, यह केवल सूर्य से प्रकाशित होता है।

चन्द्रमा एक मृत–ग्रह है। यहाँ न जल है, न वायु न कोई और वनस्पति। वायुमण्डल के अभाव में यहाँ किसी प्रकार का जीवन भी संभव नहीं है। चन्द्रमा के धरातल की जानकारी प्राप्त करने के लिए रूस एवं अमेरिका ने कई अतंरिक्ष यान भेजे। उन यानों से प्राप्त चित्रों कि/ फोटो से यह प्रमाणिक जानकारी अवश्य प्राप्त हुई कि चन्द्रमा के धरातल पर अनेक पहाड़, छोटे–बड़े गड्ढे, बड़ी–बड़ी घाटियों जैसी दरारें मौजूद हैं।

रोचक तथ्य :– अमेरिका के नील आर्मस्ट्रांग विश्व में पहले व्यक्ति थे, जिन्होंने 29 जुलाई, 1969 को सबसे पहले चन्द्रमा की सतह पर कदम रखा था। वहाँ कदम रखने पर उन्होंने वहाँ से पूरी दुनिया को अपना पहला सन्देश देते हुआ कहा था कि "यह एक इन्सान का छोटा कदम है पर मानवता की सबसे ऊँची छलांग है"

चन्द्रमा की कलाएँ

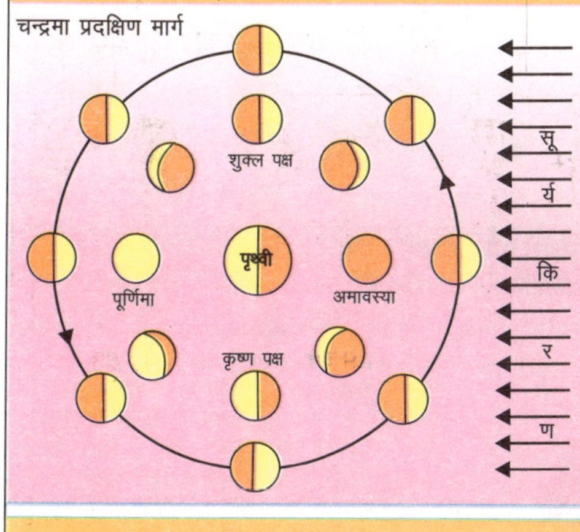

चन्द्रमा एक प्रकाशहीन पिण्ड है। यह सूर्य के प्रकाश से प्रकाशित होता है, किन्तु इसकी गोल आकृति के कारण जब इसके आधे भाग पर सूर्य का प्रकाश पड़ता है तो शेष आधा भाग अन्धकार में रहता है। पृथ्वी से हम केवल उसके प्रकाशित भाग को ही घटता–बढ़ता देखते हैं। कभी हँसिये के समान, की अर्द्धवृत्त और कभी पूर्ण गोलाकार दिखाई पड़ता है। जब चन्द्रमा का प्रकाशित भाग प्रतिदिन बढ़ता जाता है तो वह शुक्ल पक्ष होता है तथा जब चन्द्रमा का प्रकाशित भाग बराबर घटता रहता है तो वह कृष्ण पक्ष कहलाता है। दोनों पक्षों में चन्द्रमा के इस घटते–बढ़ते रूप को ही चन्द्रमा की कलाएँ कहते हैं जिससे हमें नित्य प्रतिदिन चन्द्रमा के भिन्न–भिन्न रूप दृष्टिगोचर होते हैं। जब चन्द्रमा का प्रकाशित भाग पृथ्वी से विपरीत दिशा में होता है तो चन्द्रमा बिल्कुल भी दिखाई नही पड़ता, यह स्थिति अमावस्या की होती है। अमावस्या के बाद जब चन्द्रमा की परिक्रमा करते हुए आगे बढ़ता है तो उसका प्रकाशमय भाग बढ़ता जाता है। अमावस्या के दो दिन बाद यह प्रकाशित भाग हँसिये के समान होता है। इसे द्वितीया का चन्द्रमा कहते हैं। द्वितीया के दिन चन्द्रमा कुछ ही समय के लिए चमकता है तथा बाद में उत्तरोत्तर यह अवधि बढ़ती जाती है। एक सप्ताह बाद चन्द्रमा का आधा प्रकाशित भाग दिखाई देता है, यह अष्टमी का चन्द्रमा होता है। इस दिन चन्द्रमा अर्द्धवृत्ताकार होता है और रात्रि को अर्द्ध–रात्रि तक चमकता है। तदनंतर चन्द्रमा बढ़ते–बढ़ते पूर्णिमा का पूर्ण वृत्ताकार हो जाता है। इस स्थिति में चन्द्रमा पृथ्वी के सिरे पर और सूर्य दूसरे सिरे पर होता है, जिससे चन्द्रमा का पूरा प्रकाशित भाग दिखायी पड़ता है। यही पूर्णमासी का चन्द्रमा होता है। पूर्णिमा के बाद पुनः उसी क्रम से चन्द्रमा का प्रकाशित भाग क्षीण होने लगता है और दो सप्ताह बाद फिर अमावस्या आ जाती है। पूर्णिमा के बाद कृष्ण पक्ष प्रारम्भ होता है जिसमें चन्द्रमा का काला भाग बढ़ता है और अमावस्या के बाद शुक्ल पक्ष शुरू होता है जिससे चन्द्रमा का उजला भाग बढ़ता है।

चन्द्र - ग्रहण और सूर्य - ग्रहण

चन्द्र ग्रहण

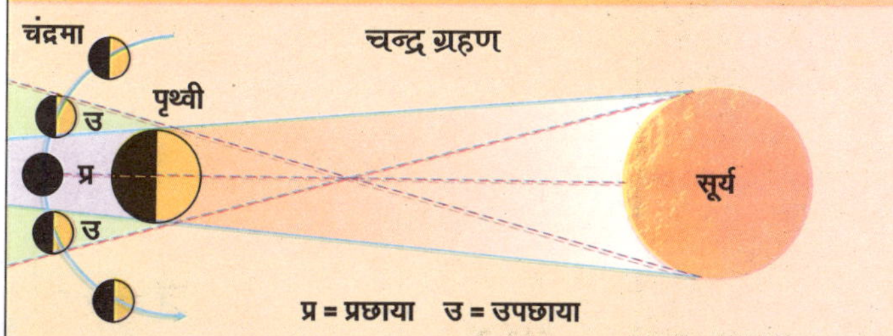

चन्द्र–ग्रहण :– जब पृथ्वी, चाँद और सूर्य के बीच में ठीक सीध में आ जाये तो पृथ्वी की छाया चन्द्रमा पर पड़ती है और उस पर अंधेरा छा जाता है, इसे चन्द्रग्रहण कहते हैं। चन्द्रग्रहण सदा पूर्णिमा को होता है, परन्तु हर पूर्णिमा को नहीं होता। इसका कारण यह है कि पृथ्वी तथा चन्द्रमा के कक्षतलों में लगभग 5° का परस्पर झुकाव है। चन्द्रग्रहण उसी पूर्णिमा को होता है, जब चन्द्रमा पृथ्वी के कक्षतल में होता है। ऐसा कभी–कभी ही होता है। जब चन्द्रमा का केवल कुछ ही भाग पृथ्वी की परछाई में आता है तो उसे खण्ड–ग्रहण कहते हैं। जब चन्द्रमा का पूरा प्रकाशित भाग पृथ्वी की परछाई में आ जाता है तो इसे पूर्ण–चन्द्रग्रहण कहते हैं।

सूर्य ग्रहण

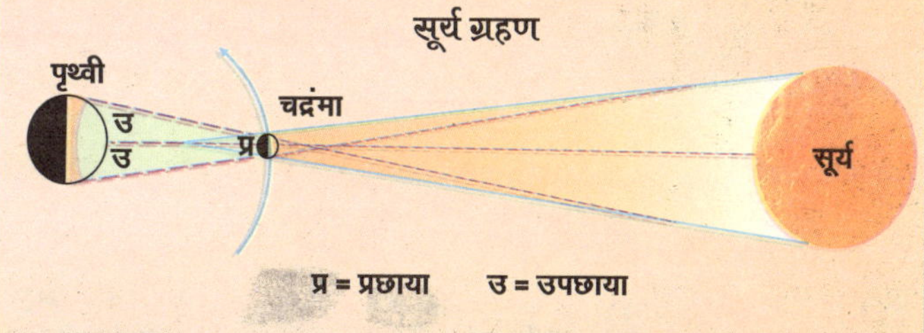

सूर्य–ग्रहण :– सूर्य ग्रहण अमावस्या के दिन होता है परन्तु यह एक अमावस्या को नहीं होता। इसका कारण वही है कि पृथ्वी तथा चन्द्रमा के कक्षतलों में लगभग 5° का झुकाव है। सूर्य ग्रहण तभी होता है जब अमावस्या को चन्द्रमा पृथ्वी के कक्षतल में आ जाता है। ऐसा कभी–कभी ही होता है। सूर्य ग्रहण के समय चन्द्रमा पृथ्वी और सूर्य के बीच में आ जाता है। इस कारण सूर्य का प्रकाश पृथ्वी के कुछ भाग पर नहीं पहुँच पाता। दूसरे शब्दों में यह कह सकते हैं कि चन्द्रमा के बीच में आ जाने के कारण चन्द्रमा की परछाई पृथ्वी पर पड़ती है और जहाँ–जहाँ परछाई पड़ती है वहाँ से सूर्य दिखाई नहीं देता। जब सूर्य का आंशिक भाग नहीं दिखाई देता तो उसे खण्ड सूर्य ग्रहण कहते हैं। जब चन्द्रमा सूर्य को पूरा ढँक लेता है तो पूर्ण सूर्यग्रहण होता है।

ऋतुएँ

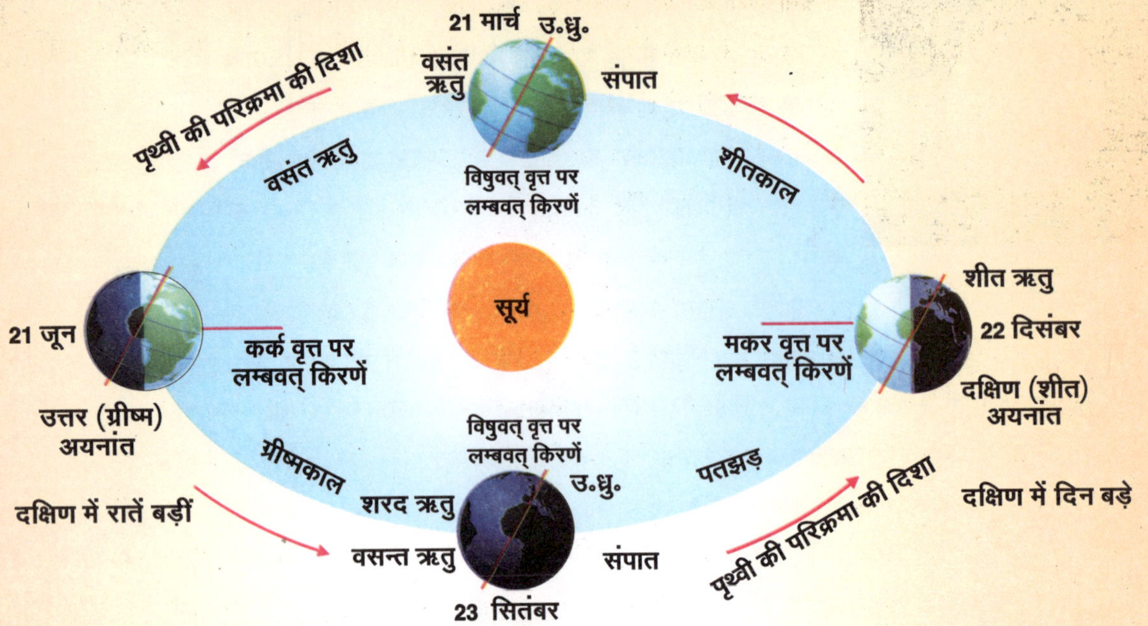

एक वर्ष में गर्मी, सर्दी, वसंत एवं शरद चार ऋतुएँ होती हैं। पृथ्वी एक वर्ष में सूर्य की एक परिक्रमा करती है। ऋतुओं में परिवर्तन सूर्य के चारों ओर पृथ्वी की स्थिति में परिवर्तन के कारण होता है। इस परिक्रमा में अक्ष का झुकाव हमेशा अपने समान्तर रहता है। 21 मार्च को सूर्य विषुवत्त रेखा पर तथा 21 जून को उत्तरी गोलार्ध में कर्क रेखा 23¼° पर लम्बवत्त चमकता है। इसी प्रकार 23 सितम्बर को विषुवत रेखा पर तथा 22 दिसम्बर को दक्षिण गोलार्ध में मकर रेखा पर सूर्य की किरणें सीधी पड़ती है। इसके परिणाम स्वरूप उत्तरी गोलार्ध में मार्च में वसंत ऋत, जून में ग्रीष्म ऋतु, सितम्बर में शरद ऋतु, और दिसम्बर में शीत ऋतु होती हैं। दक्षिण गोलार्ध में ऋतुएँ इसके विपरीत होती हैं। ग्रीष्म ऋतु में दिन लम्बे तथा रातें छोटी, शीत ऋतु में दिन छोटे और रातें लम्बी होती हैं। वसंत एवं शरद् ऋतुओं में दिन व रात बराबर होते हैं।

दिन और रात

पृथ्वी सूर्य से प्रकाश प्राप्त करती है। पृथ्वी का आकार गोले के समान है, इसलिए एक समय में सिर्फ उसके आधे भाग पर ही सूर्य की रोशनी प्राप्त होती है। सूर्य के सामने वाले भाग में दिन होता है जबकि दूसरा भाग जो सूर्य के विपरीत होता है वहाँ रात होती है। इसके अलावा पृथ्वी के अक्ष, कक्ष के साथ 66½° का कोण बनाये रखते हैं। इस झुकाव के कारण 21 जून को उत्तरी ध्रुव और 22 दिसम्बर को दक्षिण ध्रुव की ओर सूर्य का सबसे अधिक झुकाव होता है तथा 21 मार्च एवं 23 दिसम्बर को उत्तरी और दक्षिणी ध्रुवों पर सूर्य के प्रति समान झुकाव होता है। इसके कारण जून में उत्तरी गोलार्ध में दिन बड़े तथा रातें छोटी होती हैं तथा दक्षिण गोलार्ध में दिन छोटे एवं रातें बड़ी। दिसम्बर में इसके ठीक विपरीत होता है, अर्थात उत्तरी गोलार्ध में दिन छोटे और रातें छोटी होती हैं। मार्च एवं सितम्बर में दिन–रात बराबर की अवधि (12 - 12) घण्टे के होते हैं। ध्रुवों पर छः महीनों का दिन तथा छः महीनों की रात होती है।

ज्वार-भाटा

लघु ज्वार

दीर्घ ज्वार

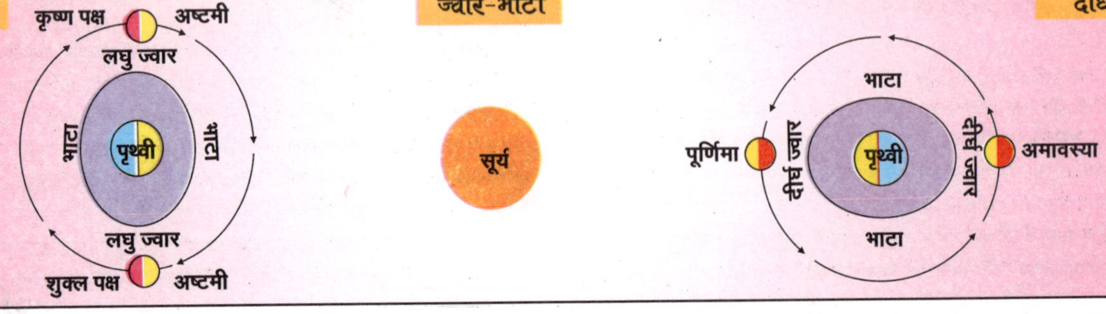

महाद्वीप का विकास

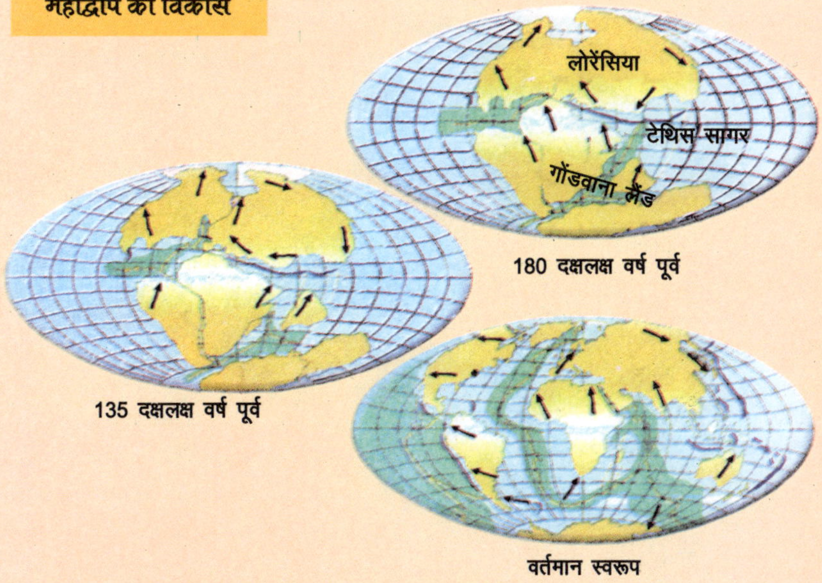

पृथ्वी की संरचना

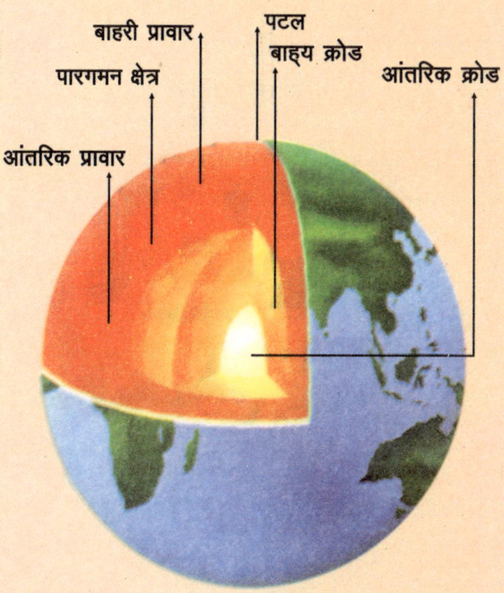

ज्वालामुखी

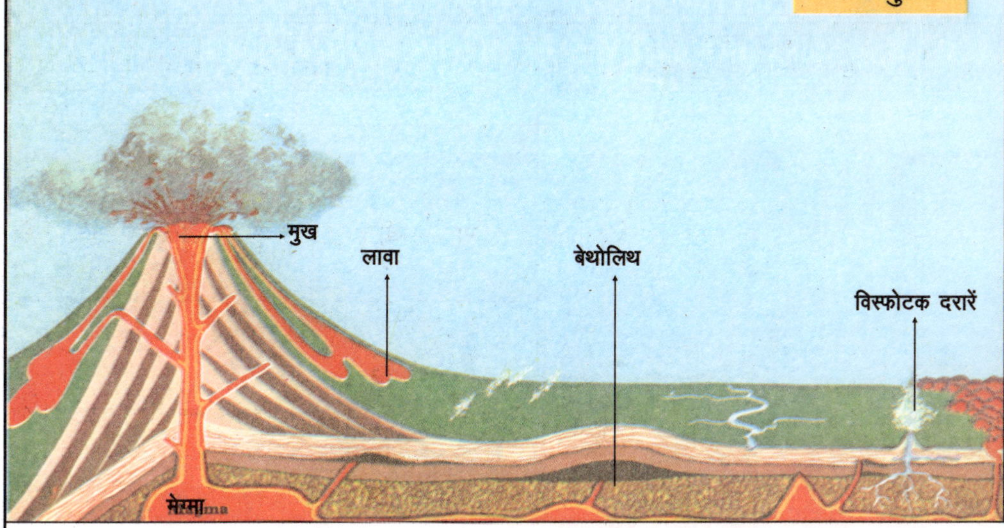

पर्वत एवं उसके प्रकार

भ्रशोत्थ या तोदे के पर्वत

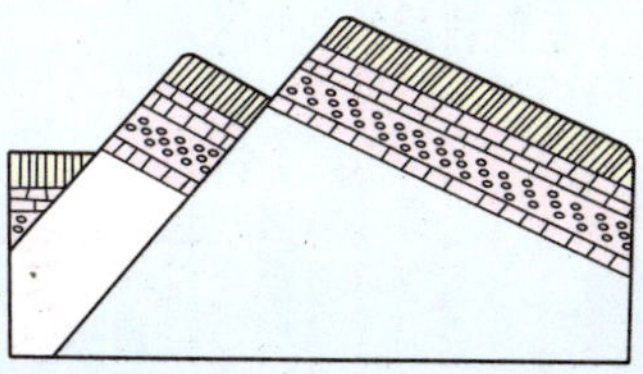

पृथ्वी की भीतरी हलचल के कारण पपड़ी में पड़ी किन्हीं दो समान्तर दरारों के बीच का भाग ऊपर उठ जाने से पहाड़ बन जाता है। यदि दो समान्तर दरारों के बीच का भाग नीचे धँस जाये तो उससे दरार–घाटी बन जाती है।

गुम्बदनुमा पर्वत

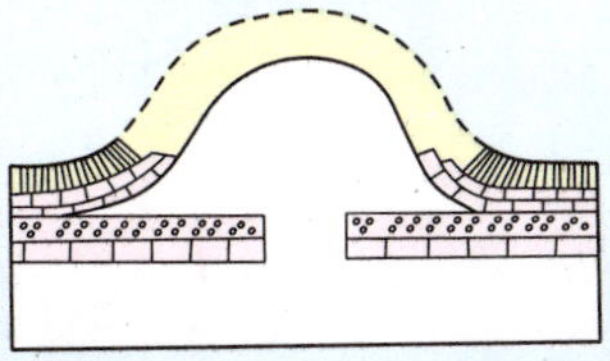

पृथ्वी के आंतरिक भाग से दबाव सतह पर पड़ने के कारण जब धरती की सतह पर टीले जैसा उभार बन जाता है उसे गुम्बदनुमा पर्वत कहते हैं।

वलित (मोड़दार पर्वत)

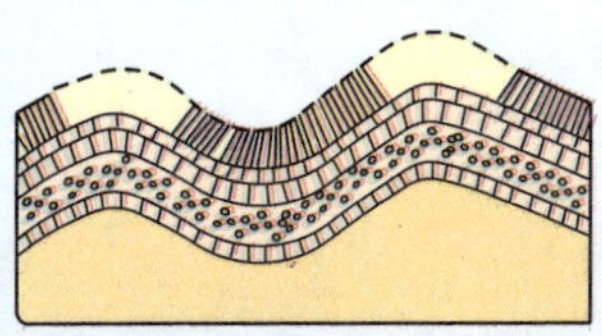

इनका निर्माण तलहटी शैलों के वलित स्तरों से होता है, जब इन स्तरों पर दोनों तरफ से दबाव पड़ता है तो इनमें मोड़ पड़ने लगते हैं। हिमालय की पर्वत श्रेणियाँ इसी तरह बनी हैं।

ज्वालामुखी पर्वत

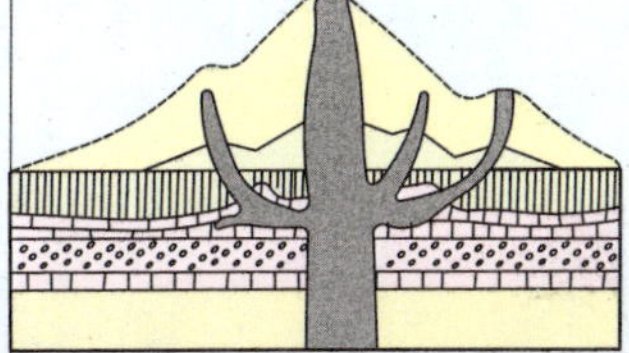

कई बार पृथ्वी की पपड़ी के नीचे का गरम लावा और ऊपर से रिस कर आये हुए पानी की भाप आवरण को फोड़ कर बड़े वेग से बाहर फूट निकलती है। यह लावा छिद्र के इर्द–गिर्द एकत्रित होता रहता है और कुछ समय में शंकु के आकार का पहाड़ बन जाता है। इसके मुँह से गरम लावा और धुँआ आदि निकलता रहता है, इसीलिए इसे ज्वालामुखी पर्वत कहते हैं।

भौगोलिक शब्दावली

प्रमुख महासागरों की तुलनात्मक गहराई (मीटर में)

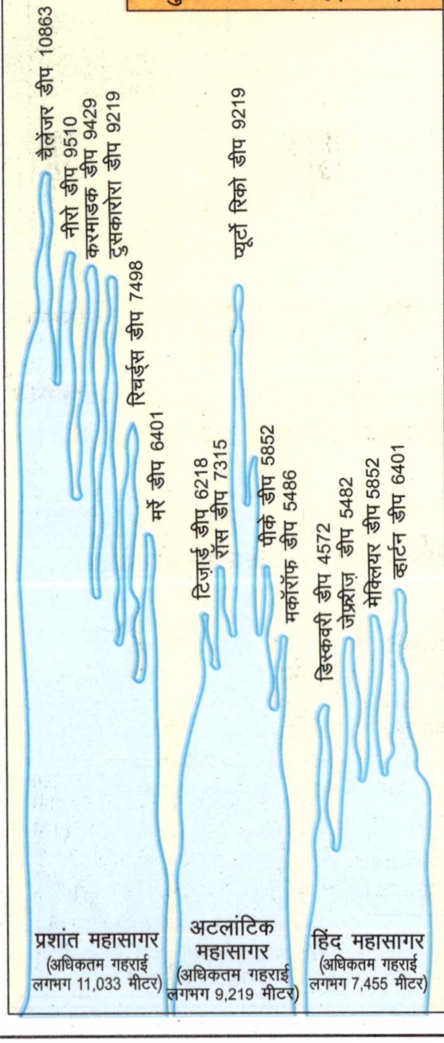

प्रमुख नदियों की तुलनात्मक लंबाई (कि.मी. में)

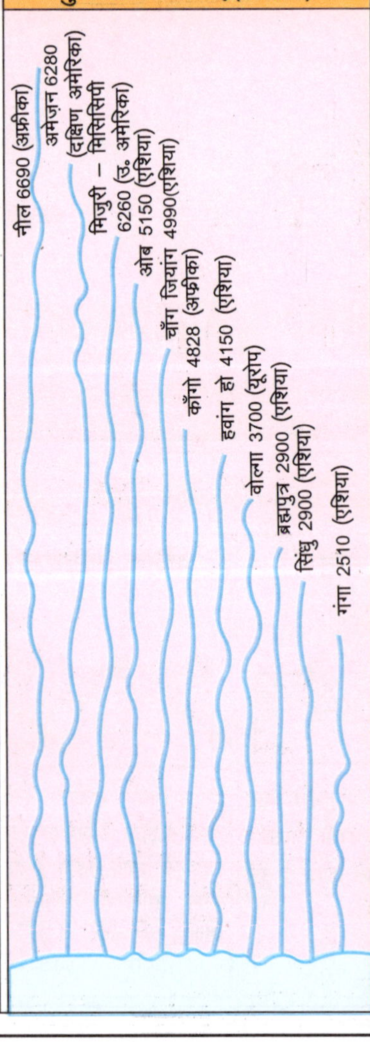

प्रमुख पर्वत शिखरों की तुलनात्मक ऊँचाइयाँ (मीटर में)

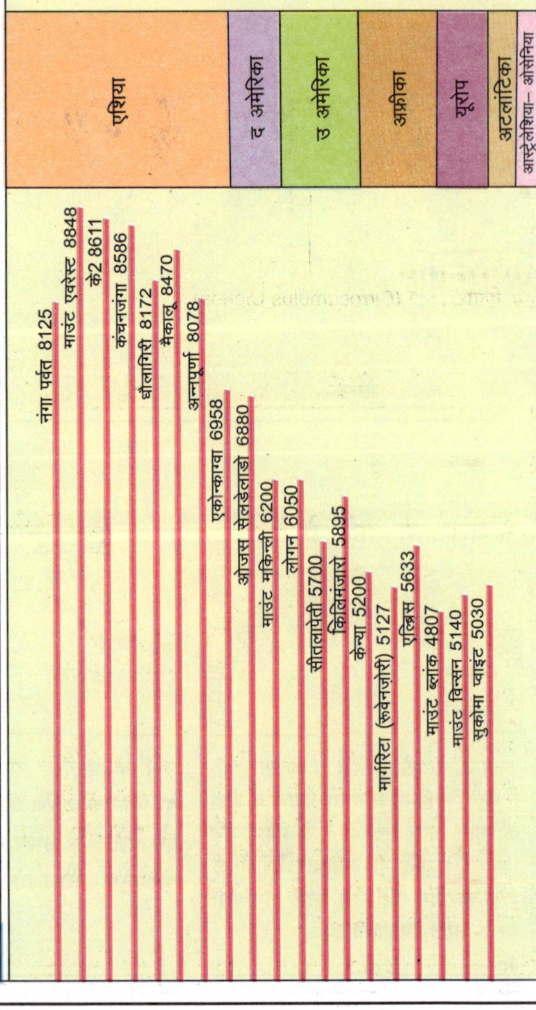

पृथ्वी के कटिबंध

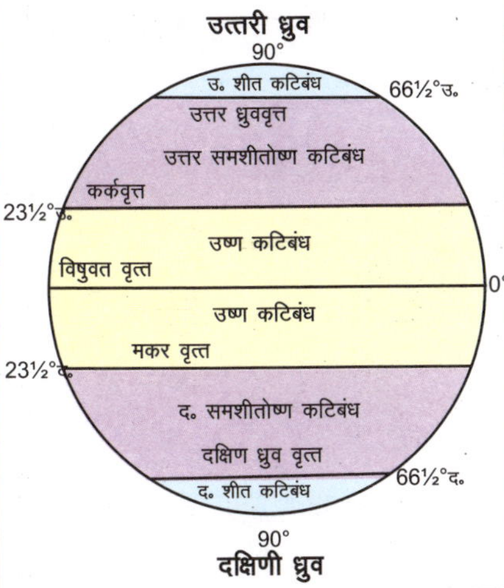

वायुदाब तथा हवाएँ

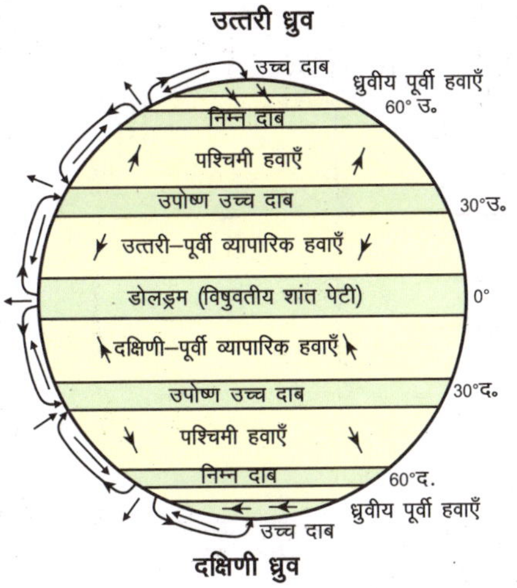

वायुमण्डल

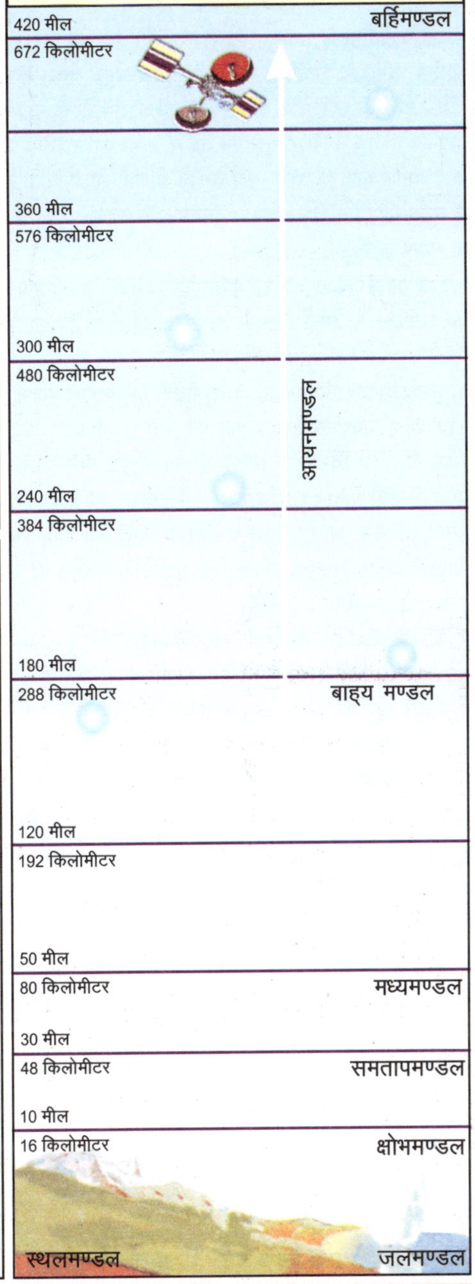

मेघों के प्रकार

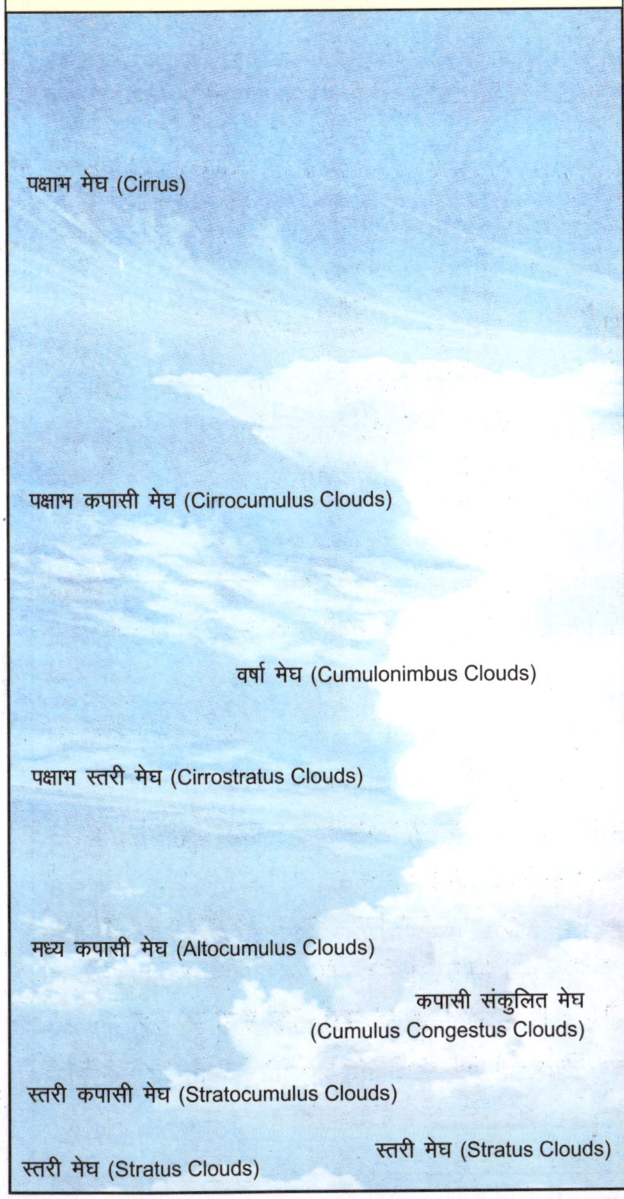

तापमापक यंत्र

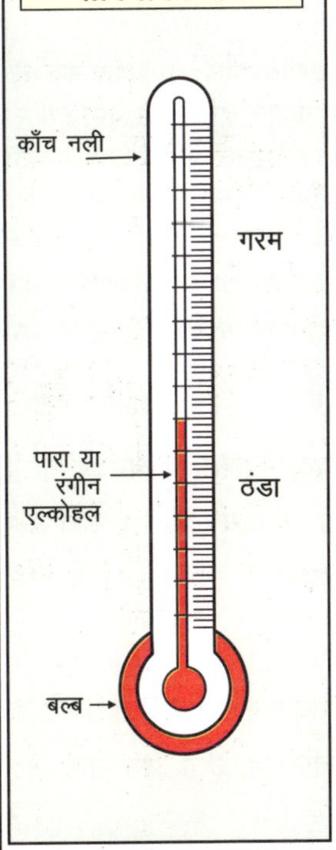

थलीय हवाएँ

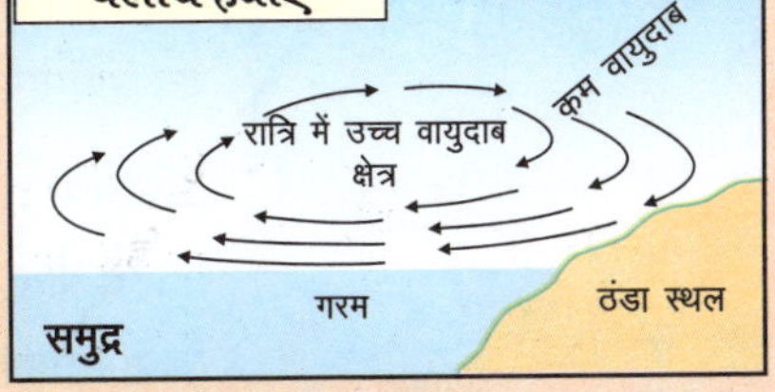

जलीय हवाएँ

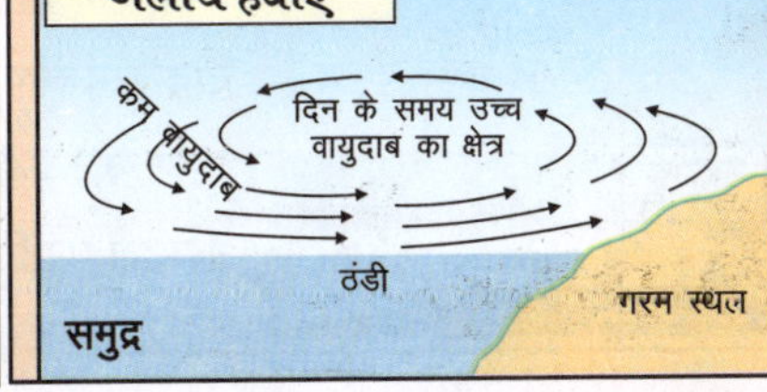

थलीय हवाएं और जलीय हवाएं

जमीन पानी से जल्दी गरम होती है और ठंडी भी जल्दी होती है। इस प्रकार दिन के समय में जमीन समुद्र से ज्यादा गरम होती है जबकि रात के समय समुद्र जमीन से ज्यादा गरम होता है। गर्मी दबाव को कम करती है। इस प्रकार हवाएँ दिन के समय में समुद्र से धरती की ओर चलती हैं और रात्रि में धरती से समुद्र की ओर चलती हैं। इसे ही क्रमशः जलीय हवाएँ तथा थलीय हवाएँ कहते हैं।

बादल एवं बादलों का वर्गीकरण

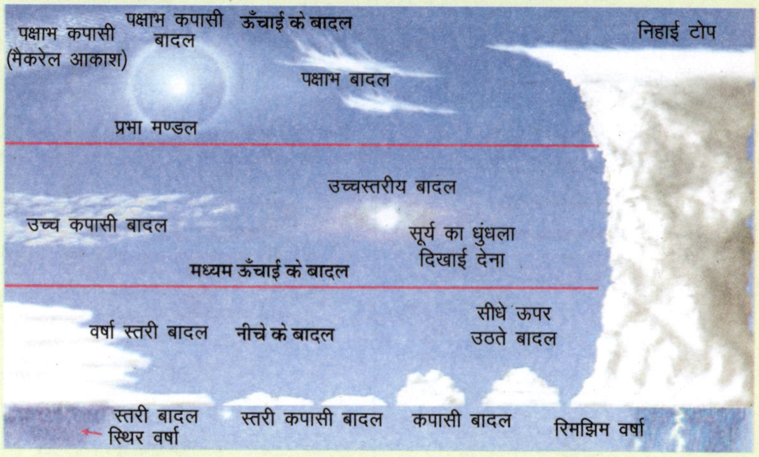

बादल जलवाष्प के द्रवीभूत सूक्ष्म कण होते हैं। जब वायु के तापमान में अधिक कमी आ जाती है तब जल वाष्प बहुत सूक्ष्म जल–कणों या हिम–कणों के रूप में संघनित होने लगता है। ये सूक्ष्म जल–कण एवं हिम–कण वायु में स्थित धूल एवं धुएँ के कणों पर संघनित होकर बादलों का निर्माण करते हैं। धीरे–धीरे इनका आकार बढ़ता जाता है। वास्तव में ये जल–कण एवं हिम–कण वायुमण्डल में लटकते रहते हैं तथा हवाओं के सहारे बहते हैं।

बादलों का वर्गीकरण उनकी धरातल से ऊँचाई, उनके रूप तथा आकार एवं आकाश में उनके विस्तार पर आधारित होता है। सामान्यतः इनको निम्न चार भागों में बांटा जाता हैः–

1. **उच्च बादल** (6000 - 20,000 मीटर) (A) **पक्षाभ बादल :-** ये बादल आकाश में सबसे अधिक ऊँचाई पर होते हैं। ये प्रायः छितराये रूप में रेशम के सदृश दिखते हैं क्योंकि इनका निर्माण छोटे–छोटे हिमकणों से होता है। (B) **पक्षाभ स्तरी बादल :-** ये बादल प्रायः श्वेत वर्ण के होते हैं। इनके आगमन पर सूर्य तथा चन्द्रमा के चारों ओर एक प्रभामण्डल बन जाता है, जो कि निकट भविष्य में चक्रवात के आगमन की सूचना देता है। (C) **पक्षाभ कपासी बादल :-** ये सफेद रंग के बादल या तो छोटे–छोटे गोलाकार रूपों में या फिर लहरनुमा रूप में पाये जाते हैं।

2. **मध्यम ऊँचाई के बादल** (2500 से 6000 मीटर) (A) **उच्चस्तरीय बादल :-** ये बादल आकाश में लगातार रूप में फैले नीले अथवा भूरे रंग की पतली चादर वाले बादलों को 'उच्चस्तरीय बादल' कहते हैं। जब इनकी चादर आकाश में सघन होती है तो इनसे विस्तृत तथा लगातार वर्षा होती है। (B) **उच्च कपासी बादल :-** ये बादल पक्षाभ बादलों के कुछ नीचे होते हैं। इनकी आकृति कपास के ढेरों जैसी होती है। इन बादलों में गर्जन अधिक होती है।

3. **निम्न बादल** (2500 से 3000 मीटर) (A) **स्तरी कपासी बादल :-** इनका रंग हल्का भूरा होता है तथा से बड़े–बड़े गोलाकार चकत्तों के रूप में पाये जाते हैं। (B) **स्तरी बादल :-** ये बादल प्रायः कुहरे के समान होते हैं परन्तु धरातल से सटे नहीं होते हैं। (C) **वर्षा स्तरी बादल :-** ये बादल धरातल के निकट पाये जाने वाले काले रंग के घने बादल हैं जो विभिन्न आकारों के होते हैं तथा इनसे खूब वर्षा होती है। (D) **कपासी बादल :-** ये बादल अधिक घने तथा विस्तृत होते हैं। ये कभी–कभी गरजने वाले बादल भी बन जाते हैं। (E) **कपासी वर्षा बादल :-** ये बादल अत्यधिक विस्तृत तथा गहरे होते हैं। इनके साथ वर्षा, ओले तथा भारी वर्षा की संभावना रहती है।

जलीय चक्र

सूर्यताप से जल निरन्तर वाष्प के रूप में बदलकर वायुमण्डल में पहुँचता रहता है। पृथ्वी के धरातल पर फैले हुए महासागर तथा झीलें, नदी, कुएँ तथा वनस्पति जल–वाष्प के प्रमुख स्त्रोत हैं। धरातल एवं वायुमण्डल के बीच जलवाष्प का निरन्तर आदान–प्रदान होता रहता है। वाष्पीकरण तथा पेड़–पौधों द्वारा वाष्पोत्सर्जन की क्रियाओं से जल वाष्प में बदलता है। संघनन की क्रिया से वाष्प जल में बदलती है। जल एवं वाष्प का यह आदान–प्रदान ही **'जलीय चक्र'** कहलाता है।

जलीय चक्र की तीन प्रमुख अवस्थाएँ है :– 1. **वाष्पीकरण :-** वायुमण्डल को जलवाष्प सागरीय एवं महासागरीय भागों, झीलों, तालाबों, सिंचित कृषि क्षेत्र, नदियों तथा वनस्पतियों से प्राप्त होती है। जिस प्रकिया द्वारा जल, जलवाष्प में बदल जाता है, उसे **वाष्पीकरण** कहते हैं। वायुमण्डल में कुल आर्द्रता वाष्पीकरण द्वारा ही प्राप्त होती है।

2. **संघनन :-** जलवाष्प के जलरूप में बदलने की क्रिया को संघनन कहते हैं। वायुमण्डल में भाप हवा के ठण्डे होने पर जल रूप में बदल जाती है। यह तापमान, वायुदाब तथा आर्द्रता में परिवर्तन से संभव होता है।

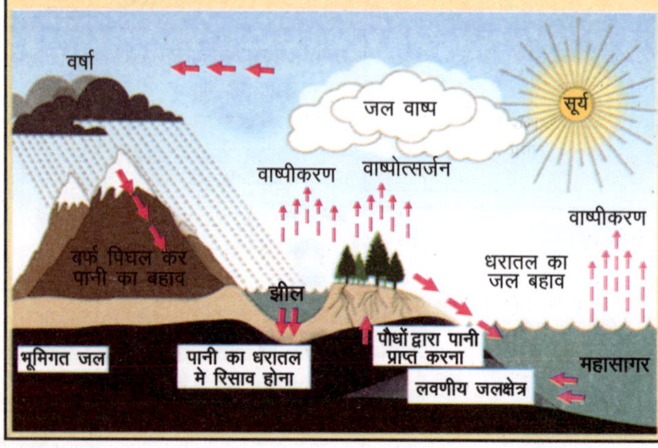

3. **वर्षण :-** वायुमण्डल में थोड़ी बहुत वाष्प हमेशा मिली रहती है। हवा में निहित वाष्प द्रवीभूत होने पर जब बूँदों के रूप में धरातल पर गिरती है तो उसे वर्षण या वर्षा कहते हैं। वाष्प के जल में धरातल पर गिरने से पूर्व कई परिवर्तन आवश्यक होते हैं, जैसे हवा का ठण्डा होना और ओस बिन्दु पर पहुँचना तथा बादल बनना और जलकणों के समूह का बड़ी–बड़ी पानी की बूँदों का रूप ग्रहण करना। इस प्रकार जब वाष्प ठण्डी होने पर पानी की बूँदों का रूप लेकर धरातल पर गिरती है तो यह वर्षण या वर्षा कहलाती है।

मानचित्र–प्रक्षेप : भूगोलक (ग्लोब) ही संसार का यथार्थ मानचित्र होता है। समतल कागज पर गोलाकार धरातल का यथार्थ मानचित्र बनाना असंभव है। यदि हम नारंगी का संपूर्ण छिलका लें और उसे समतल रूप में फैलाने का प्रयास करें, तब भी उसके किनारों पर कुछ विरूपण (distortion) अवश्य रह जाएगा। इसी प्रकार, यदि हम समतल कागज का ताव भूगोलक के चारों ओर लपेटने का प्रयास करें, तो उसके किनारों पर विरूपण अवश्य आ जाएगा। यदि संबंधित क्षेत्र छोटा है, तो अधिक कठिनाई नहीं होगी। किंतु, महाद्वीप सदृश बड़ा क्षेत्र होने पर कठिनाई बढ़ जाएगी। उपर्युक्त पद्धति से संपूर्ण संसार का मानचित्र बनाने की कोशिश करने पर तो अत्यंत कठिन समस्या का सामना करना पड़ेगा।

वास्तव में संसार अथवा उसके किसी भाग का उसके आकार, क्षेत्रफल और मापक के अनुसार सर्वथा शुद्ध मानचित्र बनाना अत्यंत कठिन है। वर्षों से मानचित्रकार इस जटिल समस्या का समाधान प्राप्त करने का प्रयत्न करते आ रहे हैं।

मानचित्र–प्रक्षेप विज्ञान उपर्युक्त समस्या के विभिन्न समाधान प्रस्तुत करता आ रहा है। उनकी सहायता से असंभव को अधिकांश में संभव बनाया जा सकता है। किसी प्रक्षेप द्वारा इस समस्या का पूर्ण समाधान प्रस्तुत न किए जाने पर भी उसकी सहायता से उक्त समाधान के निकट तक तो पहुँचा ही जा सकता है। भूगोलक पर बने अक्षांश वृत्तों तथा देशांतर रेखाओं के जाल का समतल धरातल पर अंकन ही प्रक्षेप कहलाता है। एक ऐसे पारदर्शी भूगोलक की कल्पना कीजिए जिसके भीतर प्रकाश का स्त्रोत हो। इस स्त्रोत से निकलने वाले प्रकाश द्वारा भूगोलक पर बने अक्षांश वृत्त तथा देशांतर रेखाएँ समतल कागज पर प्रक्षेपित की जाएँगी, जहाँ उन्हें अंकित किया जा सकता है। व्यावहारिक रूप में मानचित्रकार इस प्रकार का अंकन गणितीय पद्धति से करते हैं। त्रुटियों से यथासंभव बचने के लिए विभिन्न प्रकार के मानचित्र–प्रक्षेपों का उपयोग किया जाता है। कोई भी ऐसा मानचित्र–प्रक्षेप नहीं है जो सर्वथा शुद्ध हो। प्रत्येक प्रक्षेप की कतिपय विशिष्ट उपयोगिताएँ हैं तो उसकी कुछ सीमाएँ भी हैं। जो प्रक्षेप एशिया महाद्वीप के लिए उपयुक्त है, वही ध्रुवीय प्रदेशों के लिए अनुपयुक्त हो सकता है। अधिकतर एटलसों में इन चार प्रकार के प्रक्षेपों का उपयोग किया जाता है : (1) बेलनाकार प्रक्षेप (2) शंक्वाकार (Conical) प्रक्षेप (3) ख मध्य (Zenithal) प्रक्षेप तथा (4) रुढ़ प्रक्षेप।

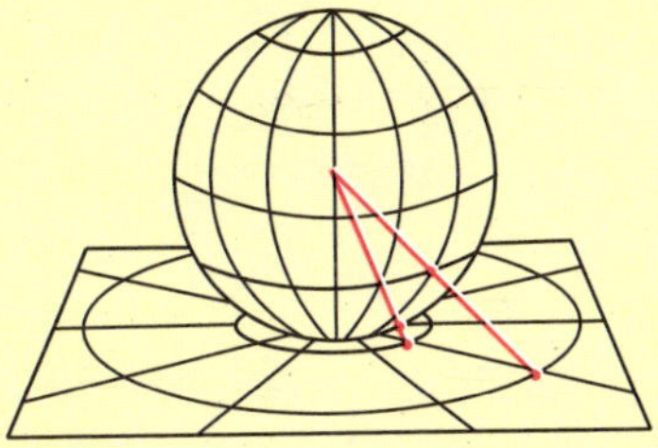

खमध्य प्रक्षेप : यह प्रक्षेप क्षैतिज अथवा दिगंशीय (Azimuthal) प्रक्षेप भी कहलाता है। यह ध्रुवीय प्रदेशों के मानचित्रों के लिए उपयुक्त होता है। इस प्रक्षेप का अंकन करने के लिए भूगोलक को किसी बिंदु पर स्पर्श करने वाले समतल धरातल पर भूगोलक के धरातल का प्रक्षेप किया जाता है। प्रक्षेप–बिंदु को नेत्र–स्थान (Eye-point) कहते हैं। यह स्थान भूगोलक पर, उसके भीतर या उससे कुछ दूरी पर भी हो सकता है।

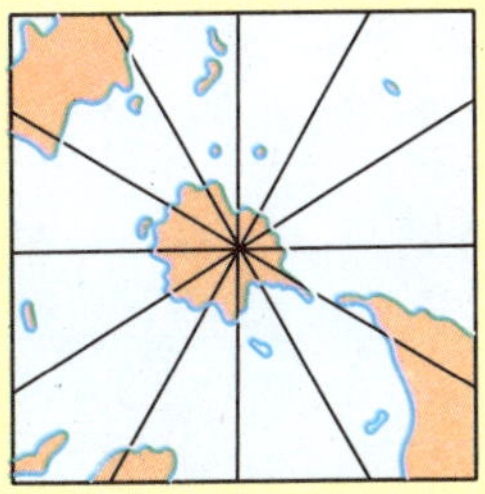

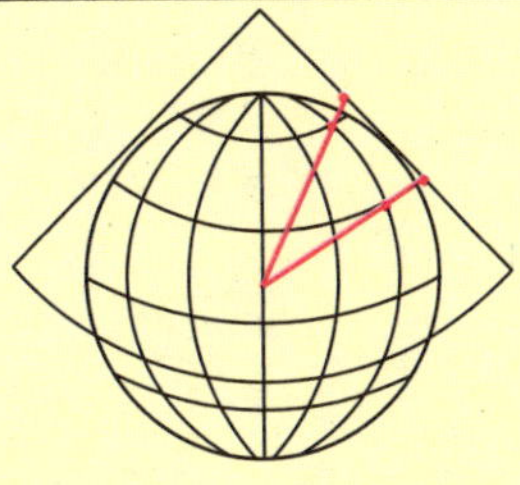

शंक्वाकार प्रक्षेप : इस प्रकार का प्रक्षेप तैयार करने के लिए कल्पना की जाती है कि कागज का एक शंकु, जिसका शीर्ष ध्रुव बिंदु के ऊपर है, भूगोलक को चारों ओर से घेरे हुए है। जिस रेखा पर शंकु भूगोलक को स्पर्श करता है, उसे 'मानक अक्षांश' (Standard parallel) कहते हैं। शंकु के शीर्ष से विकिरित (Radiate) होने वाली सरल रेखाएँ, देशांतर रेखाएँ और संकेंद्रीय वृत्त अक्षांश वृत्त कहलाते हैं। यह प्रक्षेप मध्य अक्षांशों के क्षेत्रों, देशों अथवा किसी गोलार्ध के किसी एक भाग को दर्शाने के लिए उपयुक्त होता है। इस प्रक्षेप पर बने मानचित्र में मापक संबंधी त्रुटियाँ अत्यल्प मात्रा में पाई जाती हैं।

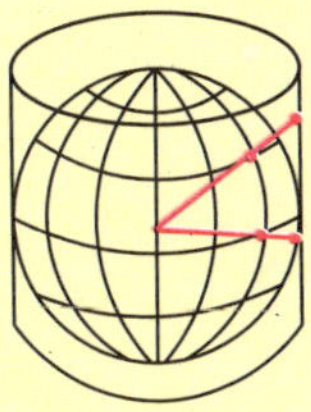

बेलनाकार प्रक्षेप : अंकन करने की दृष्टि से यह सबसे आसान प्रक्षेप है। इसमें अक्षांश वृत्तों और देशांतर रेखाओं की जाली के बीच अंतर समान होता है। इस प्रक्षेप का अंकन करने के लिए कल्पना की जाती है कि भूगोलक कागज के एक बेलन द्वारा घिरा हुआ है। तत्पश्चात् भूगोलक के धरातल पर के बिंदु कागज के बेलन पर अंकित कर लिए जाते हैं। बेलन खोलने पर उस पर लगभग सारे संसार का मानचित्र अंकित मिलता है, किंतु इस प्रकार के मानचित्र में ध्रुवों को दर्शाना असंभव है। बेलनाकार प्रक्षेपों में मर्केटर और गॉल के प्रक्षेप प्रमुख हैं। इस प्रकार के प्रक्षेप में दिशाएँ तो ठीक–ठीक दर्शाई जा सकती हैं, किंतु विषुवत वृत्त से दूर जाने पर प्रदेशों का आकार अधिकाधिक बढ़ता जाता है।

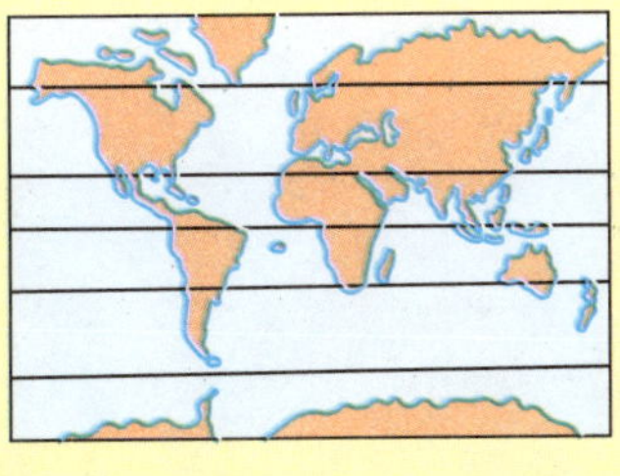

रूढ़ प्रक्षेप : उपर्युक्त प्रक्षेपों के अतिरिक्त अन्य कई प्रक्षेप प्रचलित हैं। अभिकल्पन की दृष्टि से ये सर्वधा रूढ़ हैं और इनकी रचना गणितीय परिकलन द्वारा की जाती है। इनकी रचना किसी विशिष्ट आवश्यकता की पूर्ति के लिए की जाती हैं। इस संवर्ग के अन्तर्गत आने वाले कुछ प्रसिद्ध ये है : (1) गोलाकार प्रक्षेप (2) तारा प्रक्षेप (3) ज्यावक्रीय प्रक्षेप (Sinusoidal) (4) ज्यावक्रीय विच्छिन्न प्रक्षेप (Interrupted) (5) समक्षेत्र प्रक्षेप (6) मॉलवाइड प्रक्षेप (7) अपरोधित (Intercepted) मॉलवाइड प्रक्षेप (8) हैमर प्रक्षेप।

मॉलवाइड प्रक्षेप : इसे होमोलोग्राफीय प्रक्षेप भी कहा जाता है। यह समक्षेत्र–प्रक्षेप है। संसार का मानचित्र बनाने के लिए यह प्रक्षेप बहुत लोकप्रिय है।

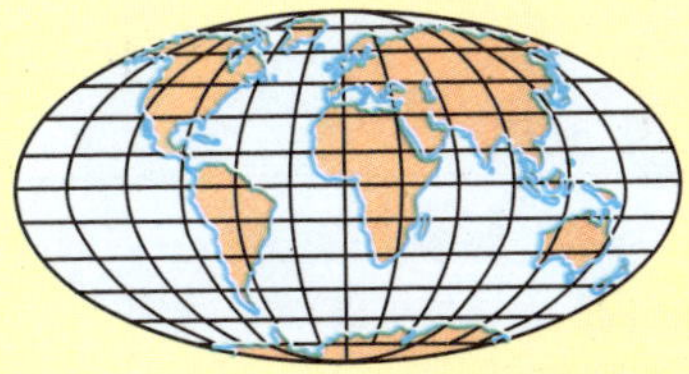

गूड का विच्छिन्न प्रक्षेप : यह समक्षेत्र प्रक्षेप है। यह सामान्यतः विच्छिन्न रूप में ही उपयोग में लाया जाता है। इस प्रक्षेप पर बने मानचित्र में प्रदेशों का क्षेत्रफल वास्तविक रूप में दर्शाया जा सकता है, किंतु उनके आकार में अल्प मात्रा में विरूपण आ जाता है।

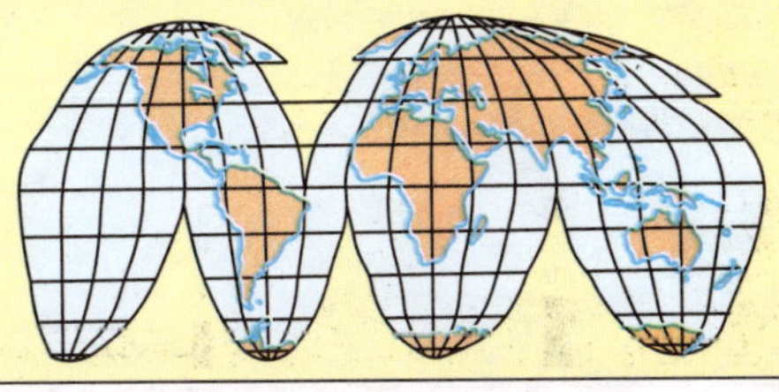

MUSIRI TALUK
TIRUCHCHIRAPP
DISTRICT
LALGUDI
KULITTALAI
MUSIRI
ITTALAI TALUK
TIRUCHCHIRAPPALLI TAL
TIRUCHCHIRAPPALLI
SOUTHERN RAILWAY
Konappampatti
Kottampatti
Tulaiyanpattam
Jambunathpuram
Tumbalam
Appananallur
Tolurpatti
Arasalur
Manamedu
Mettuppatti
Ayittampatti
Tinnakkanam
Neyveli
Chittambur
Muvanur
Piramamgalam
Tattamangalam
Tiruvallarai
Nattam
Lalapettai
Puduppatti
Vellar
Agraharam
Sennagarai
Mannachchanallur
Kovattagudi
Madakkudi
Pattavaitalai
Nangavaram
Jiyapuram
Muttarasanallur
Srirangam
Kambarasampettai
Sirappu
Kulumani
Nachchalur
Neydalur
Somarasampettai
Valayappatti
Inungur
Tirumalreddipatti
Panjappatti
Desimangalam
Perur
Odayapatti
Kallai
Podavur
Kalugur
Udaiyappatti
Puttur
Arachchampatti
Rachchandar
Kilavaliyur
Naganur
Kullarangampatti
Togamalai
Kolladai
Vedacheri
Telungapatti
Padirippatti
Kulattur
Palaya Nagamangalam
Kumar Mangalam
Periyapatti
Nallampalai
Muttappudaiyanpatti
Samudram
Udaiyanpatti
Sembttu
Manikandam
Aqueduct
Telegraph Line
Upper Anicut
SCALES
1:25,000
REFERENCES
Boundaries : district, taluk, reserved forest
Names of headquarters : district, taluk. CUDDALORE TITAGUDI
Names : town other than headquarters, village NEYVELI Kanur
Metalled roads : national highway with number NH 45
others, according to importance
Unmetalled roads
Railways: Broad gauge, metre gauge, with station PONDICHERRY RS NIDUR RS
Bridges : railway, road
Main power line
Rivers/Streams : perennial, non-perennial. Canal
Lakes/Tanks : perennial, non-perennial. Well. Tube-well
Settlements : urban, rural
Arable land
Reserved forest R.F.
Orchard & plantations
Wasteland
Hospital. Dispensary. Veterinary hospital Vet
Educational institution
Post office. Post & telegraph office
Police station. Market. Bank PS
Temple. Church. Mosque
Circuit house. Rest house CH RH
Bungalows : inspection, dak IB DB
Places of interest : tourists', archaeological

सुदूर संवेदन (Remote Sensing)

"सुदूर–संवेदन" एक ऐसी तकनीक है जिसके द्वारा बिना स्पर्श किये किसी भी चीज़ का पता लगाया जा सकता है। इस प्रणाली में लगे उपकरणों की मदद से किसी भी चीज़ का रंग, स्थिति, मोटाई, मात्रा एवं तापमान जैसी सभी जानकारी प्राप्त की जा सकती है। विशेष रूप से धरातल के भीतर पानी के स्त्रोत, खनिज गैस एवं पेट्रोलियम भण्डार, समुद्र की सतह की गहराई आदि का पता लगाया जा सकता है। ये विभिन्न प्रकार के संवेदन उपकरण "उपग्रहों" में लगाकर अन्तरिक्ष में छोड़े जाते हैं तथा उनसे यह सारी जानकारी प्राप्त की जा सकती है।

आज के इस वैज्ञानिक युग में विकास कार्यों में इस प्रणाली का बहुत बड़ा योगदान है। इनके द्वारा अकालग्रस्त क्षेत्रों, बाढ़ों से प्रभावित क्षेत्रों, वनों के प्रकार एवं वन क्षेत्रों, बंजर भूमि आदि की सही जानकारी प्राप्त की जाती है। खेती में फसलों की पैदावार, खनिज भण्डारों में उपलब्ध मात्रा की सही जानकारी भी इस विधि से प्राप्त की जाती हैं। समुद्र की सतह की बनावट, समुद्र में डूबे हुए पानी के जहाजों का पता लगाने में भी इस तकनीक का उपयोग होता है।

दूरसंचार एवं टी॰वी॰ पर दिखाये जाने वाले कार्यक्रमों में भी इसी का उपयोग होता है। इन उपग्रहों में 'सोनार' नामक उपकरण लगा रहता है। इस उपकरण की 'आवाज–शक्ति' द्वारा चीज की सही जगह, दूरी, दिशा एवं गति तथा फोटो तक प्राप्त किये जा सकते हैं। आने वाले समय में इस तकनीक की सहायता से विभिन्न क्षेत्रों में विकास के कार्यक्रमों में क्रांतिकारी परिवर्तन आ सकेंगे। अमरीका, रूस, भारत एवं चीन ने इस क्षेत्र में बहुत ही प्रभावी कार्य किये हैं। विशेषकर आज भारत में तो दूरसंचार के क्षेत्र में एक क्रान्ति सी आ गई है वह इसी के कारण संभव हो पाया है।

भूमण्डलीय स्थिति निर्धारण प्रणाली (G. P. S.)

भूमण्डलीय स्थिति निर्धारण प्रणाली (Global Positioning System) एक ऐसी युक्ति है जिसके द्वारा उपग्रहों (Satellite) की सहायता से पृथ्वी पर किसी भी स्थान की सही अक्षांश–देशान्तर स्थिति प्राप्त की जा सकती है। यह आधुनिक छोटे मोबाईल फोन जितना बड़ा होता है इसमें इलेक्ट्रोनिक केल्कुलेटर की तरह एक साधारण LCD स्क्रीन भी लगा रहता है तथा एक की–बोर्ड (Keyboard) भी लगा रहता है। जिसके द्वारा इसमें विभिन्न कोड्स डाले जा सकते हैं। इसमें विभिन्न प्रोग्राम रिकॉर्ड करके किसी भी स्थान की सही स्थिति, दिशा, गति, एवं निर्धारित मार्ग द्वारा निर्धारित स्थान पर पहुँचने की सम्भावित समय की सही जानकारी प्राप्त की जा सकती है।

भौगोलिक सूचना प्रणाली (G. I. S.)

भौगोलिक सूचना प्रणाली एक ऐसी युक्ति है जिसमें भौगोलिक जानकारी संचित करके, एकीकृत करके एवं विश्लेषण करके भौगोलिक तथ्य प्रस्तुत किये जाते हैं। यह विशिष्ट आधुनिक सॉफ्टवेयर लगे कम्प्यूटर, संग्रहित तथ्य सामग्री (Database) संयोजन (Combination) है जिसमें विभिन्न भौगोलिक प्रसंगों की जानकारी अलग–अलग परतों में (Layers)उपलब्ध की जा सकती है। इसके अलावा जिन जटिल विषयों की अंतर्दृष्टि (Insight) जानकारी अवलोकन करने से सम्भव नहीं हो सकती उनकी प्रामाणिक जानकारी भी भूमण्डलीय सूचना प्रणाली के द्वारा प्राप्त की जा सकती है। भौगोलिक सूचना प्रणाली की मदद से आज कार्टोग्राफर साधारण समतल पेपर की सतह पर बने मानचित्र की जगह 3D इमेज के मानचित्र बना सकते हैं। इन 3D मानचित्रों से धरातल के सही प्रतिरूप को भी दर्शाया जा सकता है। इसके अलावा भौगोलिक सूचना प्रणाली की मदद से वैज्ञानिक वनस्पति विज्ञान, जल विज्ञान, पर्यावरण विज्ञान, पौधों एवं जंतुओं का एक दूसरे से एवं उनके वातावरण से सम्बन्ध, धरातल की बनावट, मिट्टी के प्रकार एवं अपरदन (Erosion) जैसे विषयों के अध्ययन करने में मदद मिलेगी। भविष्य में भूमण्डलीय सूचना प्रणाली एवं सम्बधित तकनीकी की मदद से कार्टोग्राफिक तथ्य एवं आँकड़े प्राप्त करने में आसानी हो जायेगी।

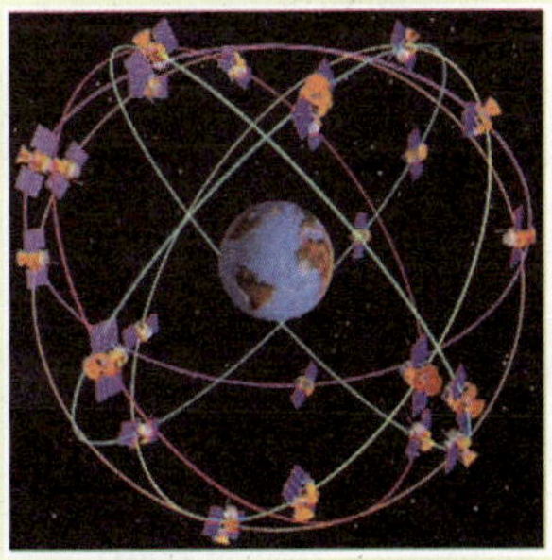

पृथ्वी

कुल क्षेत्र	510,000,000 वर्ग कि. मी.
निचली सतह (29.2%)	149,000,000 वर्ग कि. मी.
जलीय सतह (70.8%)	361,000,000 वर्ग कि. मी.
भूमध्य रेखा	
परिधि	40.077 कि. मी.
मध्यान्ह	
परिधि	40.009 कि. मी.
ध्रुवीय व्यास	12,713.8 कि. मी.
भूमध्य रेखीय व्यास	12.756.8 कि. मी.
पृथ्वी का जनसंचार	5.9 x 10^{21} किलोग्राम

अधिक जनसंख्या वाले देश

देश	क्षेत्र (वर्ग कि.मी.)	जनसंख्या
रूस	17,075,200	14,377,752
कनाडा	9,976,140	33,390,141
स.रा.अमेरिका	9,629,091	301,139,947
चीन	9,569,960	1,321,851,888
ब्राज़ील	8,511,965	190,010,647
ऑस्ट्रेलिया	7,686,850	21,576,319
भारत	3,287,263	1,21,01,93,422
अर्जेंटीना	2,766,890	40,301,927
कज़ाकिस्तान	2,717,300	15,571,506
सुडान	2,505,810	42,292,929
अल्जीरिया	2,381,741	37,100,000

भारत

क्षेत्रफल (वर्ग कि.मी. में)	3,287,263 स्क्वेयर कि.मी.
जनसंख्या	1,21,01,93,422
चौड़ाई	पूर्व से पश्चिम 3000 कि.मी.
लम्बाई	उत्तर से दक्षिण 3200 कि.मी.
तटीय रेखा	6083 कि.मी.
अक्षांश रेखा	8°0'N - 37°06'N
देशान्तर रेखा	68°07'E - 97°25'E
क्षेत्रफल	सौंतवा सबसे बड़ा
जनसंख्या	दूसरा सबसे बड़ा

प्रमुख झीलें (क्षेत्र वर्ग कि.मी. में)

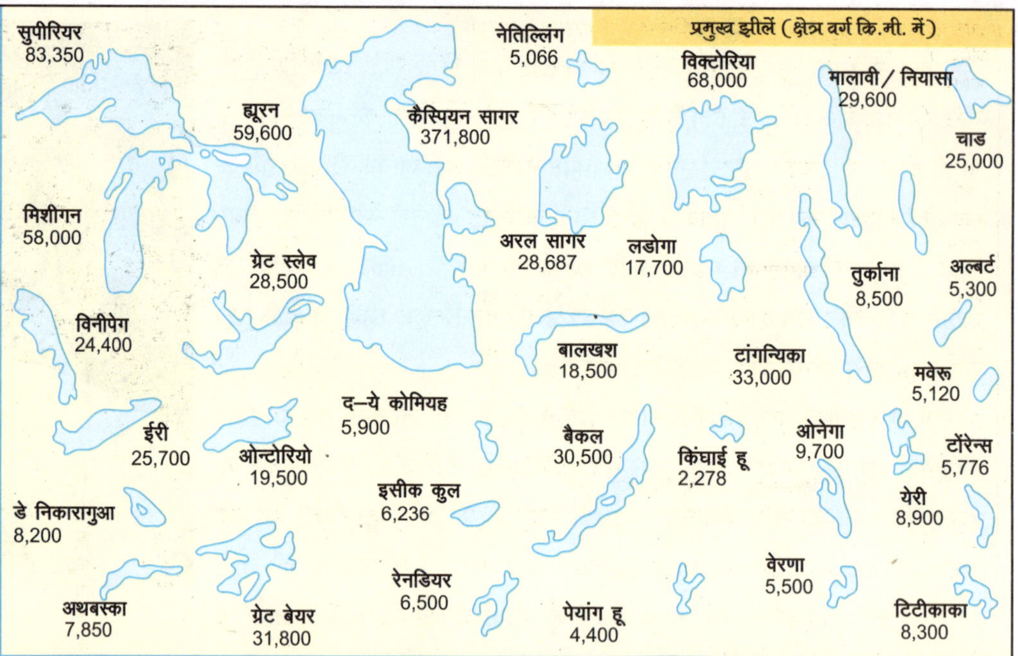

गहरे समुद्रो की खाईयों (गहराई मीटर में)

मेरीना खाई, प्रशांत महासागर	11022
टोंगा खाई, प्रशांत महासागर	10882
जापान खाई, प्रशांत महासागर	10554
कुरिल खाई, प्रशांत महासागर	10542
मिंडानाओ खाई, प्रशांत महासागर	10497
करमाडेक खाई, प्रशांत महासागर	10047
पार्टो रिको,अंटलटिक महासागर	9220
पेरूचिली खाई, प्रशांत महासागर	8050
एलयुसियन खाई, प्रशांत महासागर	7822
कैमन खाई, अटलांटिक महासागर	7680
जावा खाई, हिंद महासागर	7450

प्रमुख ऊँचाई के जल प्रपात (मीटर में)

ऐंजल वेनेजुएला	979
टुंगेला दक्षिणी अफ्रीका	850
युतिगाड, नार्वे	800
मोंगे, नार्वे	774
मुतराजी, जिम्बाब्वे	762
योजमिटी, केलफर्निया	739
इस्पेलैंड, नार्वे	703
मृतखाड़ी, नार्वे	655
सुल्टो कुकेनन, वेनेएजुला	610
दुधसागर, भारत	600
सुथेरलैंड, न्यूजीलैंड	580
केज़ेल, नार्वे	561
रिबन, केलफर्निया	491
रोरैमा, गुयाना	457
पीड्रा, वोलाडा	453
डेल्ला, कनाड़ा	440

प्रमुख बाँध (ऊँचाई मीटर में)

एशिया	
नुरूेक, वक्श नदी, रूस	317
भाखरा, सतलुज नदी भारत,	226
कुरोबेगावा, कुरोबे नदी, जापान	186
अफ्रीका	
कोबोरा, वसा, जिम्बेजी,	168
कोंसबो मेन, वेल्टा नदी	141
यूरोप	
ग्रेंट डिक्सेन्स, स्विटजर लैंड,	284
वैंजोंट, वैंजोंट नदी, इटली	261
अमेरिका	
ओरोविले, फैदर नदी,	235
हुव्वेर, कोलोरेडो नदी,	221
ऑस्ट्रेलिया	
वर्रागम्बा, ऑस्ट्रेलिया	137

मुख्य प्रमुख द्वीप (क्षेत्र वर्ग कि.मी.)

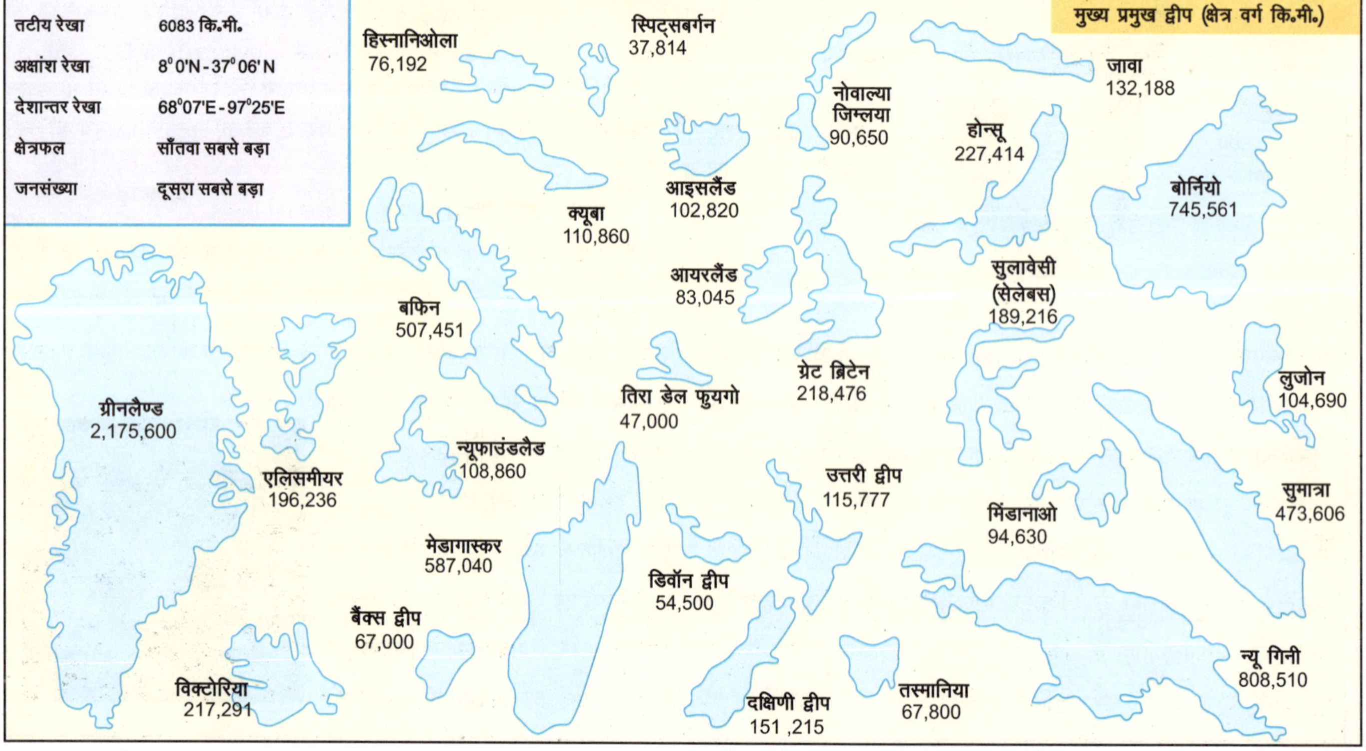

पर्यावरण शब्दावली

अवसादी शैल : सागरों और झीलों के तल पर जमा होने वाले अवसादों से निर्मित शैल।

अधिवृद्धि : निम्न भूमियों में पदार्थो का निक्षेपण।

अपक्षय : भूपृष्ठ की आवरणहीन शैलों का मौसम द्वारा निर्बल होकर टूटना।

अपरदन : किसी उच्चभूमि की ऊँचाई में निरंतर कमी होने की प्रक्रिया।

अपनती : पृथ्वी की क्षैतिज हलचलों के कारण ऊपर को उठा वलन।

अभिनती : भूपृष्ठ की आंतरिक क्षैतिज हलचलों के द्वारा नीचे की ओर वलन।

अधिकेन्द्र : भूपृष्ठ का वह केन्द्र जो भूकम्पीय केन्द्र के ठीक ऊपर होता है।

अवनालिका अपरदन : ढालू भूमि पर निश्चित मार्ग से होते हुए जल द्वारा मृदा का अपरदन।

आयन मण्डल : वायुमण्डल की वह परत जिसके कारण रेडियो संचार व्यवस्था सम्भव हो पाती है।

आग्नेय शैल : मैग्मा या लावा के जमने से बनी शैल या चट्टानें।

उत्खात भूमि : अनेक नलियों द्वारा अपरदित भूमि।

उच्चावचन मानचित्र : जिस मानचित्र पर ऊँचे स्थानों जैसे पठार, पहाड़ इत्यादि को खास तौर पर दर्शाया गया हो।

कार्यान्तरित शैल : आग्नेय अथवा अवसादी शैलों पर अत्यधिक दबाव के परिणामस्वरूप परिवर्तन से बनी शैल।

घाटी हिमानी : ऐसी घाटी जिसमें पर्वत श्रेणियों और चोटियों से नीचे की ओर खिसकने वाली बर्फ की नदियाँ बहती हों।

चक्रवात : वायुमण्डल के निचले स्तर में एक निम्न वायुदाब व्यवस्था, जिसमें हवा चारों तरफ से केन्द्र की ओर बहने की चेष्टा करती है।

छत्रक शैल : स्थलाकृति पर पवन अपरदन के कारण बनने वाली छाते के आकार की आकृति।

जैवीय पर्यावरण : पर्यावरण का वह भाग जिसमें पेड़–पौधे व जीव–जन्तु पाये जाते हैं।

जलमण्डल : पृथ्वी की सतह पर सागरों, झीलों, नदियों और दूसरे जलाशयों के रूप में फैला जल का भण्डार।

जलचक्र : यह वह चक्र है जिसमें जलमण्डल, वायुमण्डल और स्थलमण्डल के बीच में जल का परिसंचरण होता है।

ज्वार–भाटा : चन्द्रमा की आकर्षण शक्ति के कारण समुद्र के ऊपर उठने और नीचे होने की प्रक्रिया।

जैव मण्डल : पृथ्वी की सतह तथा जल मण्डल में स्थित पेड़–पौधे और सभी प्रकार के जीवित प्राणियों से युक्त क्षेत्र।

ज्वारनदमुख : नदियों के मुहाने पर गहरी और संकरी खाई।

ज्वालामुखी शंकु : ज्वालामुखी शंकु वह छोटे पहाड़ हैं जो ज्वालामुखी के लावे से बनते हैं।

ज्वालामुखी विवर : ज्वालामुखी शंकु के शीर्ष पर स्थित कीपाकर छिद्र जिससे लावा निष्कासित होता है।

जलवायु : किसी स्थान की एक बहुत लम्बे समय के लिए सामूहिक रूप से मौसमी तत्वों की औसत अवस्था।

जीवाश्म ईंधन : कोयला, पेट्रोलियम और प्राकृतिक गैस जैसे ईंधन।

खनिज अयस्क : भूमि को खोदकर निकाली गई धातु का कच्चा रूप।

डेल्टा : समुद्र में गिरने से पहले होकर कई धाराओं में बंट जाती है जिसके कारण नदी द्वारा बनाई जलोढ़ की त्रिभुजाकार आकृति को डेल्टा कहते हैं।

तल सन्तुलन : भूपृष्ठ को समतल करने वाली सतत् प्रक्रिया।

ताप कटिबन्ध : धरातल पर तापमान के असमान वितरण से उत्पन्न ताप क्षेत्र।

ताप विद्युत : कोयला, तेल अथवा परमाणु ईंधन से उत्पन्न विद्युत।

थीमैटिक (विषयक) : ऐसे मानचित्र जो विशेष प्रकार के लक्षणों को निरूपत करते हों।

दरार घाटी : दरार घाटी वह आकृति है जो अंशों के बीच के भूभाग के धँसने से बनती है।

दरारी ज्वालामुखी : वह ज्वालामुखी जिनमें लंबी–लंबी दरारों या छिद्रों से लावा निकलता है।

दृष्टिछाया प्रदेश : पर्वत श्रेणियों के उस पार पवन विमुख ढाल पर स्थित अपेक्षाकृत सूखा प्रदेश।

निम्नीकरण : वह प्रक्रिया जिसमें अपरदन द्वारा उच्च भूमियों के पदार्थों को हटा दिया जाता है।

निर्वाह कृषि : यह वह कृषि है जिसे किसान केवल अपने तथा अपने परिवार का निर्वाह करने की दृष्टि से करता है।

पर्यावरण : किसी स्थान पर आसपास के वातावरण द्वारा निश्चित परिस्थितियां।

परिस्थितिकी : वह विज्ञान जो विभिन्न प्रकार के जीवों तथा उनके भौतिक–पर्यावरण के अन्तर्सम्बन्धों का अध्ययन करता है।

पुलिन : तट के निकट लहरों द्वारा शैल पदार्थों के जमा होने से निर्मित आकृति।

पटल निरूपण : पृथ्वी की आंतरिक शक्तियों की क्रिया से भू–पर्पटी की हलचलों, ज्वालामुखी के विस्फोट तथा भूकम्प की उत्पत्ति का होना।

पर्वत निर्माणकारी : बड़े पैमाने पर पर्वत निर्माण करने वाली क्षैतिज हलचलें।

पार्थिव विकिरण : भूपृष्ठ द्वारा सूर्य से अवशोषित ऊष्मा का अंतरिक्ष में विकिरण।

प्राथमिक व्यवसाय ईंधन : ऐसे व्यवसाय जो प्राकृतिक संसाधनों से साख पदार्थ, कच्चे पदार्थ, और खनिज उत्पन्न करते हैं।

पम्पास : अर्जेन्टाईना में मध्य अक्षांशीय घास भूमियाँ।

प्रयेरी : शीतोष्ण घास भूमि में अर्ध आर्द्र घास भूमियाँ।

मानचित्र प्रक्षेप : अक्षांश व देशान्तर रेखाओं के जाल को गलोब (पृथ्वी) की गोलाकार सतह से एक समतल सतह पर स्थानान्तरित करने की विधि

प्राकृतिक पर्यावरण : पर्यावरण में पाये जाने वाले स्थल, जल, वायु और जैव रचनाओं का प्रतिफल।

परत अपरदन : ढाल वाली भूमि पर बहते पानी द्वारा ऊपरी परत के सूक्ष्म कणों का बह जाना।

बाह्य मण्डल : वायुमण्डल की ऊपरी परत जिसका विस्तार 1000 मीटर की ऊँचाई से आगे है।

बेसिन : एक नदी तन्त्र का क्षेत्र।

भू–स्खलन : खड़े ढाल पर अपक्षयित कणों का अकस्मात्त खिसकना।

भूकम्पीय केन्द्र : जिस स्थान से भूकम्प की तरंगें उत्पन्न होती हैं।

मैग्मा : पृथ्वी के भीतरी भाग में पिघली हुई शैलें।

महाद्वीपीय ढाल : महाद्वीप के सबसे निचले तट और पास के महासागरीय मैदान (चौड़ा भाग) के बीच की ढाल।

महाखड्ड : नदी के ऊपरी मार्ग में अपरदन द्वारा बनी गहरी संकरी घाटी।

मानसूनी हवाएँ : वे हवाएँ जो मौसम के अनुसार अपनी दिशा बदल लेती है।

महासागरीय धाराएँ : समुद्र की सतह पर असमान रूप से पड़ने वाली सूर्य ऊर्जा या ताप के कारण, समुद्र में पैदा होने वाली गर्म व ठण्डी जल की धाराएँ।

मानसूनी जलवायु : वह जलवायु जिसमें पवनों की दिशा बदल जाने से ऋतु में परिवर्तन आ जाता है।

मृदा–अपरदन : प्राकृतिक प्रक्रमों द्वारा मिट्टी का कटाव एवं विस्थापन।

रोपण कृषि : वैज्ञानिक एवं व्यापारिक खेती जिसमें एक ही फसल का उत्पादन होता है।

वायुमण्डल : पृथ्वी को चारों ओर से घेरे वायु का आवरण।

वर्षण : वायुमण्डल द्वारा गिराई गई आर्द्रता जो वर्षा या हिम के रूप में होती है।

वितरण मानचित्र : विभिन्न भौगोलिक तत्वों एवं उनकी आवृत्ति, प्रबलता तथा घनत्व को प्रदर्शित करने वाला मानचित्र।

व्यापारिक पशुचारण : आधुनिक तरीकों से व्यापार के आधार पर किया गया पशुचारण।

वर्षानुवर्षी : वे फसलें जो वर्ष भर बनी रहती हैं।

क्षोभमण्डल : वायुमण्डल की निचली परत जहाँ प्रायः विभिन्न घटनाएँ होती रहती हैं।

स्थल मण्डल : पृथ्वी की बाहरी ठोस पर्पटी।

संघनन : वायुमण्डल में विद्यमान जल वाष्पों की जल के छोटे–छोटे बिन्दुओं में बदलने की प्रक्रिया।

सैक्चुअरी : पशु–पक्षियों की कुछ जातियों को विलुप्त होने से बचाने के लिए संरक्षित (अभ्यारण्य) क्षेत्र।

सदानीरा : जिन नदियों में जल का प्रवाह सारा साल बना रहता है।

सूर्यातप : लघु तरंगों के रूप में सूर्य से आने वाली ऊष्मा।

सौर विकिरण : सूर्य से निकलने वाली किरणें जिनका कुछ भाग हमारी पृथ्वी पर भी पड़ता है।

सौर ऊर्जा : सूर्य द्वारा विकसित ऊर्जा (ऊष्मा तथा प्रकाश)।

स्तर रंजन : रंगों की सहायता से उच्चावचन प्रकट करने की विधि।

स्थलाकृति मानचित्र : प्राकृतिक भू–आकृतियों को प्रदर्शित करने वाला बड़े पैमाने पर खींचा गया एक छोटे क्षेत्र का मानचित्र।

स्थानान्तरी कृषि : वह कृषि जिसमें पुराने खेतों के अनउपजाऊ हो जाने पर नये खेतों में खेती की जाती है।

संसाधन : प्राकृतिक या मानव निर्मित सम्पदा का उपयोग जो मनुष्य अपनी आवश्यकता पूर्ति के लिए करता है।

संभाव्य साधन : वे साधन जिनका किसी प्रदेश में पाये जाने की संभावना हो।

सवाना : लम्बी, मोटी घास जो उष्णकटिबन्धीय भूमि में उगती है।

स्टेपीज : शीतोष्ण प्रदेशीय घास भूमि में अर्द्ध शुष्क भाग।

हिमरेखा : पर्वत ढाल पर एक काल्पनिक रेखा जो स्थायी हिम के निम्न तल को प्रदर्शित करती हों

हिमानी : हिम या बर्फ के अत्याधिक जमाव वाली नदी जो धीरे–धीरे नीचे खिसकती हो।

हिमोढ़ : हिमानी के पिघलने से विभिन्न प्रकार के अनियमित शैल पदार्थों का एक टेढ़ी–मेढ़ी पहाड़ी के रूप में निक्षेपण।

हिम गह्वर : वे हिम क्षेत्र जिनमें घाटी हिमानी का विकास होता है।

शैल : विभिन्न खनिजों का मिश्रण जो भूपटल का निर्माण करता है।

ऋतु चक्र : एक निश्चित अवधि के बाद ऋतुओं में होने वाला निरंतर परिवर्तन।

ऋतु प्रवास : ऋतुओं के अनुसार लोगों का अपने पशुओं सहित एक स्थान से दूसरे स्थान पर चले जाना।

छोटे उद्योग : वे उद्योग जिनमें बहुत कम लोग काम करते हैं।

तज़िकिस्तान
तरिम अवतल
(तक्ला मकान मरुस्थल)
हिन्दु कुश
अफगानिस्तान
कुनलुन श्रेणी
मशेरब्रुम (7821)
नंगा पर्वत
(8126)
गशेब्रुम
(8068)
(8611)
चीन
श्रीनगर
पीर पंजाल श्रेणी
जास्कर प.
झेलम
रावी
बिआस
सतलुज
चिनाब
शिमला
चंडीगढ़
कामेट (7756)
नंदादेवी (7817)
नंदाकोट
(6861)
अपी (7132)
धौलागिरी
(8172)
तिब्बत
एवरेस्ट पर्वत
(8848)
कांचनजंगा
(7756)
गौरीशंकर
(7145)
मकालू
(8481)
गंगटोक
भूटान
दाफला प.
ईटानगर
नमचा बरवा
(7756)
पाकिस्तान
सिंधु का मैदान
सिंधु
घाघरा
दिल्ली
गंगा
भारतीय महा मरुस्थल
(थार का मरुस्थल)
साम्भर झील
जयपुर
लखनऊ
गोमती
गंगा का मैदान
पटना
कोसी
दिसपुर
शिलांग
खासी जयंतिया
पहाड़ियाँ
कोहिमा
इंफाल
नागा प.
चंबल
बनास
सिंध
बेतवा
बुंदेलखण्ड
गांधी सागर
राणा प्रताप सागर
अरावली श्रेणी
लूनी
साबरमती
कच्छ का रण
कच्छ की खाड़ी
गांधीनगर
मालवा का पठार
भोपाल
विंध्याचल श्रेणी
कैमूर पहाड़ियाँ
बघेलखण्ड
सोन
छोटा नागपुर
राजमहल पहाड़ियाँ
बाँग्लादेश
अगरतला
आइजोल
मिजो पहाड़ियाँ
कर्क रेखा
म्यांमार
माही
नर्मदा
ताप्ती
सतपुड़ा
महादेव पहाड़ियाँ
मैकाल श्रेणी
गाविलगढ़ पहाड़ियाँ
भारत
गढ़जत पहाड़ियाँ
मलयगिरी
(1187)
कोलकाता
सुन्दरबन
न्यू मूर द्वीप
(भारत)
गंगा का मुहाना
हुगली
खंभात की खाड़ी
सिल्वासा
सातामाल पहाड़ियाँ
अजंता श्रेणी
वर्धा
हीराकुड
महानदी
भुबनेश्वर
चिलिका झील
कालसुबाई (1646)
मुम्बई
गोदावरी
पेनगंगा
दंडकारण्य
हरिश्चंद्र पर्वत श्रेणी
बालाघाट श्रेणी
महाबलेश्वर
(1438)
भीमा
मांजरा
हैदराबाद
नागार्जुन सागर
अरब सागर
कोल्लेरु झी.
बंगाल की खाड़ी
कृष्णा
पणजी
तुंगभद्रा
पेन्नेरु
नल्लामाला पहाड़ियाँ
पुलिकत झील
चेन्नई
बेंगलूरू
जवादी पहाड़ियाँ
नीलगिरी पहाड़ियाँ
शिवरॉय पहाड़ियाँ
दोदा बेट्टा
(2637)
कावेरी
अनाइमलाइ पहाड़ियाँ
अनईमुडी
(2695)
पाक जलसंधि
पाक की खाड़ी
कार्डमम प.
मन्नार की खाड़ी
तिरुवनंतपुरम
कोमोरिन अंतरीप
श्रीलंका
अमिनदीवी द्वीप समूह
किल्तान द्वी चेटलट द्वी
अगात्ती द्वी अद्रोत द्वी
कवरत्ती द्वी
करवत्ती
कन्नानूर द्वी स
मिनिकाय द्वी
मालदीव
हिंद महासागर
अराकान योमा
इरावदी के मुहाने
कोको द्वीप
(म्यांमार)
नारकोंडम द्वीप
(भारत)
उत्तरी अंडमान
मध्य अंडमान
बैरन द्वीप (भारत)
दक्षिणी अंडमान
पोर्ट ब्लेयर
अंडमान सागर
लघु अंडमान
कार निकोबार द्वीप
कैटचेल्ल द्वीप
लघु निकोबार
वृहत् निकोबार
इंदिरा पॉइंट
इंडोनेशिया
अंडमान और निकोबार द्वीप समूह (भारत)
ऊँचाई (पैमाना मीटर में)
8000
6000
4500
3000
1500
1000
600
300
150
0 समुद्र सतह
75
300
1500
पैमाना 1 : 16,000,000 कि.मी.

तज़िकिस्तान
तज़िकिस्तान
अफगानिस्तान
काबुल
गिलगित
लद्दाख
(केन्द्रशासित प्रदेश)
लेह
गुलमर्ग
श्रीनगर
इस्लामाबाद
जम्मू और कश्मीर
(केन्द्रशासित प्रदेश)
सिंधु
ची न
जम्मू
डलहौज़ी
मनाली
हिमाचल
प्रदेश
झेलम
अमृतसर
रावी
पाकिस्तान
लुधियाना
शिमला
पंजाब
चंडीगढ़
बद्रीनाथ
चेनाब
सतलुज
अंबाला
देहरादून
ति ब्ब त
श्रीगंगानगर
हरिद्वार
उत्तराखण्ड
हिसार
सिंधु
हरियाणा
मेरठ
नैनीताल
पिलानी
रोहतक
दिल्ली
रामपुर
ने पा ल
अनीनी
बीकानेर
अरुणाचल
प्रदेश
जैसलमेर
नागौर
अलवर
अलीगढ़
गंगा
बरेली
रा ज स्था न
भरतपुर
मथुरा
आगरा
उत्तर प्रदेश
काठमांडू
गंगटोक
सिक्किम
थिम्फू
भूटान
ईटानगर
डिब्रूगढ़
पोकरण
लूनी
जयपुर
जोरहाट
जोधपुर
इटावा
लखनऊ
गोरखपुर
मोतीहारी
पूर्णिया
गुवाहाटी
ब्रह्मपुत्र
असम
नागालैंड
बाड़मेर
पाली
अजमेर
चंबल
ग्वालियर
यमुना
कानपुर
छपरा
गंगा
दिसपुर
शिलांग
कोहिमा
आबू
भीलवाड़ा
कोटा
झाँसी
प्रयागराज
वाराणसी
पटना
बिहार
मेघालय
मुंगेर
उदयपुर
खजुराहो
मिर्ज़ापुर
गया
बाँग्लादेश
सिल्चर
इंफाल
मणिपुर
भुज
गांधीनगर
भा र त
रीवा
झारखंड
अगरतला
कर्क रेखा
कांडला
गुजरात
रतलाम
कटनी
अम्बिकापुर
ढाका
जामनगर
अहमदाबाद
उज्जैन
भोपाल
राँची
पश्चिम
बर्धमान
त्रिपुरा
आइज़ोल
द्वारका
राजकोट
इंदौर
मध्य प्रदेश
जबलपुर
छत्तीसगढ़
बंगाल
मिज़ोरम
वडोदरा
नर्मदा
बिलासपुर
जमशेदपुर
हावड़ा
कोलकाता
जूनागढ़
भावनगर
खरगोन
बैतूल
खड़गपुर
ताप्ती
राउरकेला
दीव
(दीव और दमण)
सूरत
धुले
अमरावती
नागपुर
भिलाई
सबलपुर
न्यू मूर द्वीप
(भारत)
म्यांमार
दमण
(दमण और दीव)
जलगाँव
दुर्ग
रायपुर
ओडिशा
सिल्वासा
अकोला
वर्धा
बालांगीर
महानदी
कटक
पाराद्वीप
दादरा और नगर हवेली
औरंगाबाद
कांकेर
भुबनेश्वर
अहमदनगर
नांदेड
पुरी
मुम्बई
पिंपरी
गोदावरी
जगदलपुर
कोरापुट
पुणे
म हा रा ष्ट्र
तेलंगाना
सातारा
सोलापुर
काज़ीपेट
वारंगल
श्रीकाकुलम्
बीदर
सांगली
सिकंदराबाद
विशाखापट्नम्
कोल्हापुर
कलबुर्गी
हैदराबाद
राजमुंद्री
अरब सागर
बीजापुर
कृष्णा
विजयवाड़ा
यानम् (पुडुचेरी)
बंगाल की खाड़ी
बेलगावी
रायचूर
गुंटूर
पणजी
मचिलीपट्नम्
धारवाड़
कर्नूल
कोको द्वीप
(म्यांमार)
गोवा
हुब्बल्ली
बल्लारी
आंध्र प्रदेश
कर्नाटक
Dr. Y.S.R.
चित्रदुर्गा
अनंतपुर
कडप्पा
नेल्लूर
नारकोंडम द्वीप
(भारत)
शिवमोग्गा
तिरुपती
उत्तरी अंडमान
मंगलूरू
बेंगलूरू
चित्तूर
चेन्नई
अंडमान और निकोबार द्वीप समूह (भारत)
मध्य अंडमान
मैसूरू
वेल्लोर
बैरन द्वीप (भारत)
किल्तान द्वीप
चेटलट द्वीप
माहे
(पुडुचेरी)
कावेरी
सेलम
पुडुचेरी
दक्षिणी अंडमान
अगाती द्वीप
एंड्रोत द्वीप
कोज़ीकोड़
तमिलनाडु
पोर्ट ब्लेअर
अंडमान
सागर
कवरत्ती द्वीप
कवरत्ती
कोयम्बतूर
कारैकल (पुडुचेरी)
थ्रिसूर
केरल
तिरुच्चिरापल्ली
लघु अंडमान
कोच्चि एर्णाकुलम
(भारत)
आलप्पुझा
मदुरई
कोल्लम
तूतीकोरिन
रामेश्वरम्
कार निकोबार द्वीप
तिरुवनंतपुरम
तिरुनेलवेली
मिनिकाय द्वीप
नागरकोइल
कन्याकुमारी
कचाल द्वीप
लघु निकोबार द्वीप
श्रीलंका
वृहत् निकोबार
इंदिरा प्वाइंट
कोलम्बो
मालदीव
हिंद
महासागर
पैमाना 1 : 16,000,000 किमी.
इंडोनेशिया

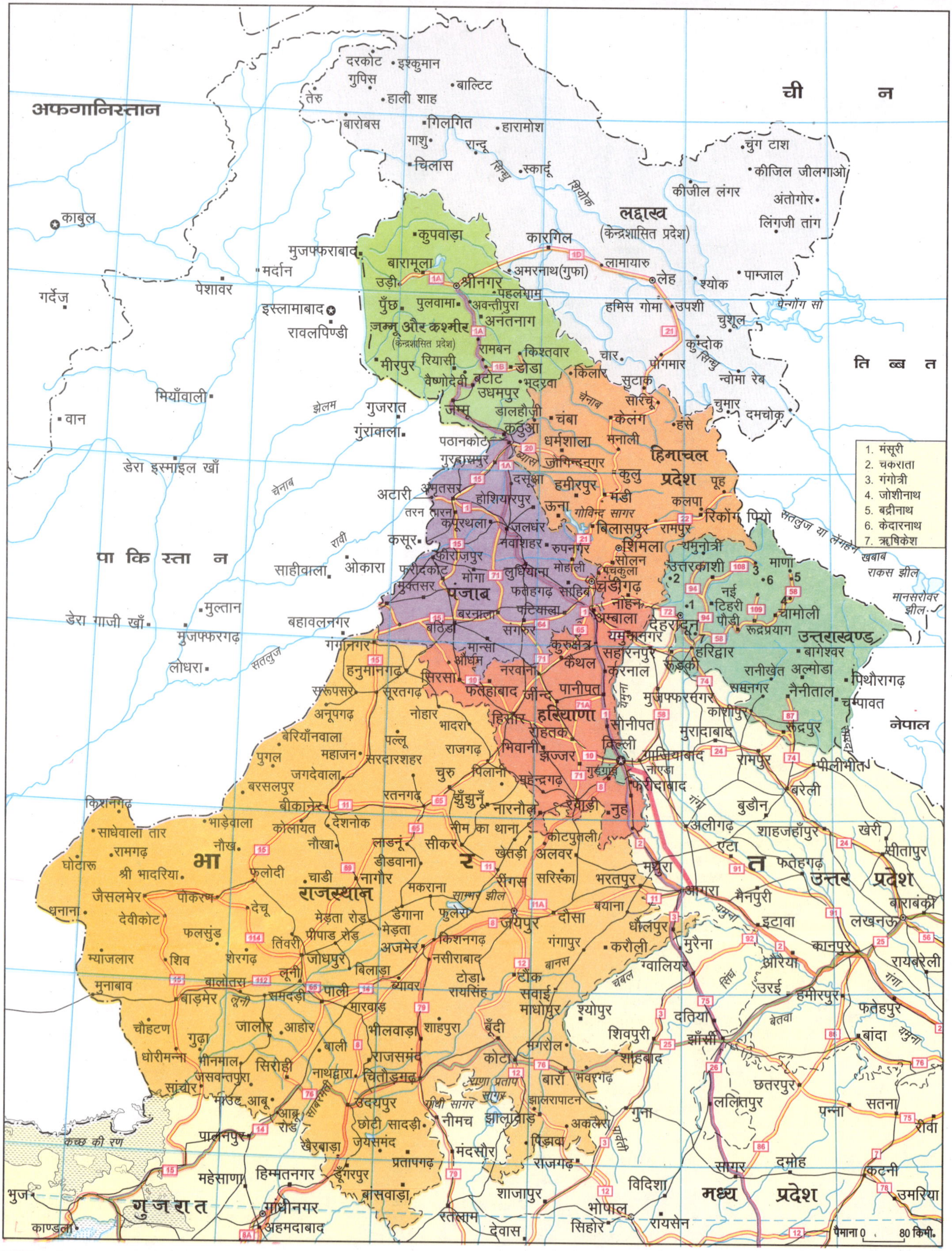
अफगानिस्तान
काबुल
दरकोट
इश्कुमान
गुपिस
बाल्टिस्ट
तेरु
हाली शाह
बारोबस
गिलगित
हारामोश
गाशु
रान्दू
चिलास
स्कार्दू
ची न
चुंग टाश
कीजिल जीलगाओ
कीजील लंगर
अंतोगोर
लिंगजी तांग
लद्दाख
(केन्द्रशासित प्रदेश)
कारगिल
कुपवाड़ा
मुजफ्फराबाद
बारामूला
मर्दान
उड़ी
श्रीनगर
अमरनाथ(गुफा)
लामायारु
लेह
श्योक
पाम्जाल
पहलगाम
पेशावर
गर्देज़
इस्लामाबाद
रावलपिण्डी
पुँछ
पुलवामा
अवन्तीपुरा
अनन्तनाग
हमिस गोमा
उपशी
चुशूल
जम्मू और कश्मीर
(केन्द्रशासित प्रदेश)
रामबन
किश्तवार
चार
कुंदोक
मीरपुर
रियासी
डोडा
पोगमार
न्योमा रेब
तिब्बत
वैष्णोदेवी
बटोट
भद्रवा
किलार
सुटाक
उधमपुर
सोरचू
चुमार
मियाँवाली
वान
झेलम
गुजरात
जम्मू
डालहौजी
चंबा
केलंग
हसे
दमचोक
गुजरांवाला
कठुआ
पठानकोट
धर्मशाला
मनाली
हिमाचल
प्रदेश
गुरदासपुर
जोगिन्दरनगर
डेरा इस्माईल खाँ
चेनाब
अटारी
अमृतसर
दसूहा
हमीरपुर
कुलु
पूह
होशियारपुर
ऊना
मंडी
कलपा
तरन तारन
गोविन्द सागर
रिकांग पियो
कपूरथला
जलंधर
बिलासपुर
रामपुर
रावी
कसूर
नवांशहर
शिमला
यमुनोत्री
पाकिस्तान
फिरोजपुर
रूपनगर
सोलन
उत्तरकाशी
माणा
साहीवाला
ओकारा
फरीदकोट
मोगा
लुधियाना
मोहाली
पंचकुला
चंडीगढ़
नई टिहरी
मुक्तसर
पंजाब
फतेहगढ़ साहिब
नाहन
पौड़ी
चामोली
मुल्तान
बरनाला
पटियाला
अम्बाला
देहरादून
रूद्रप्रयाग
उत्तराखण्ड
डेरा गाजी खाँ
बहावलनगर
बठिंडा
संगरूर
यमुनानगर
मुजफ्फरगढ़
गंगानगर
मान्सा
कुरुक्षेत्र
सहारनपुर
हरिद्वार
बागेश्वर
लोधरा
सतलुज
हनुमानगढ़
सिरसा
नरवाना
कैथल
रूड़की
रानीखेत
अल्मोड़ा
पिथौरागढ़
फतेहाबाद
जींद
पानीपत
करनाल
सरूपसर
सूरतगढ़
मुजफ्फरनगर
नैनीताल
चम्पावत
अनूपगढ़
नोहर
हिसार
हरियाणा
सोनीपत
काशीपुर
रूद्रपुर
नेपाल
भादरा
रोहतक
मुरादाबाद
बेरियाँवाला
पल्लू
राजगढ़
भिवानी
दिल्ली
पुगल
महाजन
सरदारशहर
झज्जर
गाजियाबाद
रामपुर
पीलीभीत
जगदेवाला
चुरु
पिलानी
गुड़गांव
नोएडा
बरसलपुर
महेन्द्रगढ़
फरीदाबाद
बरेली
किशनगढ़
बीकानेर
रतनगढ़
झुँझुनूँ
नारनौल
रेवाड़ी
नूह
बुडौन
साधेवाला तार
भाड़ेवाला
कोलायत
देशनोक
सीम का थाना
अलीगढ़
शाहजहाँपुर
खेरी
रामगढ़
नौख
नौखा
लाडनूं
सीकर
कोटपुतली
एटा
सीतापुर
घोटारू
भा
श्री भादरिया
फलोदी
चाडी
डीडवाना
खेतड़ी
अलवर
र
त
फतेहगढ़
उत्तर प्रदेश
जैसलमेर
पोकरण
राजस्थान
नागौर
मकराना
सांभर झील
रींगस
सरिस्का
भरतपुर
मथुरा
आगरा
मैनपुरी
धनाना
देचू
मेड़ता रोड़
डेगाना
फुलेरा
बयाना
बाराबंकी
देवीकोट
फलसुंड
पीपाड़ रोड़
मेड़ता
जयपुर
दौसा
धौलपुर
इटावा
लखनऊ
तिंवरी
अजमेर
किशनगढ़
गंगापुर
करौली
मुरैना
कानपुर
म्याजलार
शिव
शेरगढ़
जोधपुर
नसीराबाद
बनास
ग्वालियर
औरैया
रायबरेली
लूनी
बिलाड़ा
टोडा
टोंक
गंगा
मुनाबाव
बालोतरा
ब्यावर
रायसिंह
चंबल
सिंध
उरई
हमीरपुर
बाड़मेर
समदड़ी
पाली
सवाई माधोपुर
श्योपुर
दतिया
फतेहपुर
मारवाड़
चौहटण
जालौर
आहोर
भीलवाड़ा
शाहपुरा
बूंदी
शिवपुरी
बेतवा
गुढ़ा
बाली
झाँसी
बाँदा
धोरीमन्ना
भीनमाल
सिरोही
राजसमंद
कोटा
मंगरोल
शाहबाद
यमुना
सांचौर
जसवन्तपुरा
नाथद्वारा
चित्तौड़गढ़
राणा प्रताप सागर
बारां
भवानीगढ़
छतरपुर
माउंट आबू
गांधी सागर
झालरापाटन
ललितपुर
सतना
उदयपुर
आबू रोड
छोटी सादड़ी
नीमच
झालावाड़
अकलेरा
गुना
पन्ना
रीवां
कच्छ की रण
पालनपुर
खैरबाड़ा
जयसमंद
पिड़ावा
प्रतापगढ़
मंदसौर
राजगढ़
सागर
दमोह
कटनी
महेसाणा
हिम्मतनगर
डूंगरपुर
विदिशा
भुज
गुजरात
गांधीनगर
बांसवाड़ा
शाजापुर
भोपाल
मध्य प्रदेश
उमरिया
काण्डला
अहमदाबाद
रतलाम
देवास
सिहोर
रायसेन
पैमाना 0 80 किमी.
राकस झील
मानसरोवर झील
सतलुज या लेंगचेन खबाब
1. मंसूरी
2. चकराता
3. गंगोत्री
4. जोशीनाथ
5. बद्रीनाथ
6. केदारनाथ
7. ऋषिकेश

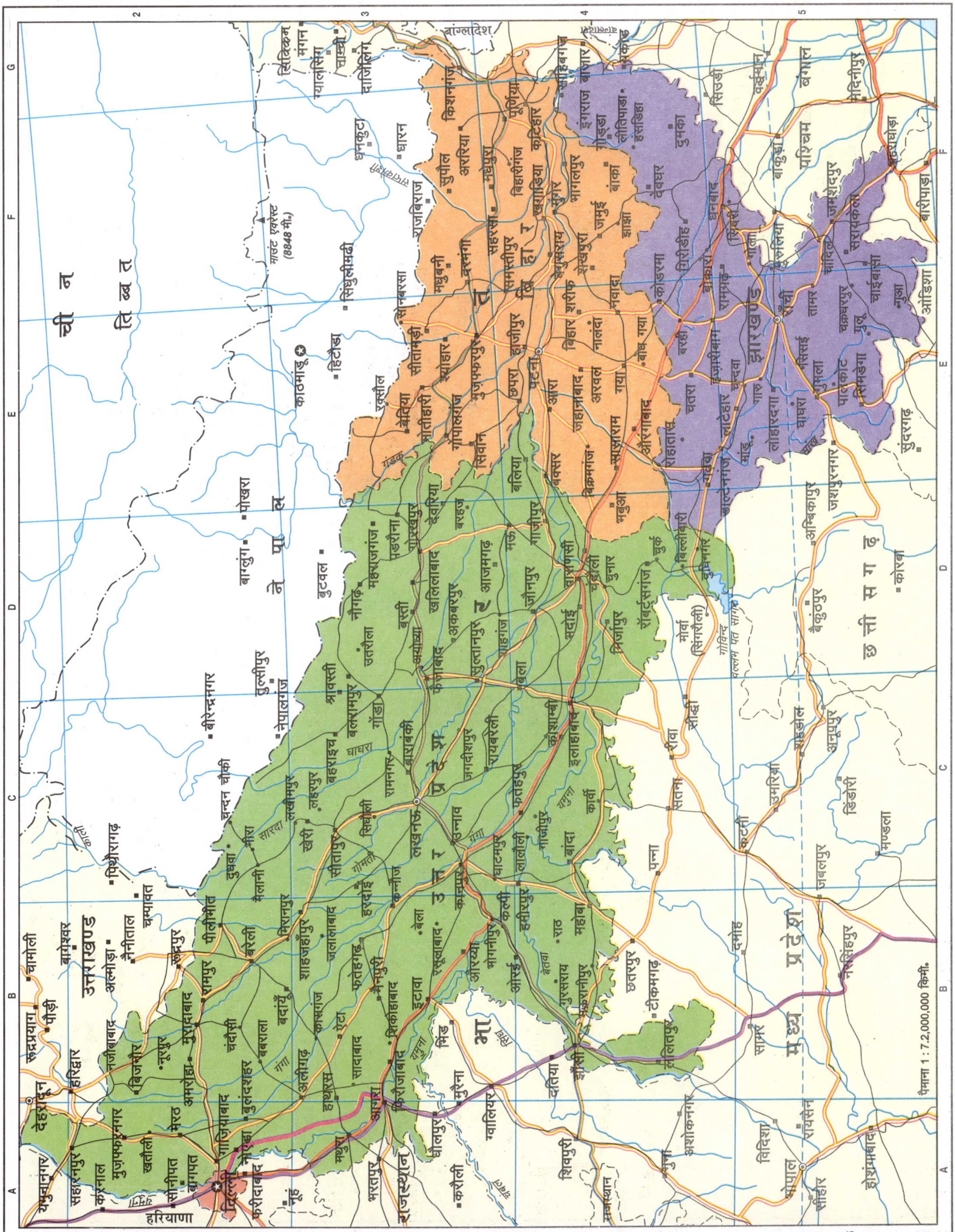
चीन
तिब्बत
नेपाल
उत्तर प्रदेश
बिहार
झारखण्ड
मध्य प्रदेश
छत्तीसगढ़
उत्तराखण्ड
राजस्थान
हरियाणा
बांग्लादेश
सिक्किम
पश्चिम बंगाल
ओडिशा
काठमांडू
माउंट एवरेस्ट (8848 मी.)
दिल्ली
लखनऊ
पटना
राँची
कानपुर
इलाहाबाद
वाराणसी
गोरखपुर
आगरा
गया
भागलपुर
जमशेदपुर
धनबाद
घाघरा
गोमती
यमुना
गंगा
गंडक

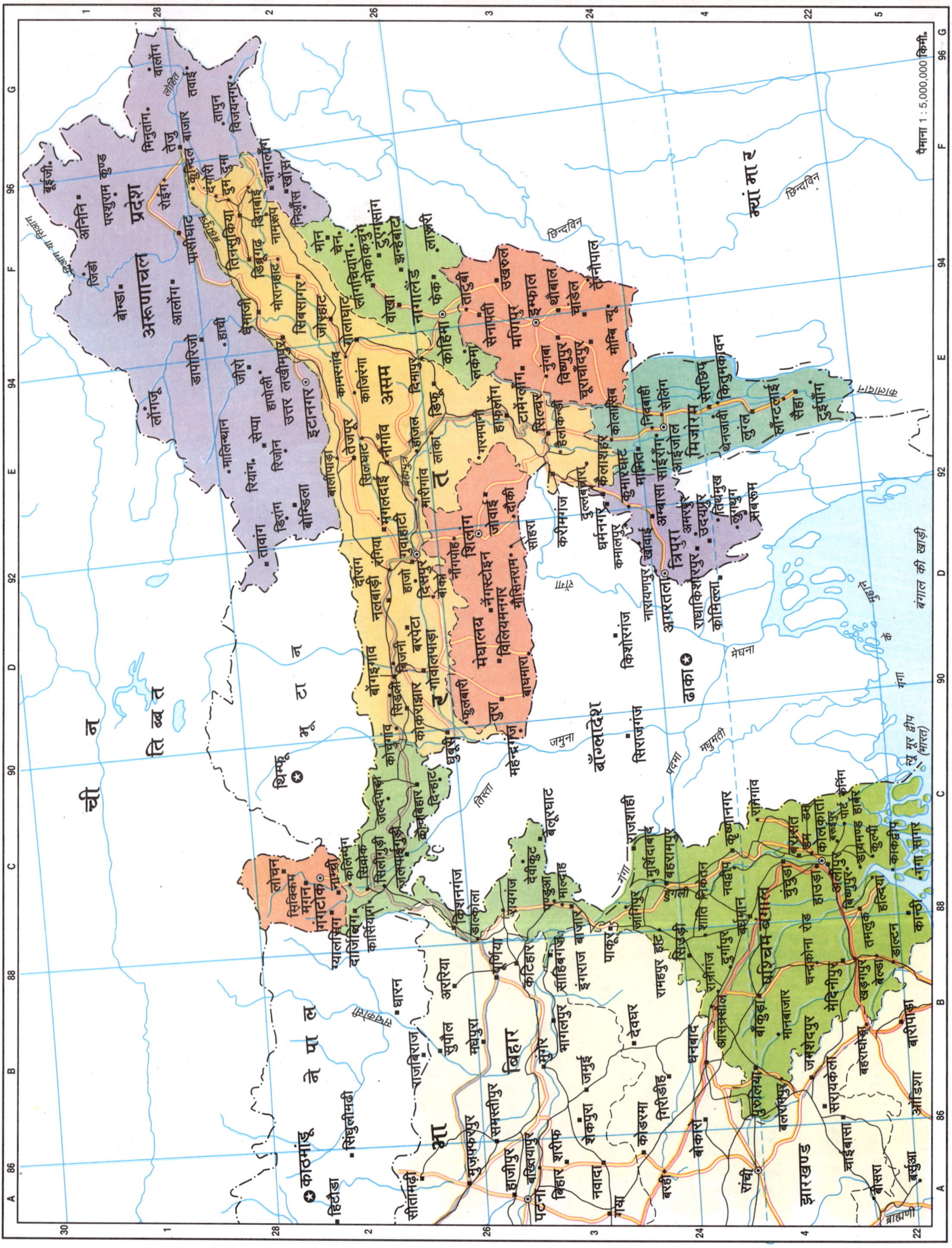
चीन
तिब्बत
नेपाल
भूटान
बांग्लादेश
म्यांमार
अरुणाचल प्रदेश
असम
नागालैंड
मणिपुर
मिजोरम
त्रिपुरा
मेघालय
सिक्किम
पश्चिम बंगाल
बिहार
झारखण्ड
ओडिशा
बंगाल की खाड़ी
काठमांडू
थिम्फू
ढाका
पटना
रांची
इटानगर
गुवाहाटी
दिसपुर
शिलांग
कोहिमा
इम्फाल
आइजोल
अगरतला
गंगटोक
कोलकाता
पैमाना 1 : 5,000,000 किमी.

मध्यप्रदेश, छत्तीसगढ़ एवं ओडिशा

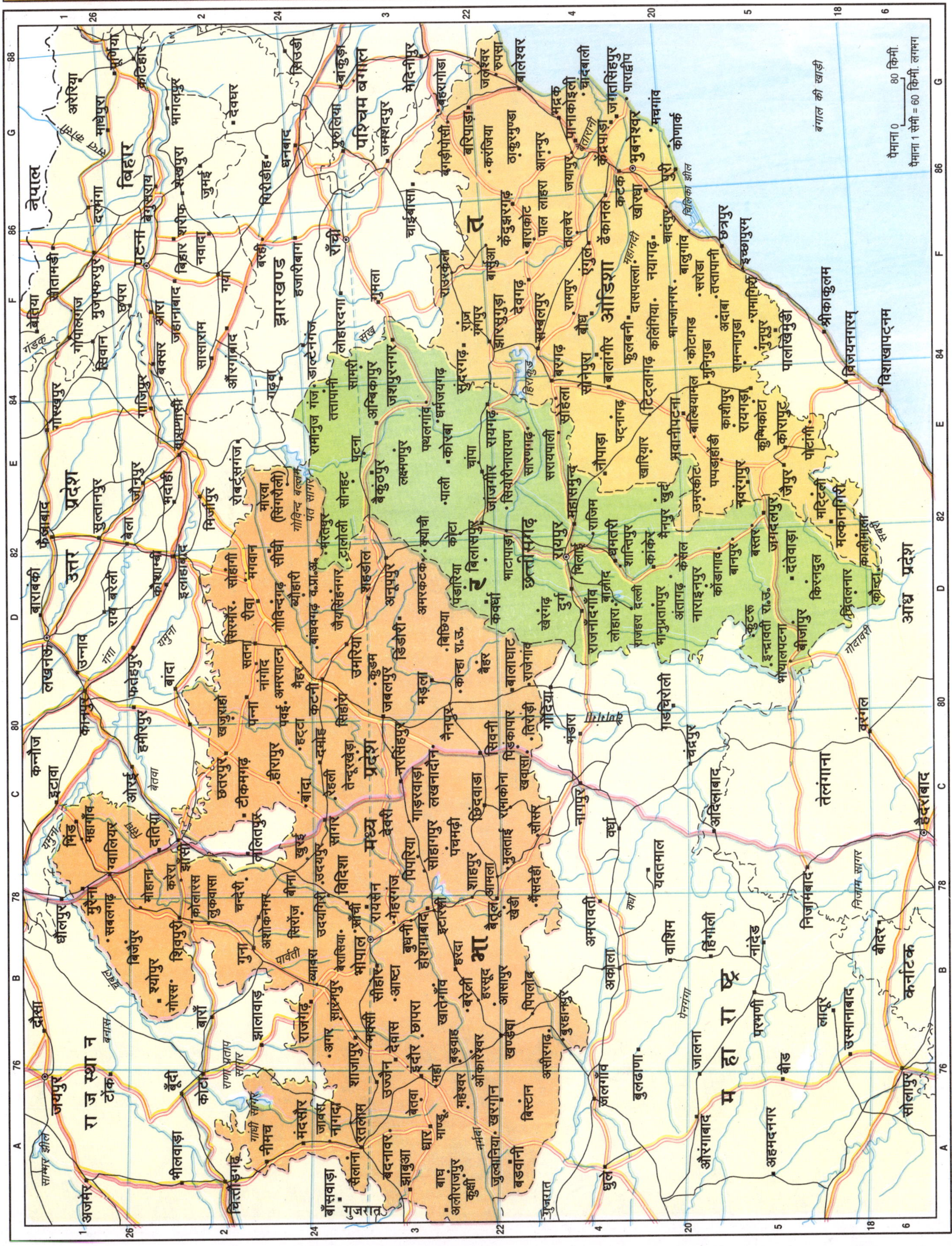

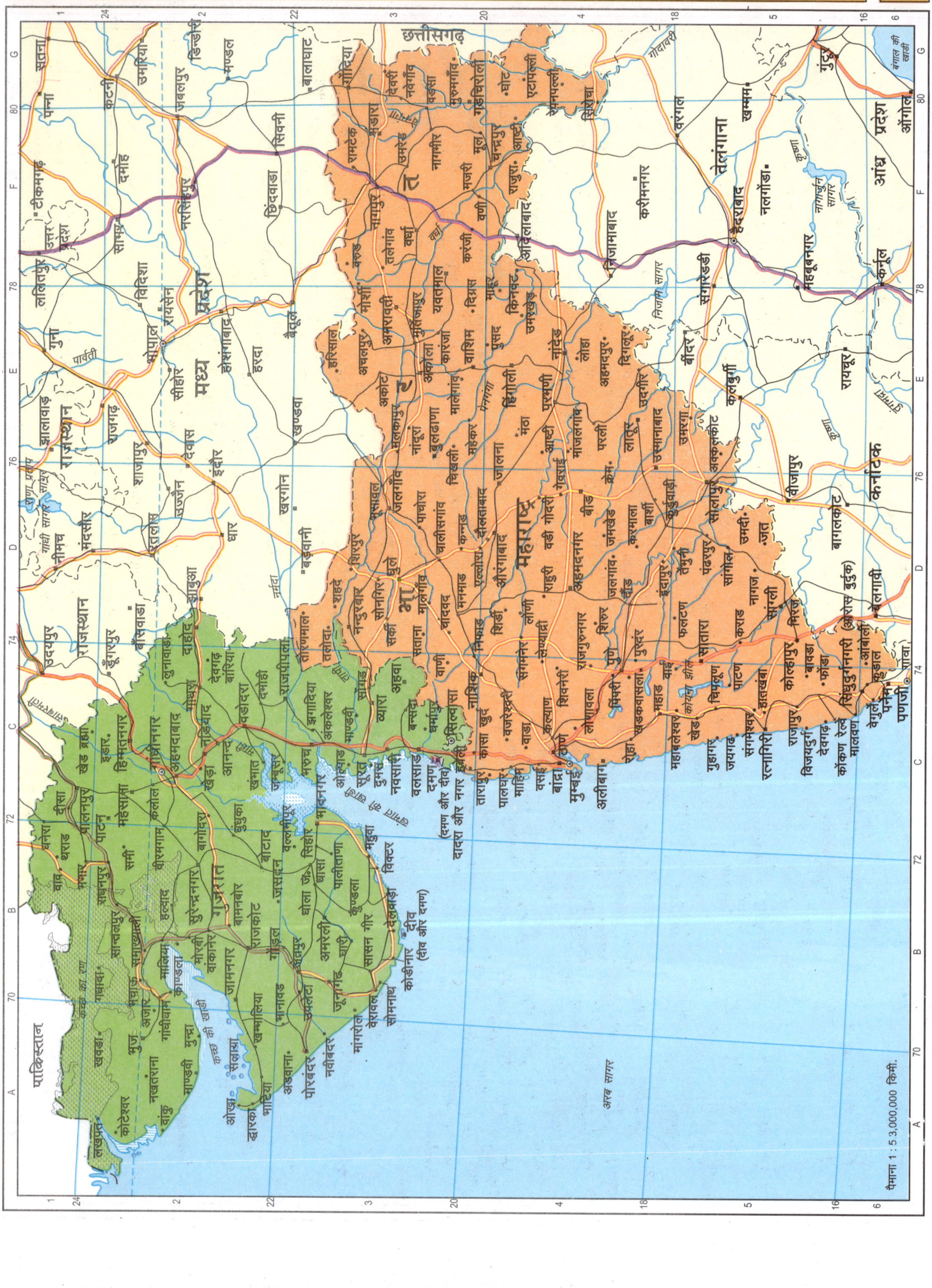
पाकिस्तान
राजस्थान
मध्य प्रदेश
उत्तर प्रदेश
छत्तीसगढ़
गुजरात
महाराष्ट्र
तेलंगाना
आंध्र प्रदेश
कर्नाटक
अरब सागर
बंगाल की खाड़ी
कच्छ का रण
कच्छ की खाड़ी
खंभात की खाड़ी
दादरा और नगर हवेली (दमण और दीव)
दीव (दीव और दमण)
अहमदाबाद
गांधीनगर
राजकोट
वडोदरा
सूरत
भावनगर
जामनगर
भुज
पोरबंदर
मुम्बई
पुणे
नागपुर
नासिक
औरंगाबाद
सोलापुर
कोल्हापुर
अमरावती
अकोला
चन्द्रपुर
सातारा
रत्नागिरी
ठाणे
हैदराबाद
भोपाल
इंदौर
उज्जैन
जबलपुर
पणजी
नर्मदा
गोदावरी
कृष्णा
पैमाना 1 : 5,3,000,000 किमी.

महाराष्ट्र
नाशिक
औरंगाबाद
जालना
वाशिम
हिंगोली
अहमदनगर
परभणी
नांदेड
बीड
पुणे
लातूर
उस्मानाबाद
सातारा
सोलापुर
सांगली
कोल्हापुर
कुडाल
गढ़चिरोली
चंद्रपुर
कांकेर
छत्तीसगढ़
भवानीपटना
ओडिशा
नवरंगपुर
रायागडा
जगदलपुर
कोरापुट
जैपुर
दंतेवाड़ा
मल्कानगिरी
इच्छापुरम्
सोमपेटा
टेक्कली
नौपाडा
पालकोंडा
श्रीकाकुलम
विजयनगरम्
वाल्टेयर
विशाखापटनम्
एलामनचिल्ली
नरसिपटनम
लोटुगड्डा
जेडांगी
आदिलाबाद
उत्तनूर
आसिफाबाद
सिरपुर
निर्मल
धर्मपुरी
मुधोल
निजामाबाद
मचेरल
बोधन
सिरसिल्ला
करीमनगर
एटुर्ननगरम
कामारेड्डी
पालमपेट
मेडक
दुदादा
काजीपेट
वारंगल
गजवेल
संगारेड्डी
सिकन्दराबाद
महबूबाबाद
येलांडू
भद्राचलम
दौरनाकल
खम्मम
विकाराबाद
हैदराबाद
तेलंगाना
पारगी
कोरंगल
नलगोंडा
देवरकोंडा
महबूबनगर
गडवाल
कोट्टाकोटा
श्रीसैलम
मार्चेला
बीदर
औरड
होम्नाबाद
आलण्ड
कलबुर्गी
शाहबाद
सेडम
वाडी
यादगीर
सिन्दगी
बीजापुर
शाहपुर
एथनी
जमखन्डी
बसावना बागेवाड़ी
चिकोडी
गोकक
बागलकोट
लिंग्सूगर
रायचूर
बादामी
मुडगल
बेलगावी
कुष्टगी
पेर्नेम
पणजी
गोवा
मारगोआ
धारवाड़
गंडक
कोप्पल
हुब्बल्ली
डाण्डेली
होसपेट
बल्लारी
कारवाड़
भारत
हवेरी
कोट्टूरु
स्वामीहल्ली
अंकोला
सिरसी
रानीबेन्नूर
कुमटा
दावणगीरे
जगलुर
जोग फाल्स
कर्नाटक
चित्रदुर्ग
मरावन्थे
शिवमोग्गा
हिरियूर
भद्रावती
होसदुर्गा
कुण्डापुर
बिरूड़
हुलयार
मधुगिरी
उडुपी
चिकमगलूरु
तुमकूरु
चिकबल्लापुर
मुलकी
बेल्लूरु
किब्बानहाली
मेंगलूरु
मुडबिद्री
बेंगलूरु
कोलार
हसन
रामनगरम
कासरगोड
सुब्रहमन्या
मांडया
होसदुर्ग
मेडिकेरी
पय्यन्नूर
नागरहोले
मैसूरु
कन्नूर
कलपेट्टा
चामराजनगर
माहे (पुडुचेरी)
कोज़ीकोड़
निलम्बूर
मलाप्पुरम
गुरुवायूर
पालक्काड
त्रिशूर
केरल
पोल्लाची
कोडुन्गलूर
एर्नाकुलम
कोची
वेम्बनाड झील
पैनावू
देवीकुलम
कोट्टयम
इडुक्की
आलप्पुज़ा
पथनमथिट्टा
कायमकुलम
अडूर
कोल्लम
तिरुवनंतपुरम
अस्वरावपेट
राजमहेन्द्री
सोमावरम
तूनी
काकिनाडा
जंगारेड्डीपेटा
विजयवाड़ा
एलूरु
तनुकू
यानम् (पुडुचेरी)
गुडीवाडा
नरसापुर
गुंटूर
तेनाली
मछलीपट्नम
चिलाकालुरुपेट
चिराला
ओंगोल
सिंगारायाकोंडा
कावली
मंत्रालयम
कर्नूल
आदोनी
पानम
बुम्बुम
अंदाकी
पोडिले
कानि गिरी
बंगनपल्ले
गिडीलूर
आन्ध्र प्रदेश
गुटकल
गूटी
पोरुमामिल्ला
नंदीपाडु
अनन्तपुर
ताडपत्री
Dr. Y.S.R कडप्पा
संगम
पोटी श्रीरामलू नेल्लूर
मुट्टूकुरु
वेम्पल्ले
राजमपेट
गुडूर
पेनुकोंडा
रायचोटी
श्री कालाहस्ती
नायडुपेटा
पुलिकट झील
रेनीगुटा
चिनतामणी
पलमनेर
चित्तूर
तिरुवल्लूर
चेन्नई
कोलार गोल्ड फिल्ड्स
वेल्लोर
आरनी
कांचीपुरम
होसूर
जोलारपेट्टै
चैटपट
मामल्लपुरम
कृष्णागिरी
धर्मपुरी
तिरुवन्नामलै
टिंडीवनम्
विल्लुपुरम
पुडुच्चेरी
कडलूर
स्टेनले
येरकाड
नेवेली
भवानी
सलेम
उदगमंडलम
ईरोड
नामक्कल
पेरम्बलूर
चिदाम्बरम
तमिलनाडु
कोयम्बतूर
कुम्बकोनम
करुर
कारैकल (पुदुचेरी)
तिरुवारुर
तिरुच्चिरापल्लि
नागपट्टिनम्
पुदुक्कोट्टई
थन्जावूर
तिरुतुरैप्पुण्डी
डिण्डीगल
नट्टम
कोडिक्करई
कारक्कुडी
तेनि
मदुरई
शिवगंगा
कम्बम
मानमदुरई
विरुदुनगर
रामानाथपुरम्
श्रीविल्लीपुत्तूर
सिवकासी
कोविलपट्टी
किजाक्करई
धनुषकोडी
तेन्कासी
तिरुनेलवेली
टूटीकोरिन
तिरुच्चेंदूर
नंगूनेरी
नागरकोविल
कन्याकुमारी
केप कोमोरिन
पाक की खाड़ी
पाक जलसंयोजक
जाफना
मन्नार
मन्नार की खाड़ी
त्रिंकोमली
अनुराधापुर
श्रीलंका
पोलोन्नारूथ
कान्डी
कोलम्बो
बंगाल की खाड़ी
लक्षद्वीप सागर
हिंद महासागर
कृष्णा
तुंगभद्रा
कावेरी
गोदावरी
पैनगंगा
निजाम सागर
नागार्जुन सागर
लिंगनमक्कि
बित्रा द्वी
चेटलट्ट द्वीप
किल्टान द्वीप
अमीन द्वीप दीवी
कडमाट द्वीप
अमिनी द्वीप
अन्ड्रोथ द्वीप
अगत्ती द्वी
कवरत्ती द्वी
कवरत्ती
कन्नानूर द्वीप
चेरियम द्वीप
सुहेली द्वीप
काल्पेनी द्वीप
नवाँश जलमार्ग
हिंद महासागर
मिनीकाय द्वीप
लक्षद्वीप (भारत)
पैमाना 1 सेमी. : 95 किमी. लगभग
पैमाना 1 : 6.5,000,000 किमी.
कोको चैनल
नरकोन्डम द्वीप (भारत)
अंडमान और निकोबार द्वीप समूह (भारत)
उत्तरी अंडमान
मध्य अंडमान
बेरेन द्वीप (भारत)
रिचीस द्वी स. (अंडमान)
दक्षिणी अंडमान
पोर्ट ब्लेअर
डैकन पैसेज
अंडमान सागर
लघु अंडमान
10 डिग्री चैनल
कार निकोबार द्वी.
तिल्लनचोंग द्वीप
कमोर्टा द्वीप
कैचार द्वीप
नानकौरी द्वीप
सोम्बेरो जलमार्ग
लघु निकोबार
वृहत निकोबार
इन्द्रा पॉइंट
पैमाना 1 सेमी. = 70 किमी.

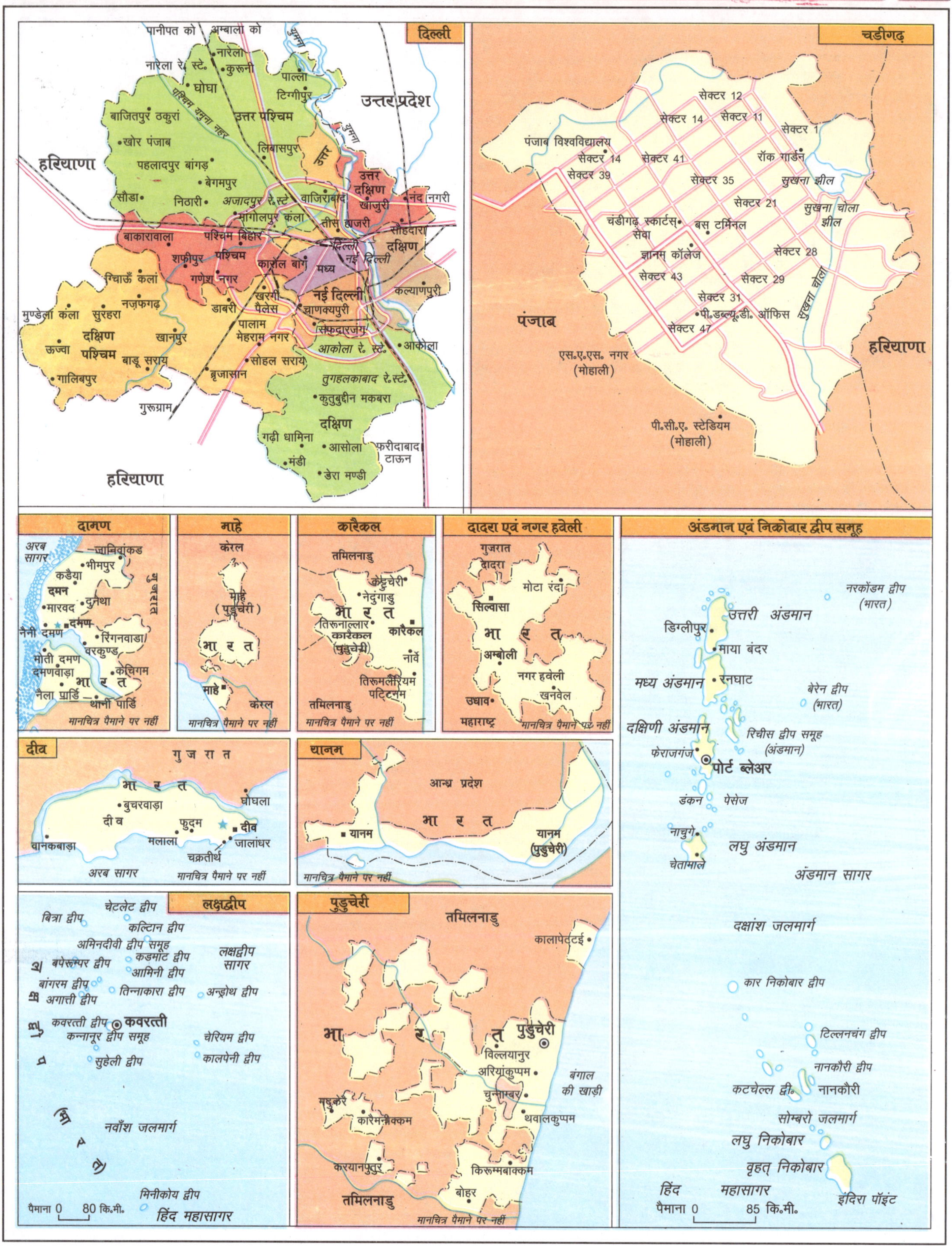
दिल्ली
पानीपत को
अम्बाला को
नारेला
नारेला रे. स्टे.
कुरुनी
पाल्ला
घोघा
टिग्गीपुर
उत्तर प्रदेश
बाजितपुर ठकुरां
उत्तर पश्चिम
खोर पंजाब
लिबासपुर
हरियाणा
पहलादपुर बांगड़
उत्तर
बेगमपुर
उत्तर दक्षिण
सौडा
निठारी
अजादपुर रे. स्टे.
वाजिराबाद
खाजुरी
नंद नगरी
मंगोलपुर कलां
तीस हजारी
सौहदारा
बाकारावाला
पश्चिम बिहार
दिल्ली
दक्षिण
शफीपुर
पश्चिम
करोल बाग
नई दिल्ली
मध्य
रिचाऊँ कलां
गणेश नगर
खरगी पैलेस
कल्याणपुरी
नजफगढ़
मुण्डेला कलां
सुरहरा
डाबरी
नई दिल्ली
चाणक्यपुरी
दक्षिण पश्चिम
खानपुर
पालाम
मेहराम नगर
सफदरजंग
ऊज्वा
बाडू सराय
आकोला रे. स्टे.
आकोला
सोहल सराय
बृजासान
गालिबपुर
तुगहलकाबाद रे. स्टे.
कुतुबुद्दीन मकबरा
गुरूग्राम
दक्षिण
गढ़ी धामिना
आसोला
फरीदाबाद टाऊन
मंडी
डेरा मण्डी
हरियाणा
चडीगढ़
सेक्टर 12
सेक्टर 14
सेक्टर 11
सेक्टर 1
पंजाब विश्वविद्यालय
सेक्टर 14
सेक्टर 41
रॉक गार्डन
सेक्टर 39
सेक्टर 35
सुखना झील
सेक्टर 21
सुखना चोला झील
चंडीगढ़ स्कार्टस सेवा
बस टर्मिनल
ज्ञानम कॉलेज
सेक्टर 28
सेक्टर 43
सेक्टर 29
सेक्टर 31
पी.डब्ल्यू.डी. ऑफिस
पंजाब
सेक्टर 47
एस.ए.एस. नगर (मोहाली)
हरियाणा
पी.सी.ए. स्टेडियम (मोहाली)
दामण
अरब सागर
जानिवांकड
भीमपुर
कडैया
दमन
मारवद
दुनेथा
गुजरात
नैनी दमण
दमण
रिंगनवाडा
वरकुण्ड
मोती दमण
दमणवाड़ा
केचिगम
भा र त
नैला पार्डि
थानी पार्डि
मानचित्र पैमाने पर नहीं
माहे
केरल
माहे (पुडुचेरी)
भा र त
माहे
केरल
मानचित्र पैमाने पर नहीं
कारैकल
तमिलनाडु
कोट्टचेरी
नेदुंगाडु
भा र त
तिरुनाल्लार
कारैकल (पुडुचेरी)
कारैकल
नार्वे
तिरुमलैरियम पट्टिनम
तमिलनाडु
मानचित्र पैमाने पर नहीं
दादरा एवं नगर हवेली
गुजरात
दादरा
मोटा रंदा
सिल्वासा
भा र त
अम्बोली
नगर हवेली
खनवेल
उधाव
महाराष्ट्र
मानचित्र पैमाने पर नहीं
दीव
गु ज रा त
भा र त
घोघला
बुचरवाड़ा
दीव
फुदम
दीव
मलाला
जालांधर
वानकबाड़ा
चक्रतीर्थ
अरब सागर
मानचित्र पैमाने पर नहीं
यानम
आन्ध्र प्रदेश
भा र त
यानम
यानम (पुडुचेरी)
मानचित्र पैमाने पर नहीं
लक्षद्वीप
चेटलेट द्वीप
बित्रा द्वीप
कल्टिन द्वीप
अमिनदीवी द्वीप समूह
कडमांट द्वीप
लक्षद्वीप सागर
बपेरूप्पर द्वीप
आमिनी द्वीप
बांगरम द्वीप
तिन्नाकारा द्वीप
अन्द्रोथ द्वीप
अगाती द्वीप
कवरत्ती द्वीप
कवरत्ती
कन्नानूर द्वीप समूह
चेरियम द्वीप
सुहेली द्वीप
कालपेनी द्वीप
अ र ब सा ग र
भा र त
नवाँश जलमार्ग
मिनीकोय द्वीप
पैमाना 0 80 कि.मी.
हिंद महासागर
पुडुचेरी
तमिलनाडु
कालापेत्तटई
भा र त
पुडुचेरी
विल्लियानुर
अरियांकुप्पम
बंगाल की खाड़ी
चुन्नाम्बर
मदुकेरे
कारैमनीक्कम
थवालकुप्पम
करयानपुत्तूर
किरुम्मबाक्कम
बोहर
तमिलनाडु
मानचित्र पैमाने पर नहीं
अंडमान एवं निकोबार द्वीप समूह
नरकोंडम द्वीप (भारत)
उत्तरी अंडमान
डिग्लीपुर
माया बंदर
मध्य अंडमान
रनघाट
बैरेन द्वीप (भारत)
दक्षिणी अंडमान
रिचीस द्वीप समूह (अंडमान)
फेराजगंज
पोर्ट ब्लेअर
डंकन
पेसेज
नाचुगे
लघु अंडमान
चेतामाले
अंडमान सागर
दक्षांश जलमार्ग
कार निकोबार द्वीप
टिल्लनचंग द्वीप
नानकौरी द्वीप
कटचेल्ल द्वी.
नानकौरी
सोम्बरो जलमार्ग
लघु निकोबार
वृहत् निकोबार
हिंद महासागर
पैमाना 0 85 कि.मी.
इंदिरा पॉइंट

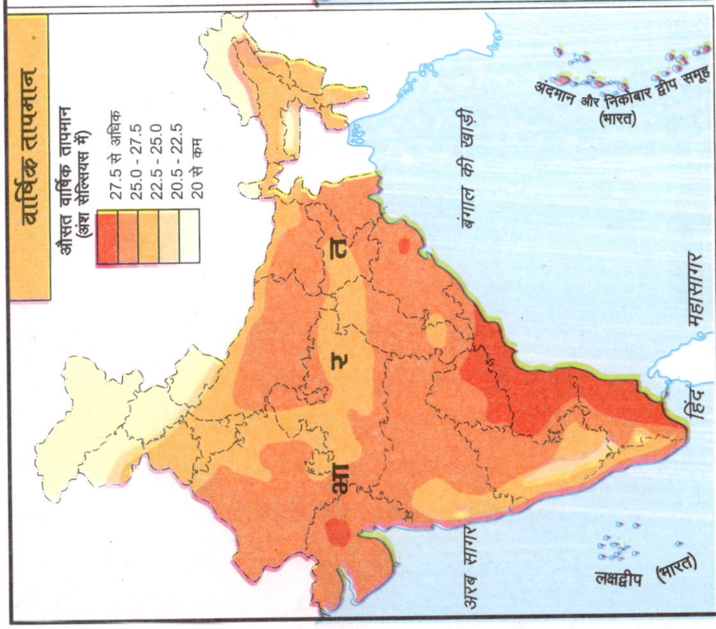

वार्षिक तापमान

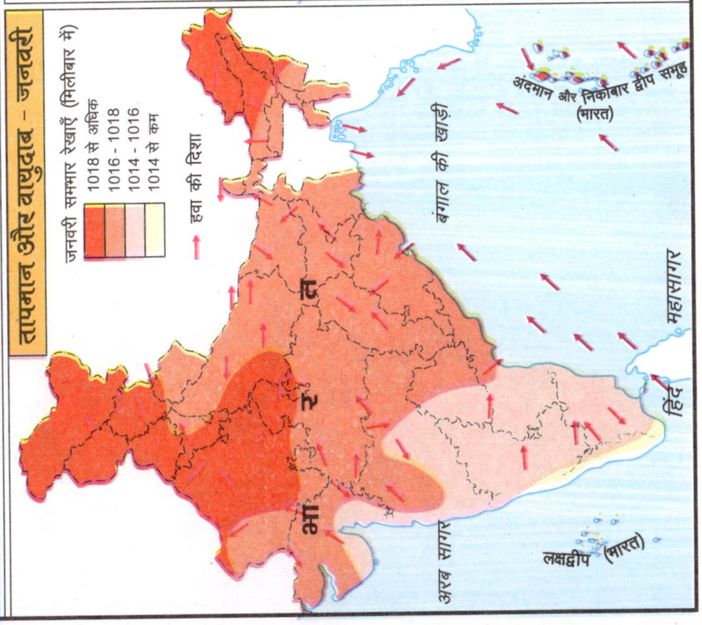

तापमान और वायुदाब - जनवरी

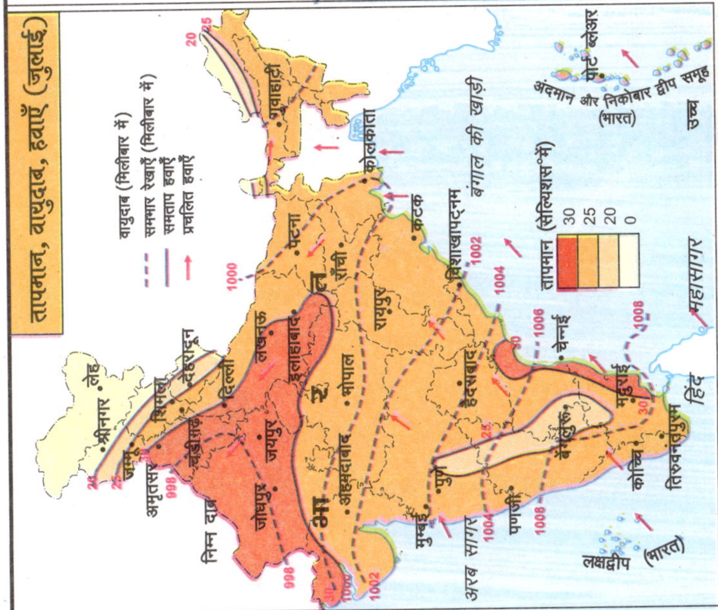

तापमान, वायुदाब, हवाएँ (जुलाई)

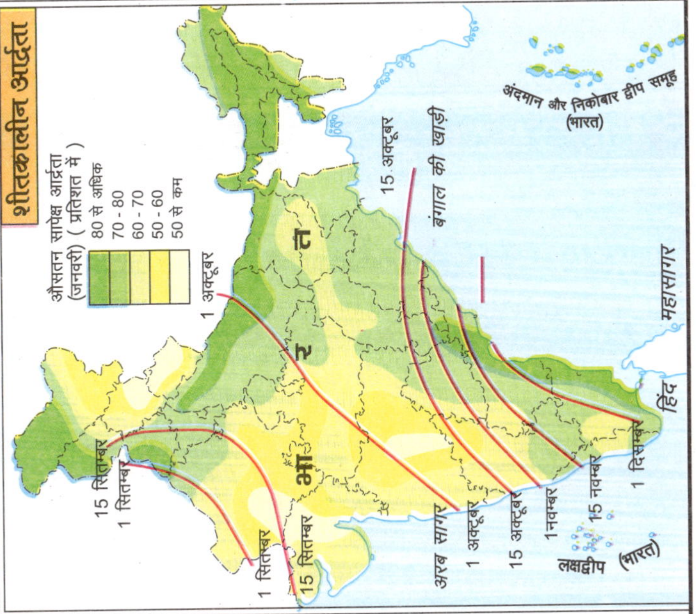

शीतकालीन आर्द्रता

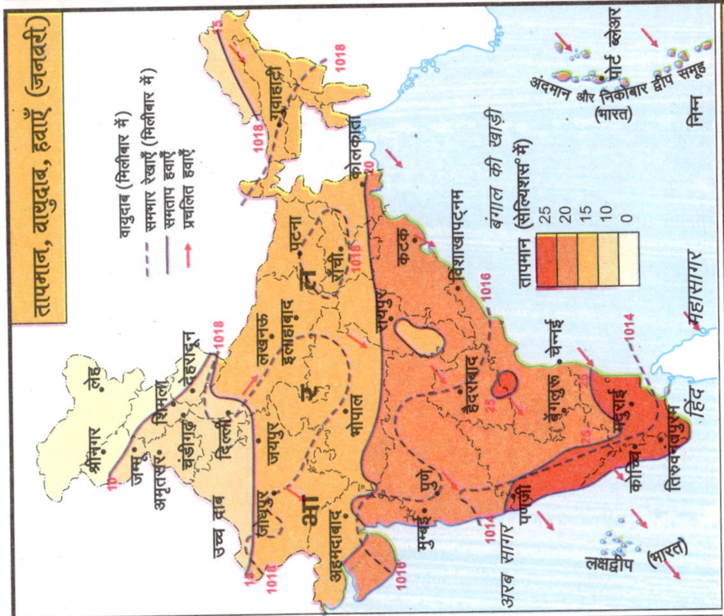

तापमान, वायुदाब, हवाएँ (जनवरी)

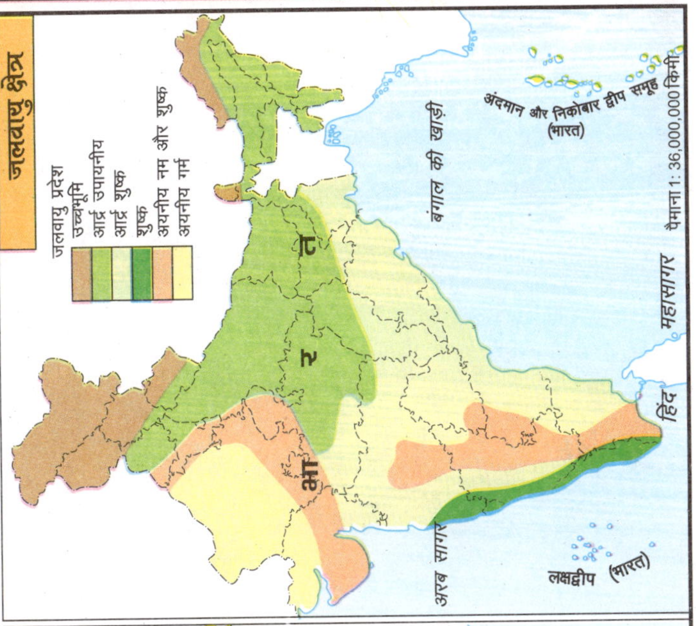

जलवायु क्षेत्र

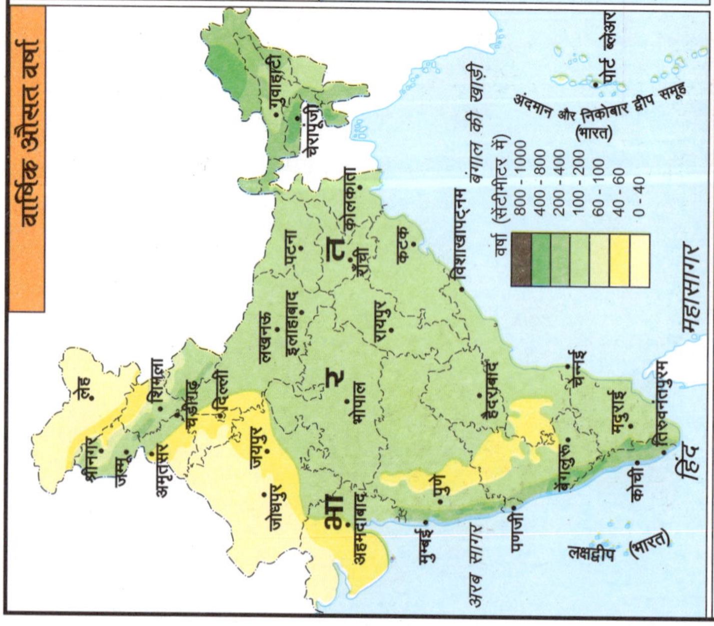
वार्षिक औसत वर्षा
वर्षा (सेंटीमीटर में)
800 - 1000
400 - 800
200 - 400
100 - 200
60 - 100
40 - 60
0 - 40
अरब सागर
बंगाल की खाड़ी
हिंद महासागर
अंदमान और निकोबार द्वीप समूह (भारत)
लक्षद्वीप (भारत)
श्रीनगर
जम्मू
लेह
शिमला
अमृतसर
चंडीगढ़
दिल्ली
जयपुर
जोधपुर
अहमदाबाद
मुम्बई
पुणे
पणजी
भोपाल
लखनऊ
इलाहाबाद
पटना
राँची
रायपुर
कोलकाता
कटक
विशाखापट्नम
हैदराबाद
चेन्नई
बेंगलुरु
मदुराई
कोची
तिरुवनंतपुरम
गुवाहाटी
चेरापूंजी
पोर्ट ब्लेयर

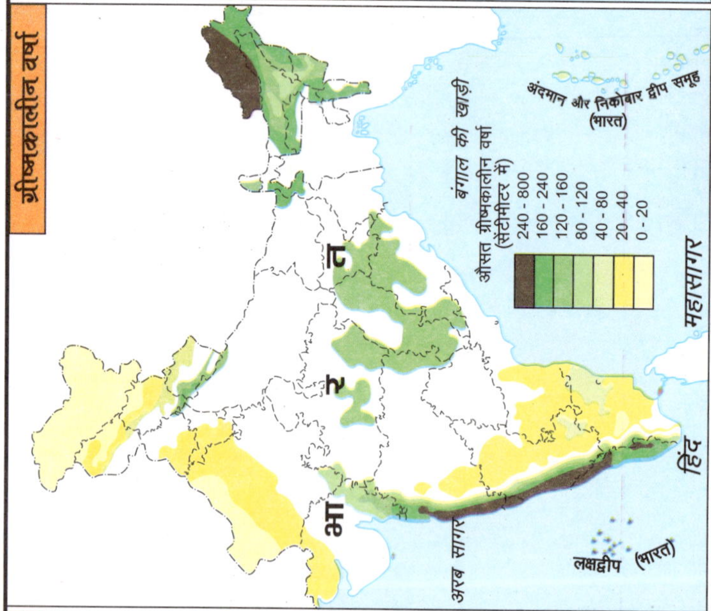
ग्रीष्मकालीन वर्षा
औसत ग्रीष्मकालीन वर्षा (सेंटीमीटर में)
240 - 800
160 - 240
120 - 160
80 - 120
40 - 80
20 - 40
0 - 20
अरब सागर
बंगाल की खाड़ी
हिंद महासागर
अंदमान और निकोबार द्वीप समूह (भारत)
लक्षद्वीप (भारत)

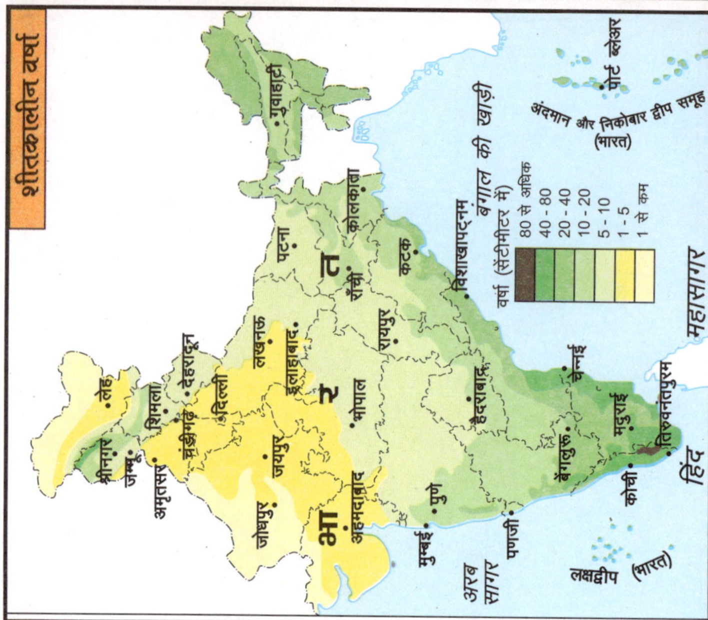
शीतकालीन वर्षा
वर्षा (सेंटीमीटर में)
80 से अधिक
40 - 80
20 - 40
10 - 20
5 - 10
1 - 5
1 से कम
अरब सागर
बंगाल की खाड़ी
हिंद महासागर
अंदमान और निकोबार द्वीप समूह (भारत)
लक्षद्वीप (भारत)

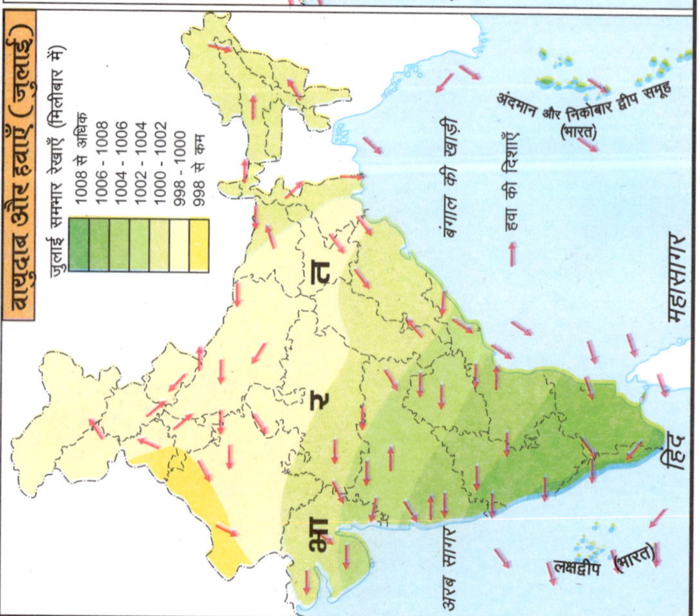
वायुदाब और हवाएँ (जुलाई)
जुलाई समभार रेखाएँ (मिलीबार में)
1008 से अधिक
1006 - 1008
1004 - 1006
1002 - 1004
1000 - 1002
998 - 1000
998 से कम
हवा की दिशाएँ
अरब सागर
बंगाल की खाड़ी
हिंद महासागर
अंदमान और निकोबार द्वीप समूह (भारत)
लक्षद्वीप (भारत)

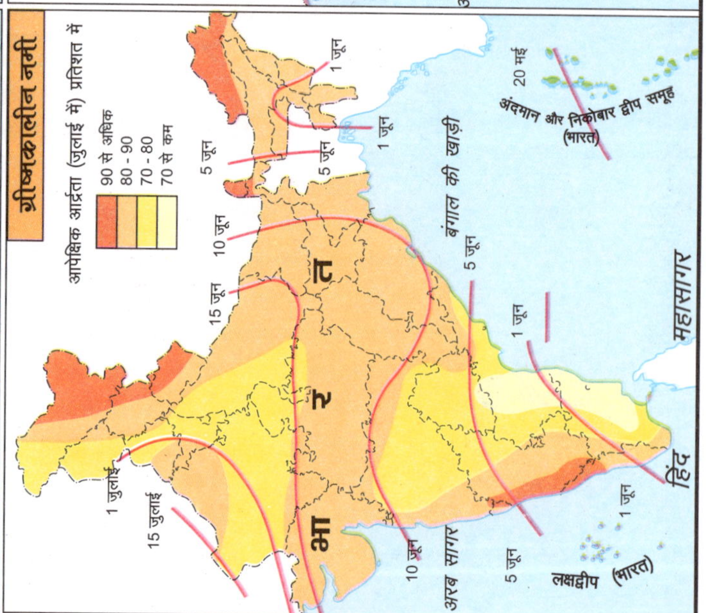
ग्रीष्मकालीन नमी
आपेक्षिक आर्द्रता (जुलाई में) प्रतिशत में
90 से अधिक
80 - 90
70 - 80
70 से कम
1 जून
5 जून
10 जून
15 जून
1 जुलाई
15 जुलाई
20 मई
अरब सागर
बंगाल की खाड़ी
हिंद महासागर
अंदमान और निकोबार द्वीप समूह (भारत)
लक्षद्वीप (भारत)

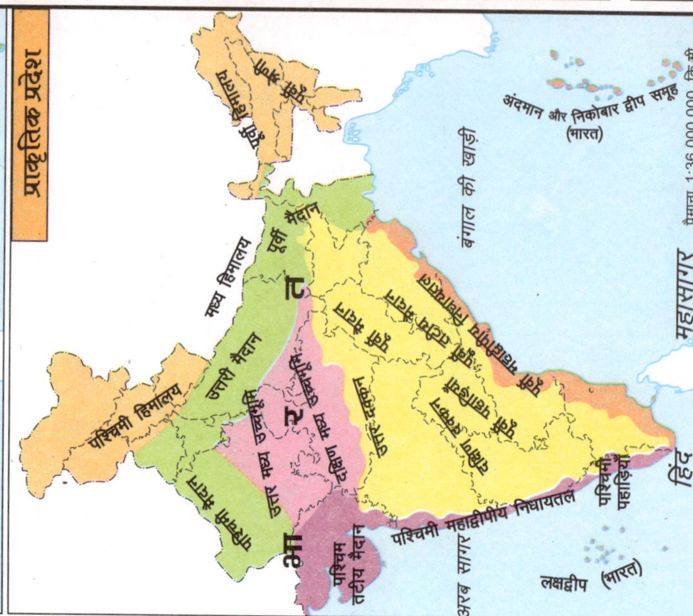
प्राकृतिक प्रदेश
पश्चिमी हिमालय
मध्य हिमालय
पूर्वी हिमालय
उत्तरी मैदान
पूर्वी मैदान
पश्चिमी मैदान
उत्तर मध्य उच्चभूमि
दक्षिण मध्य उच्चभूमि
पश्चिम तटीय मैदान
पश्चिमी महाद्वीपीय निधायतल
पश्चिमी पहाड़ियाँ
अरब सागर
बंगाल की खाड़ी
हिंद महासागर
अंदमान और निकोबार द्वीप समूह (भारत)
लक्षद्वीप (भारत)
पैमाना 1:36,000,000, कि.मी.

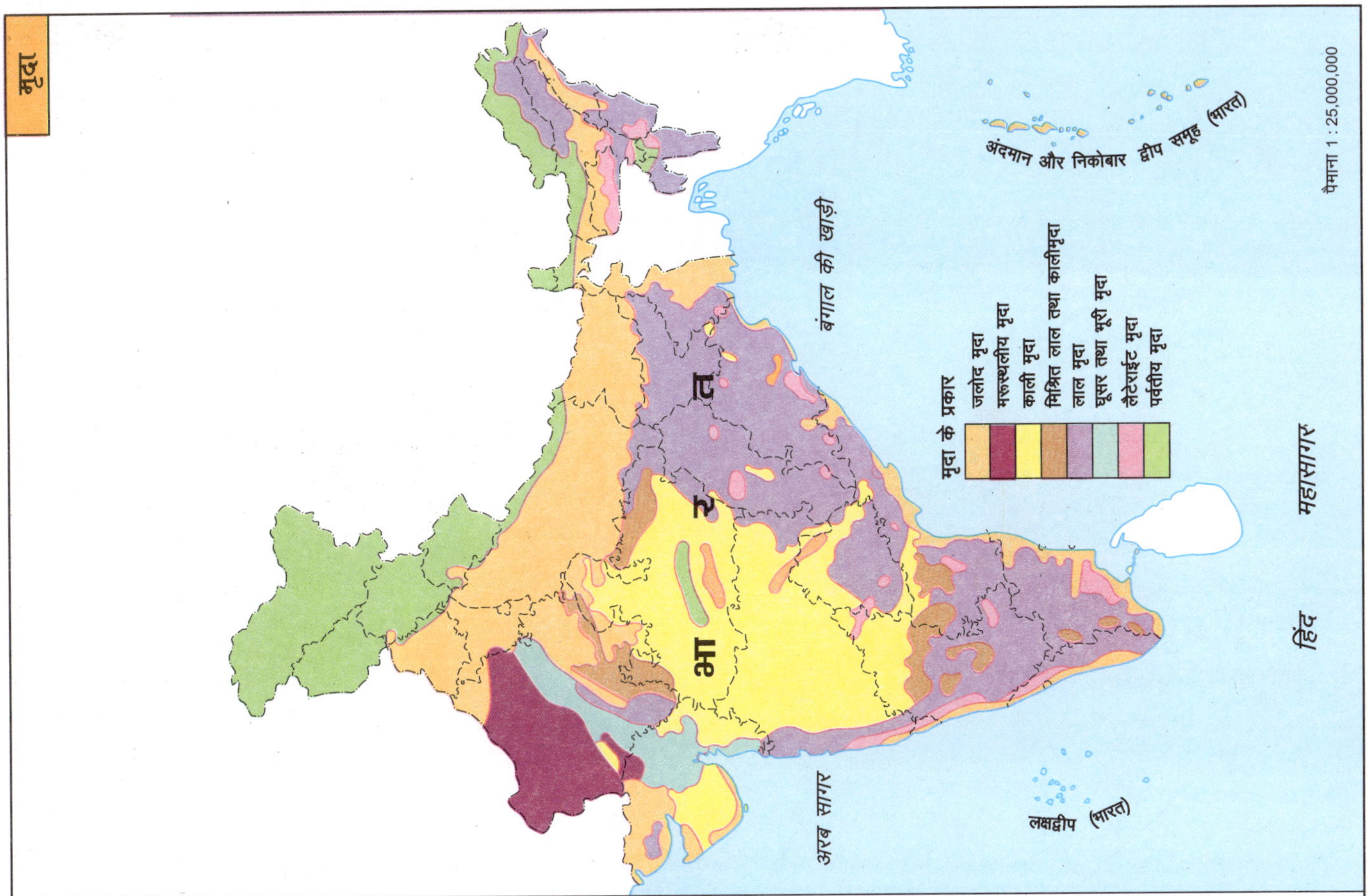
मृदा
भारत
बंगाल की खाड़ी
अरब सागर
हिंद महासागर
लक्षद्वीप (भारत)
अंदमान और निकोबार द्वीप समूह (भारत)
मृदा के प्रकार
जलोढ मृदा
मरुस्थलीय मृदा
काली मृदा
मिश्रित लाल तथा कालीमृदा
लाल मृदा
धूसर तथा भूरी मृदा
लैटेराईट मृदा
पर्वतीय मृदा
पैमाना 1 : 25,000,000

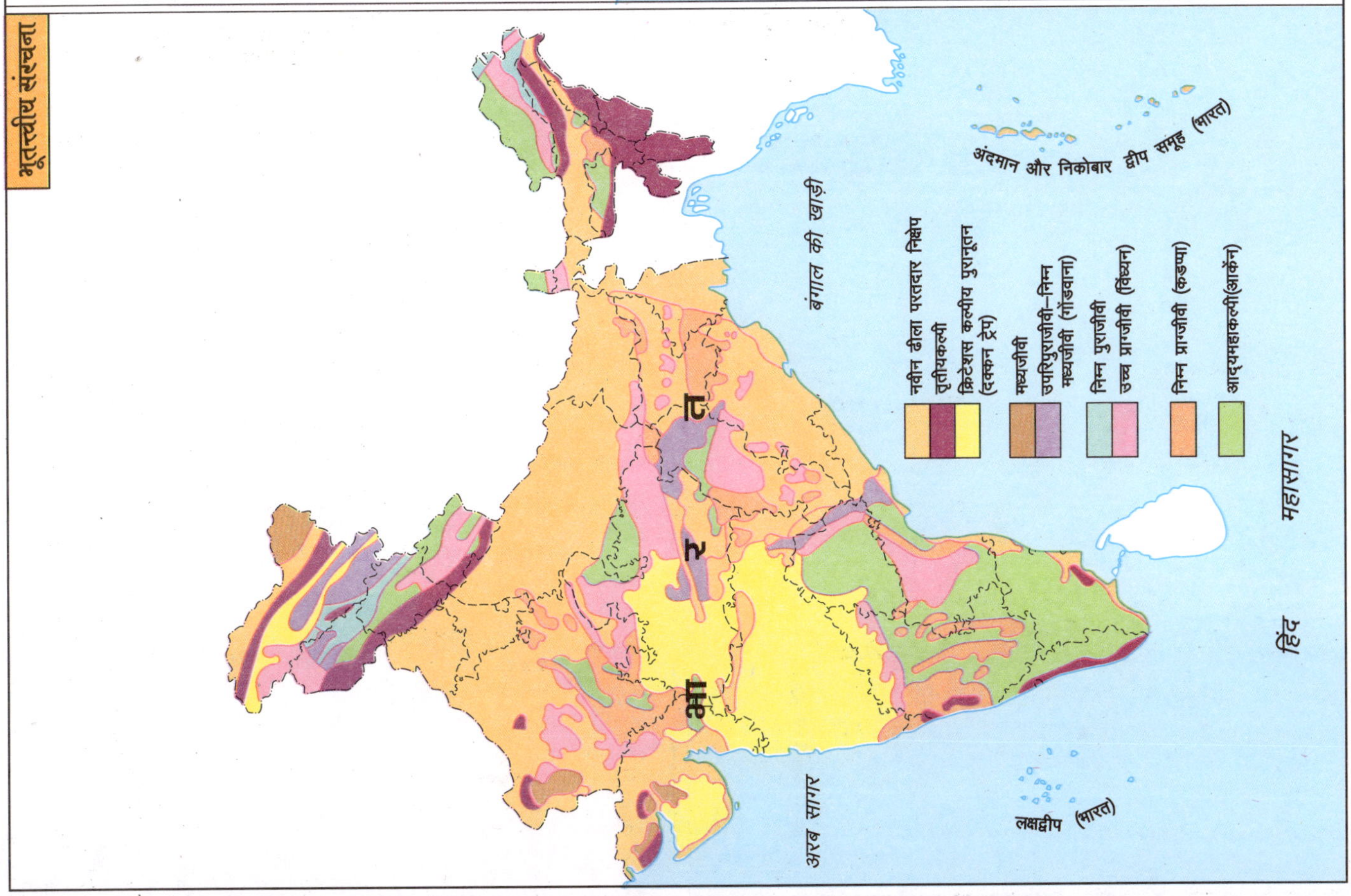
भूतत्त्वीय संरचना
भारत
बंगाल की खाड़ी
अरब सागर
हिंद महासागर
लक्षद्वीप (भारत)
अंदमान और निकोबार द्वीप समूह (भारत)
नवीन ढीला परतदार निक्षेप
तृतीयकल्पी
क्रिटेशस कल्पीय पुरानूतन (दक्कन ट्रेप)
मध्यजीवी
उपरिपुराजीवी–निम्न मध्यजीवी (गोंडवाना)
निम्न पुराजीवी
उच्च प्राग्जीवी (विंध्यन)
निम्न प्राग्जीवी (कडप्पा)
आद्यमहाकल्पी(आर्कयन)

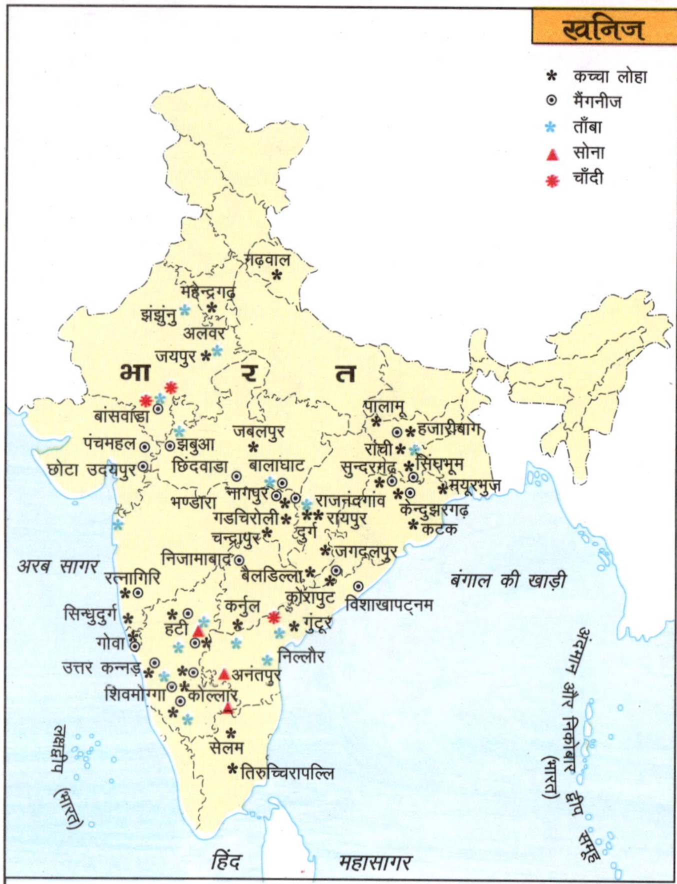
खनिज
कच्चा लोहा
मैंगनीज
ताँबा
सोना
चाँदी
गढ़वाल
महेन्द्रगढ़
झुंझुनु
अलवर
जयपुर
भा र त
बांसवाड़ा
पंचमहल
झबुआ
छोटा उदयपुर
जबलपुर
बालाघाट
छिंदवाडा
नागपुर
भण्डारा
गडचिरोली
चन्द्रपुर
दुर्ग
रायपुर
राजनांदगांव
पालामू
हजारीबाग
रांची
सिंघभूम
सुन्दरगढ़
मयूरभुज
केन्दुझरगढ़
कटक
जगदलपुर
निजामाबाद
बेलडिल्ला
कोरापुट
विशाखापटनम
अरब सागर
रत्नागिरि
सिन्धुदुर्ग
गोवा
हटी
कर्नूल
गुंटूर
नेल्लौर
अनंतपुर
उत्तर कन्नड़
शिवमोग्गा
कोल्लार
सेलम
तिरुच्चिरापल्लि
बंगाल की खाड़ी
लक्षद्वीप (भारत)
अंडमान और निकोबार द्वीप समूह (भारत)
हिंद महासागर

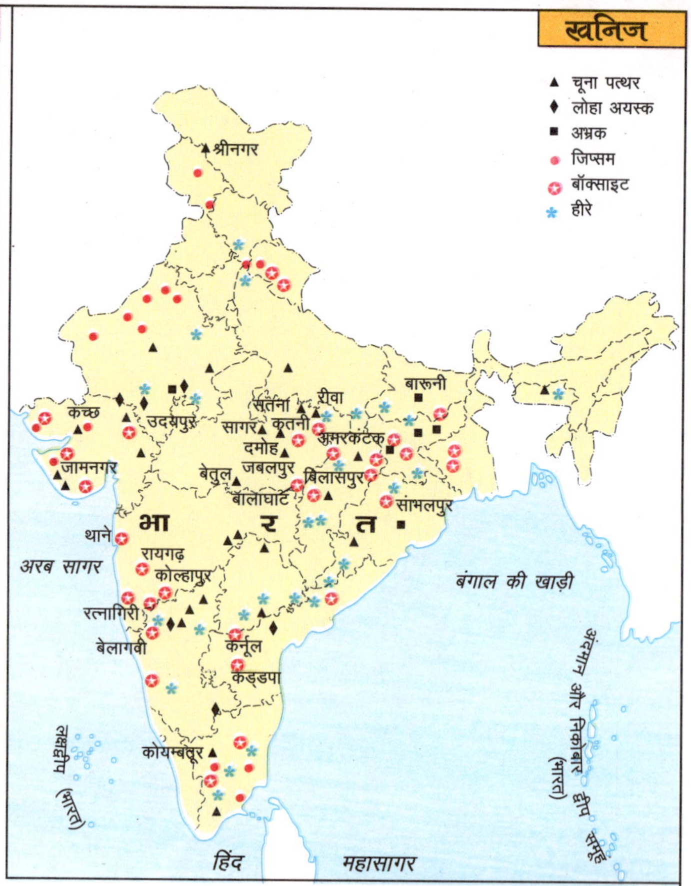
खनिज
चूना पत्थर
लोहा अयस्क
अभ्रक
जिप्सम
बॉक्साइट
हीरे
श्रीनगर
कच्छ
उदयपुर
सतना
रीवा
कटनी
सागर
दमोह
अमरकंटक
जामनगर
बेतुल
जबलपुर
बालाघाट
बिलासपुर
बारूनी
सांभलपुर
भा र त
थाने
रायगढ़
कोल्हापुर
अरब सागर
रत्नागिरी
बेलागवी
कर्नूल
कडप्पा
कोयम्बतूर
बंगाल की खाड़ी
लक्षद्वीप (भारत)
अंडमान और निकोबार द्वीप समूह (भारत)
हिंद महासागर

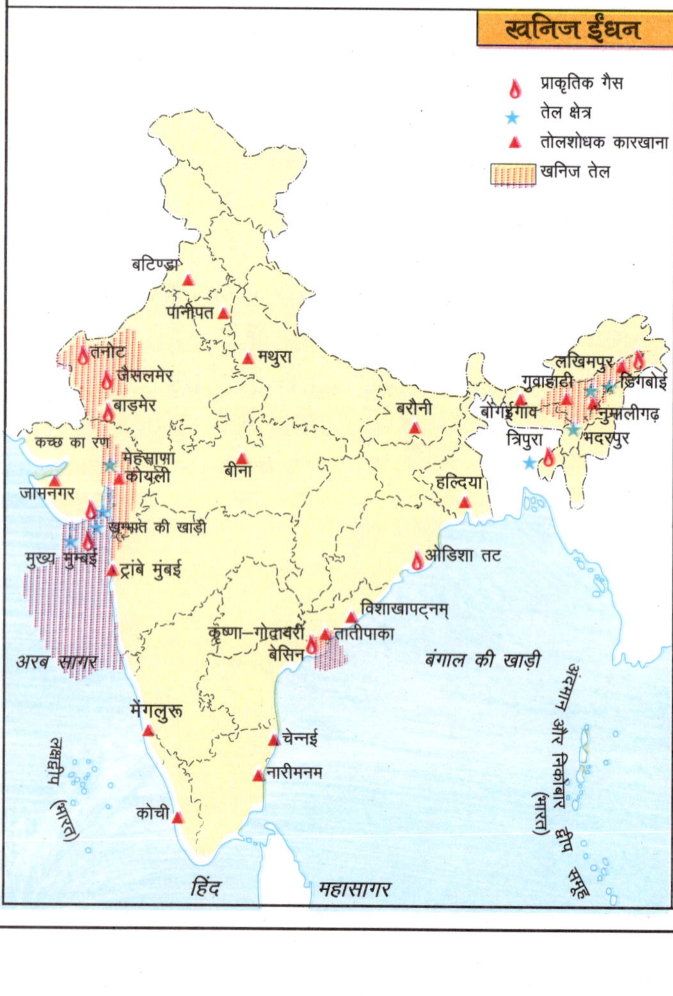
खनिज ईंधन
प्राकृतिक गैस
तेल क्षेत्र
तोलशोधक कारखाना
खनिज तेल
बटिण्डा
पानीपत
तनोट
जैसलमेर
मथुरा
बाड़मेर
कच्छ का रण
मेहसाणा
कोयली
बीना
जामनगर
खम्भात की खाड़ी
मुख्य मुंबई
ट्रांबे मुंबई
बरौनी
लखिमपुर
गुवाहाटी
डिगबोई
बोंगाईगांव
नुमालीगढ़
त्रिपुरा
मदरपुर
हल्दिया
ओडिशा तट
विशाखापट्नम्
कृष्णा-गोदावरी
तातीपाका
बेसिन
अरब सागर
बंगाल की खाड़ी
मेंगलुरू
चेन्नई
नारीमनम
कोची
लक्षद्वीप (भारत)
अंडमान और निकोबार द्वीप समूह (भारत)
हिंद महासागर

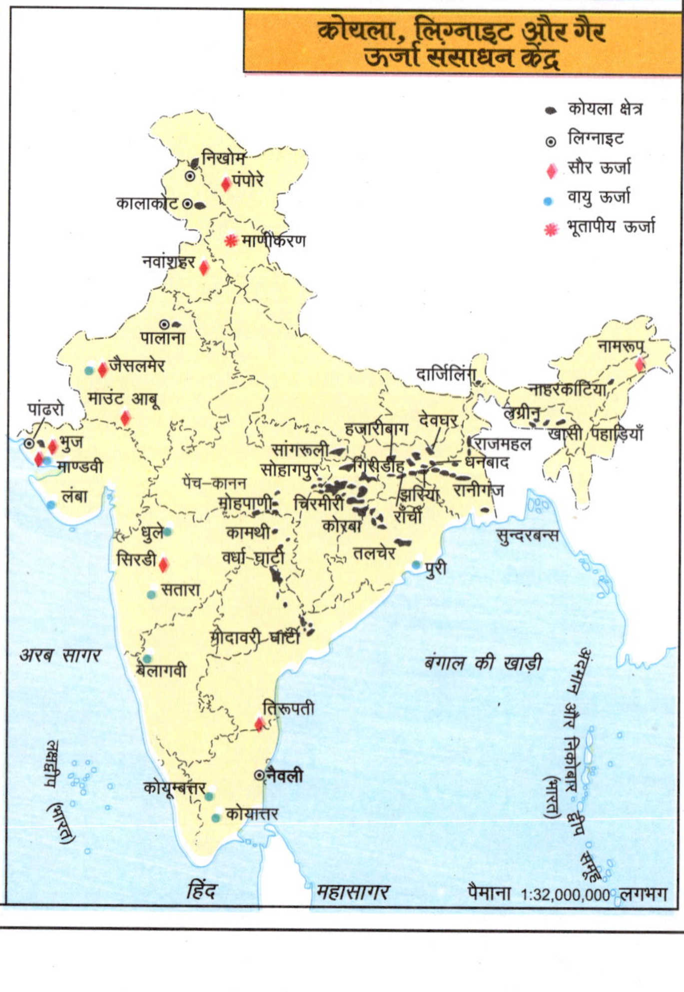
कोयला, लिग्नाइट और गैर ऊर्जा संसाधन केंद्र
कोयला क्षेत्र
लिग्नाइट
सौर ऊर्जा
वायु ऊर्जा
भूतापीय ऊर्जा
निखोम
पंपोरे
कालाकोट
माणीकरण
नवांशहर
पालाना
जैसलमेर
माउंट आबू
पांढरो
भुज
माण्डवी
लंबा
दार्जिलिंग
नामरूप
नाहरकटिया
लड़ीनू
खासी पहाड़ियाँ
हजारीबाग
देवघर
राजमहल
धनबाद
सांगरूली
सोहागपुर
गिरिडीह
पेंच-कानन
मोहपाणी
चिरमीरी
झरिया
रानीगंज
रांची
कोरबा
कामथी
धुले
सिरडी
वर्धा-घाटी
तलचेर
सुन्दरबन्स
पुरी
सतारा
गोदावरी घाटी
अरब सागर
बंगाल की खाड़ी
बेलागवी
तिरूपती
नैवली
कोयूम्बत्तर
कोयात्तर
लक्षद्वीप (भारत)
अंडमान और निकोबार द्वीप समूह (भारत)
हिंद महासागर
पैमाना 1:32,000,000 लगभग

जंगली क्षेत्र

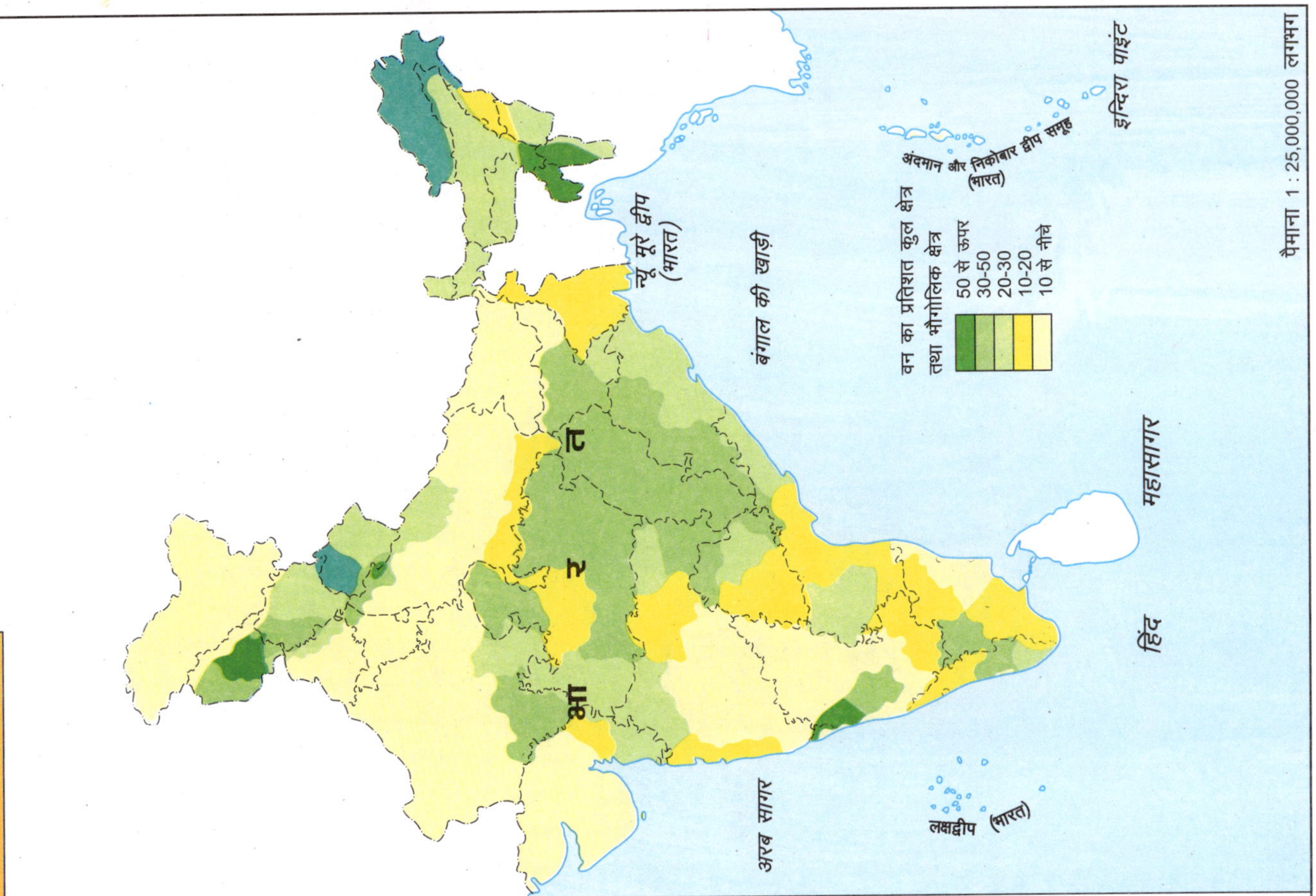

वनस्पति

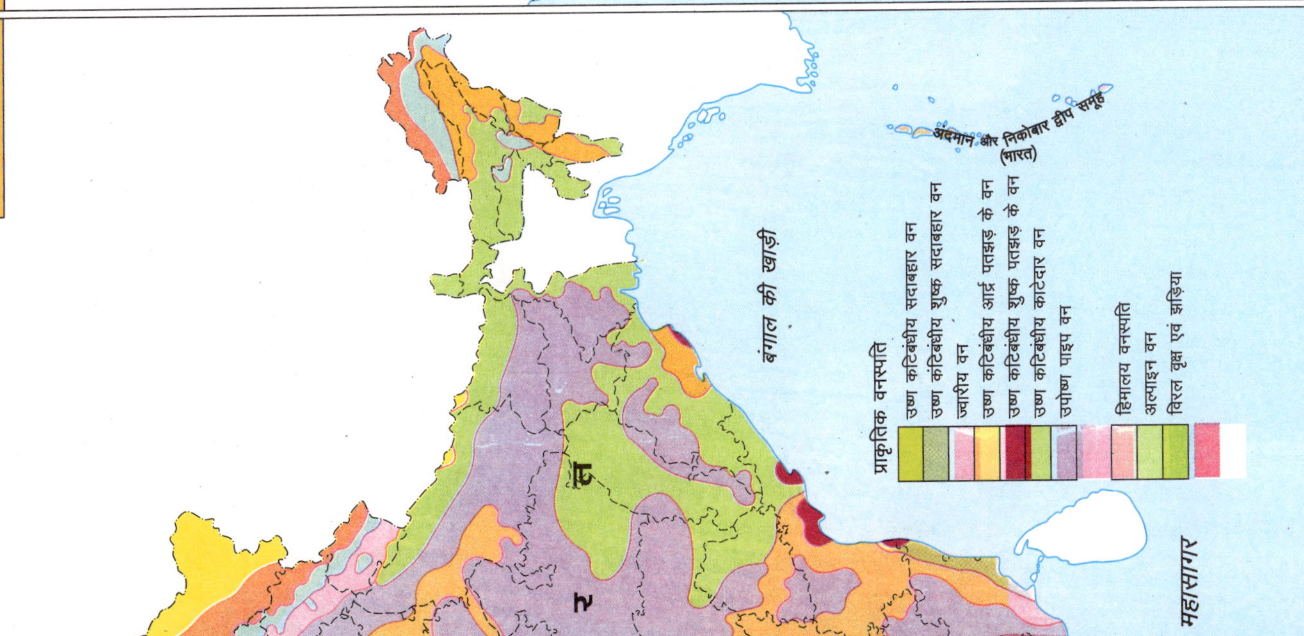

शक्ति

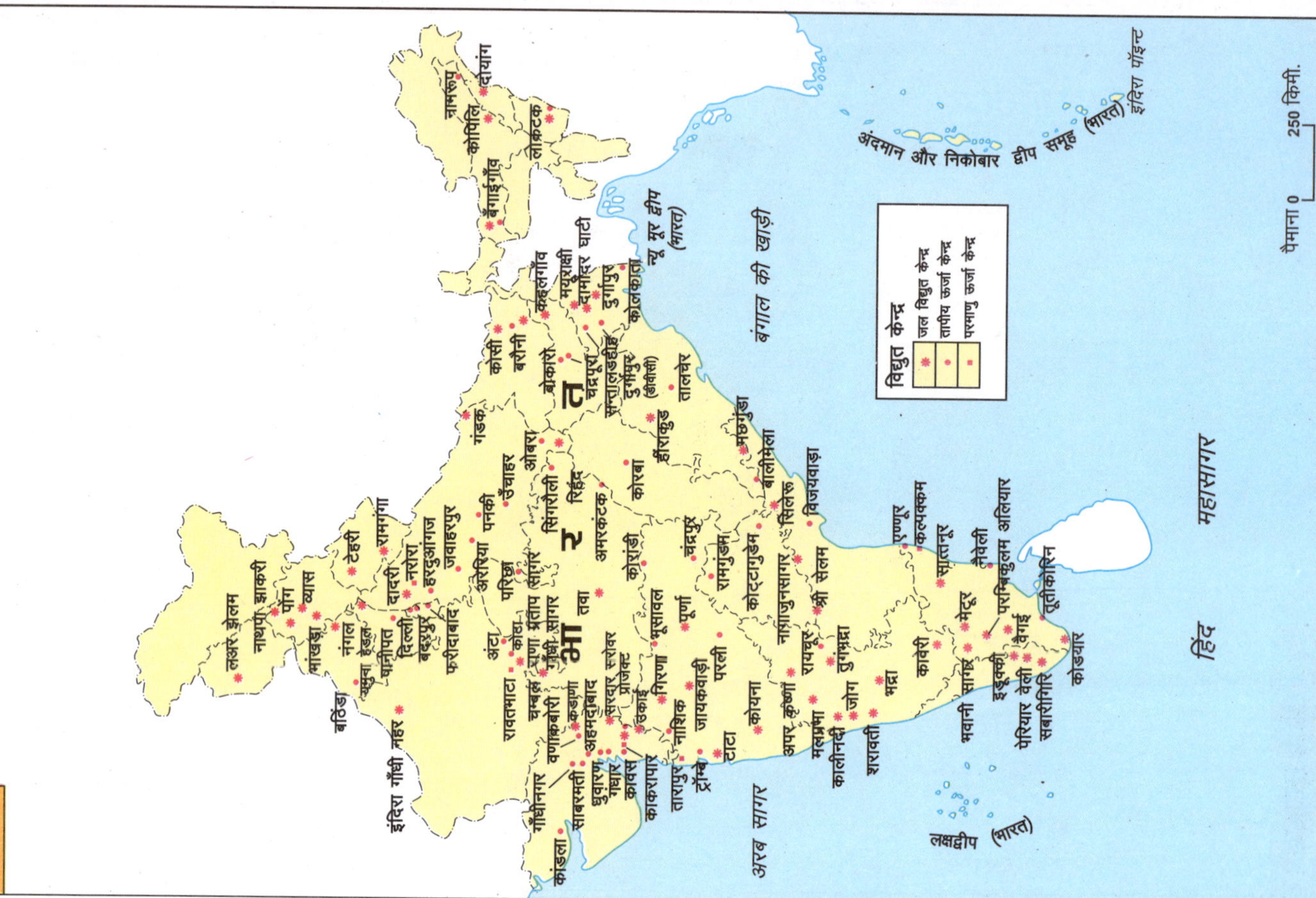
विद्युत केन्द्र
जल विद्युत केन्द्र
तापीय ऊर्जा केन्द्र
परमाणु ऊर्जा केन्द्र
बंगाल की खाड़ी
अरब सागर
हिंद महासागर
लक्षद्वीप (भारत)
अंदमान और निकोबार द्वीप समूह (भारत)
इंदिरा पॉइंट
न्यू मूर द्वीप (भारत)
पैमाना 0 250 किमी.

सिंचाई

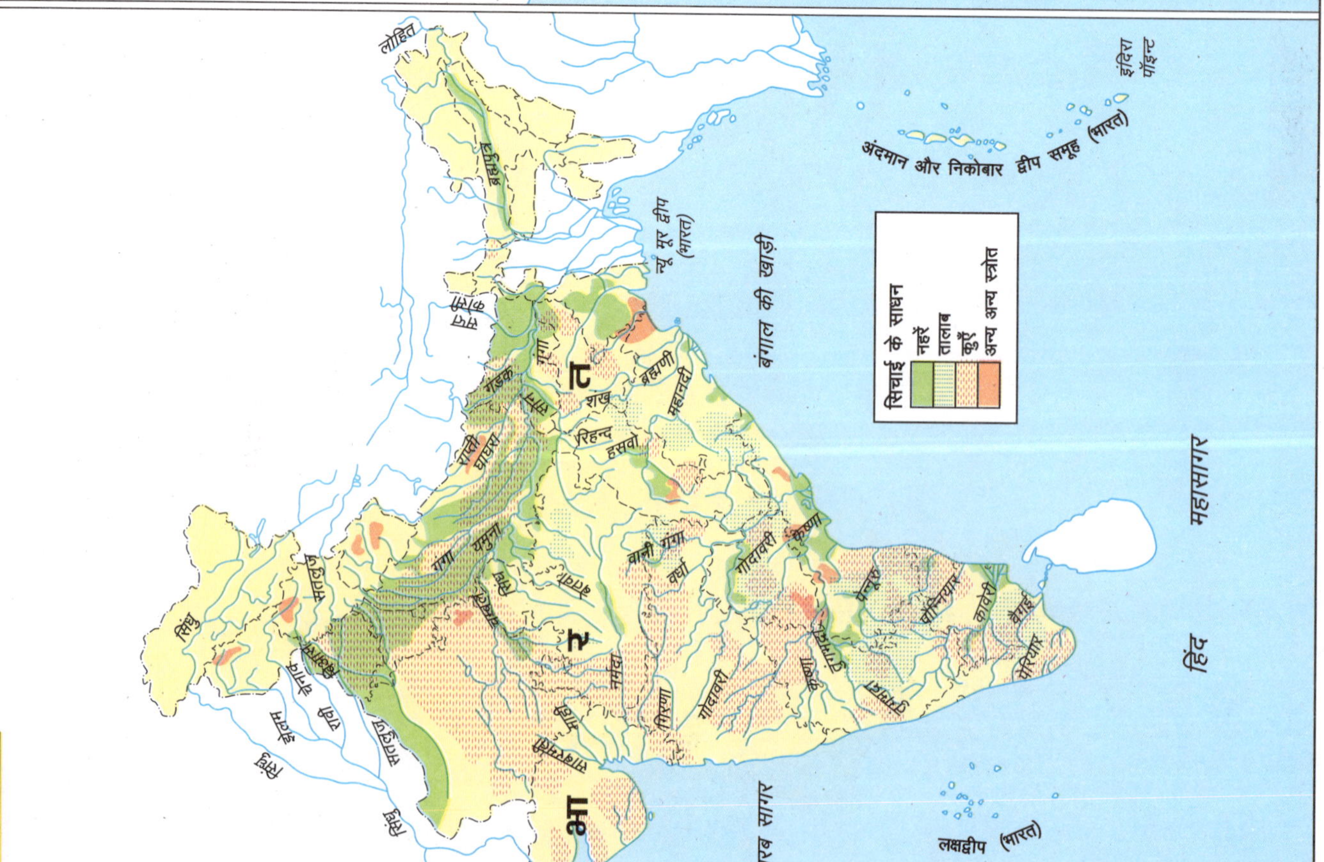
सिंचाई के साधन
नहरें
तालाब
कुएँ
अन्य अन्य स्रोत
बंगाल की खाड़ी
अरब सागर
हिंद महासागर
लक्षद्वीप (भारत)
अंदमान और निकोबार द्वीप समूह (भारत)
इंदिरा पॉइंट
न्यू मूर द्वीप (भारत)

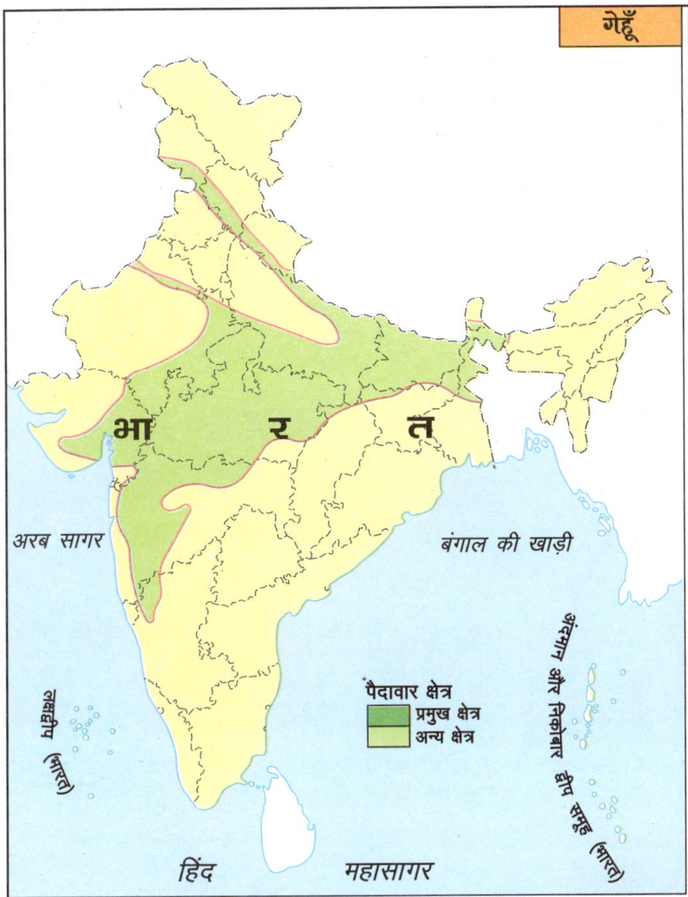
गेहूँ
भा र त
अरब सागर
बंगाल की खाड़ी
लक्षद्वीप (भारत)
अंडमान और निकोबार द्वीप समूह (भारत)
पैदावार क्षेत्र
प्रमुख क्षेत्र
अन्य क्षेत्र
हिंद महासागर

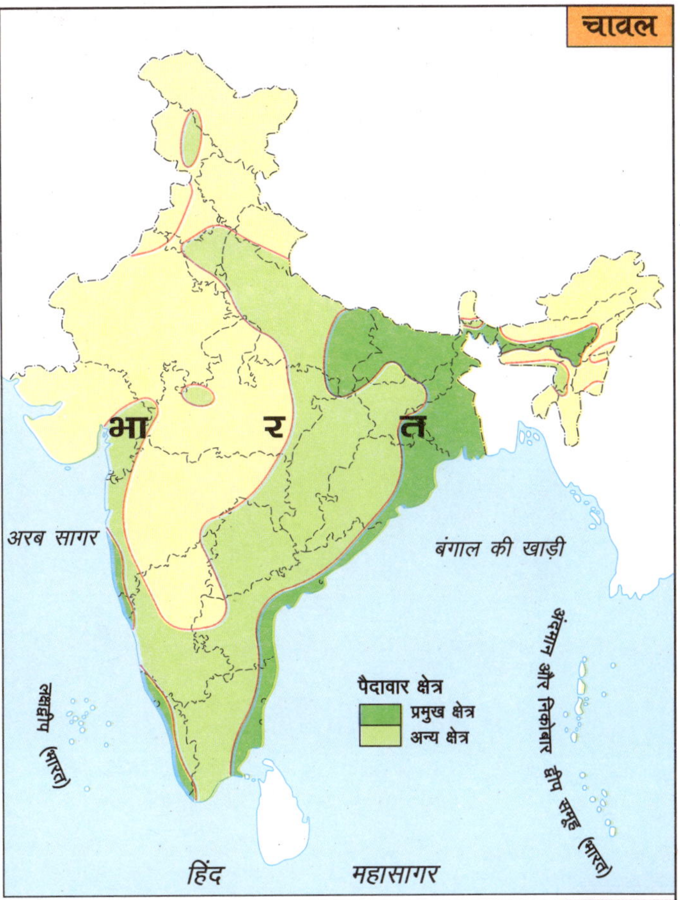
चावल
भा र त
अरब सागर
बंगाल की खाड़ी
लक्षद्वीप (भारत)
अंडमान और निकोबार द्वीप समूह (भारत)
पैदावार क्षेत्र
प्रमुख क्षेत्र
अन्य क्षेत्र
हिंद महासागर

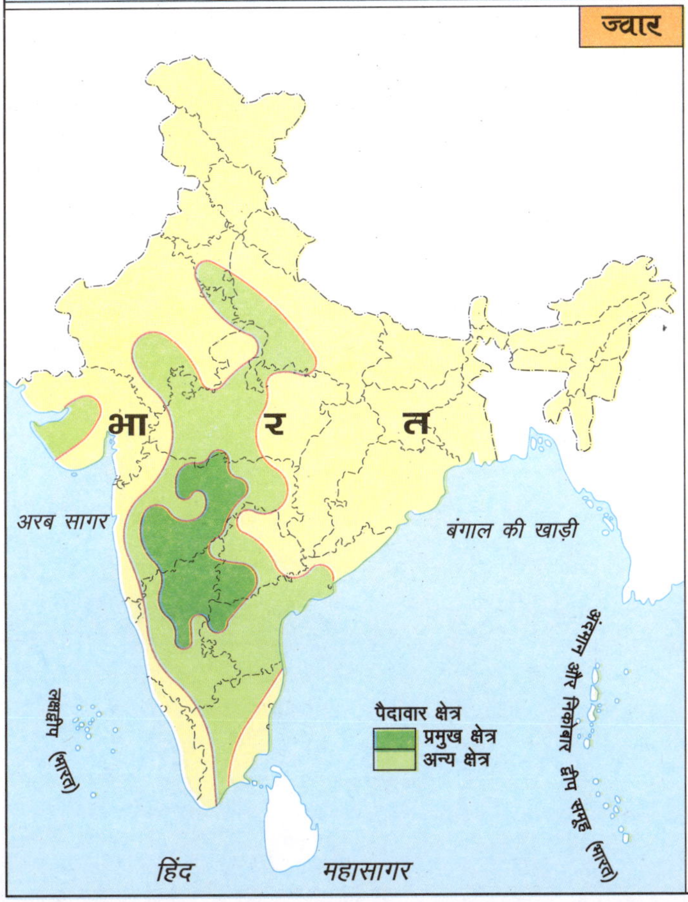
ज्वार
भा र त
अरब सागर
बंगाल की खाड़ी
लक्षद्वीप (भारत)
अंडमान और निकोबार द्वीप समूह (भारत)
पैदावार क्षेत्र
प्रमुख क्षेत्र
अन्य क्षेत्र
हिंद महासागर

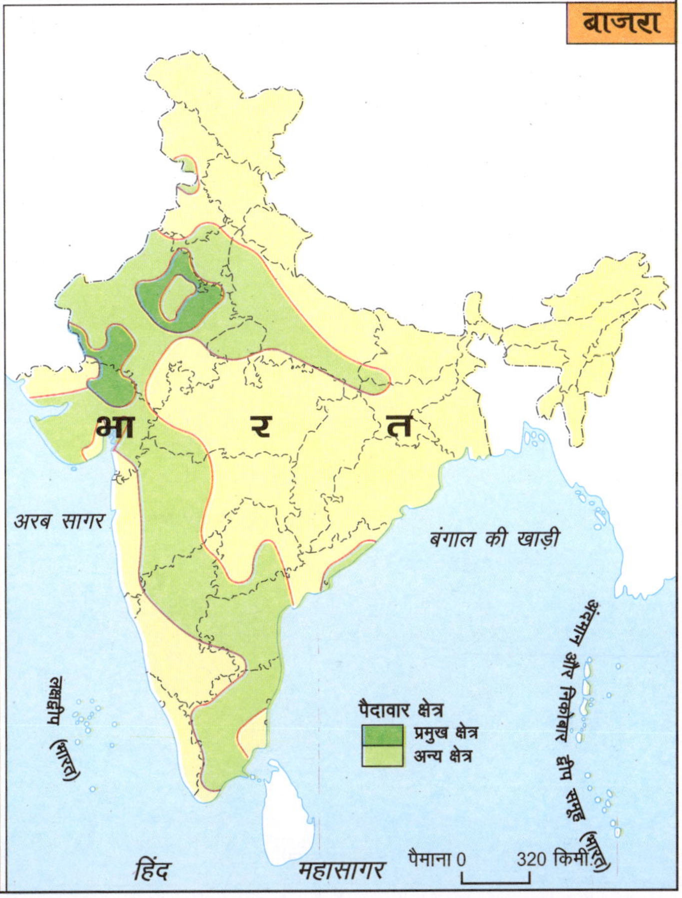
बाजरा
भा र त
अरब सागर
बंगाल की खाड़ी
लक्षद्वीप (भारत)
अंडमान और निकोबार द्वीप समूह (भारत)
पैदावार क्षेत्र
प्रमुख क्षेत्र
अन्य क्षेत्र
हिंद महासागर
पैमाना 0 320 किमी

गन्ना

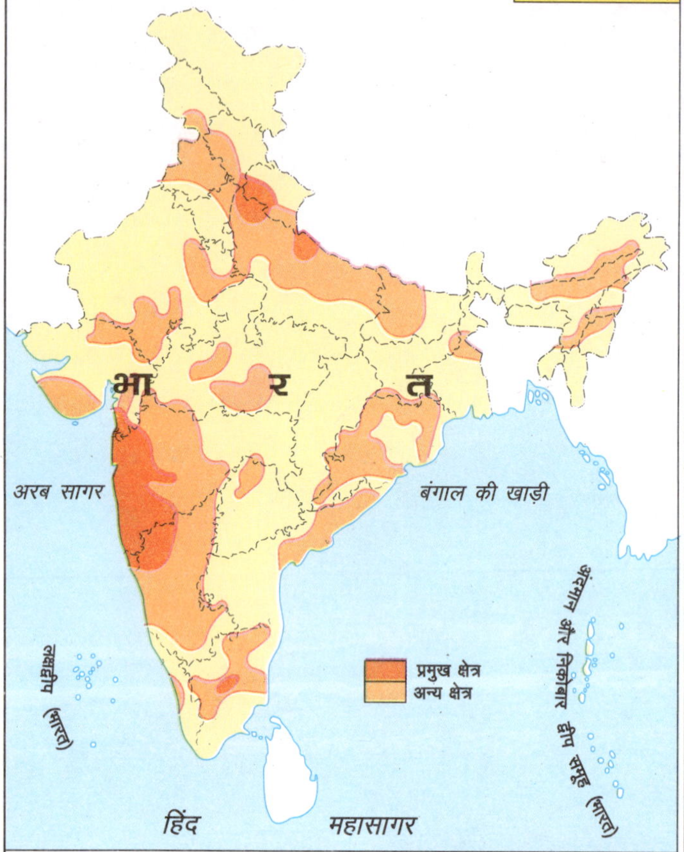

तिलहन

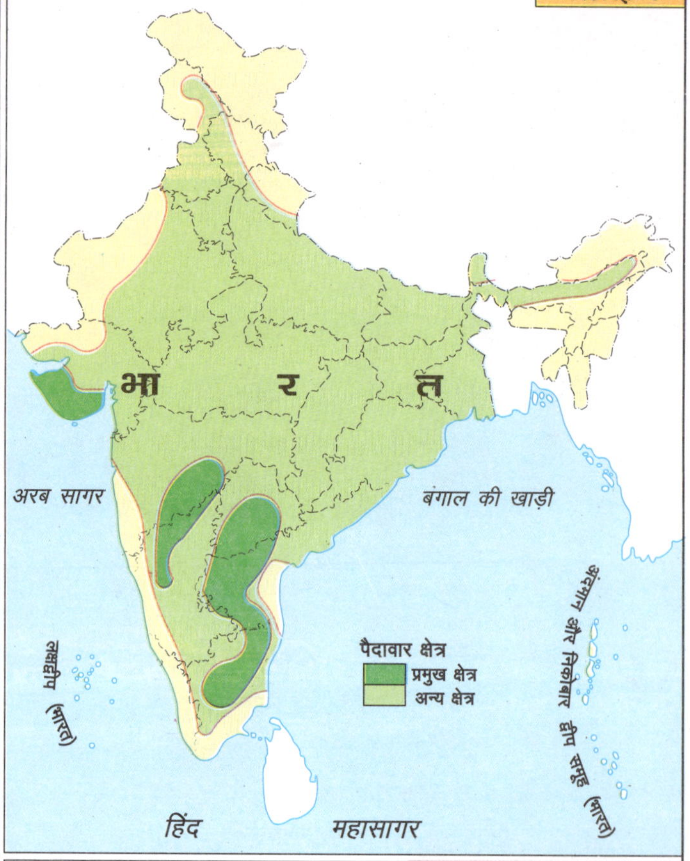

कॉफी, कपास और चाय

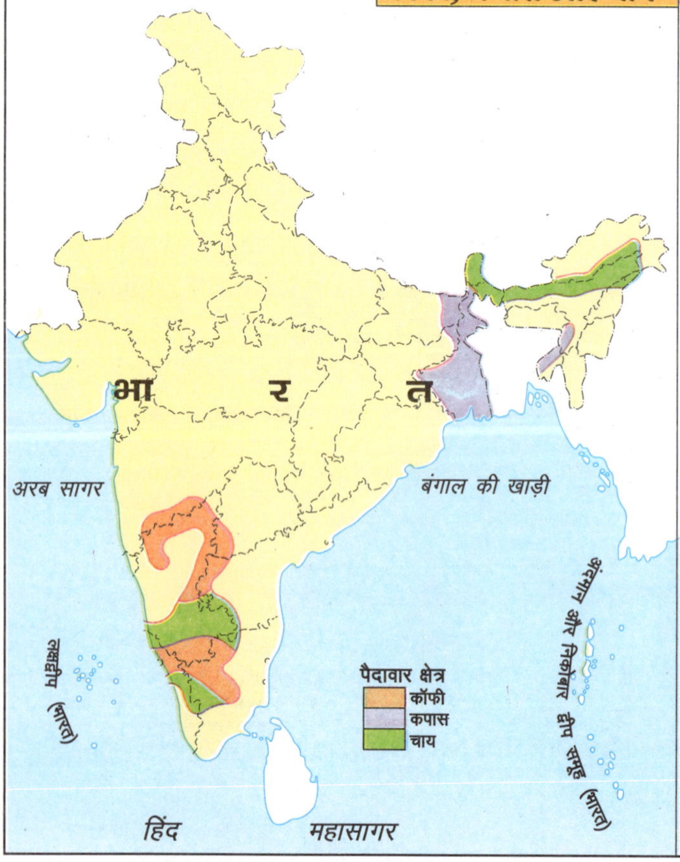

रबर और तंबाकू

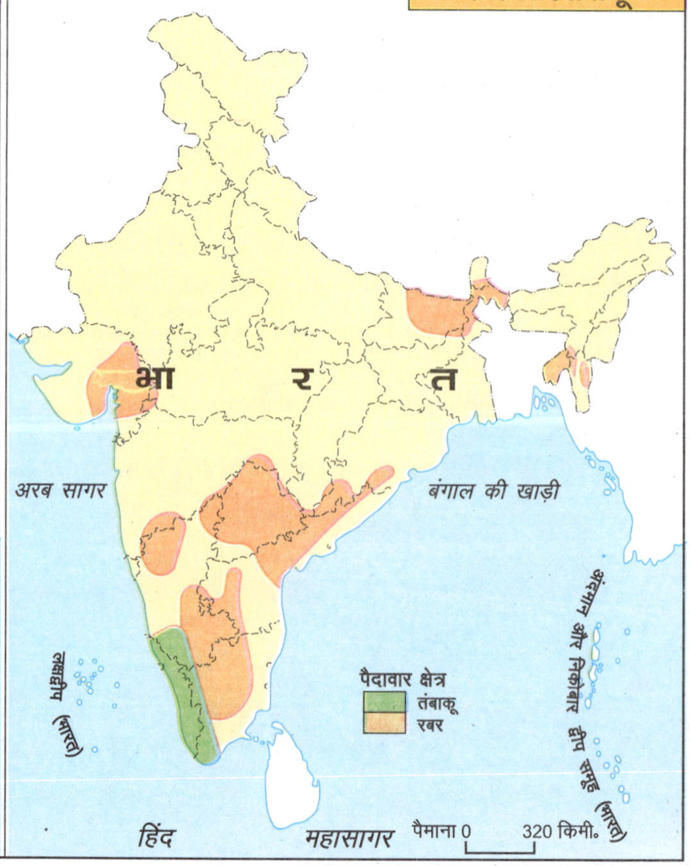

टेक्सटाइल

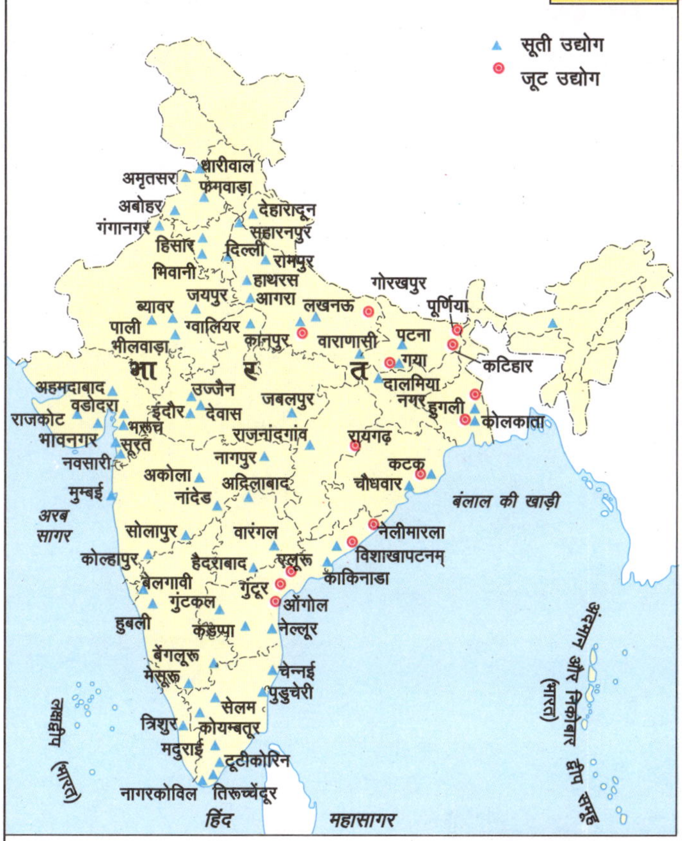

शक्कर

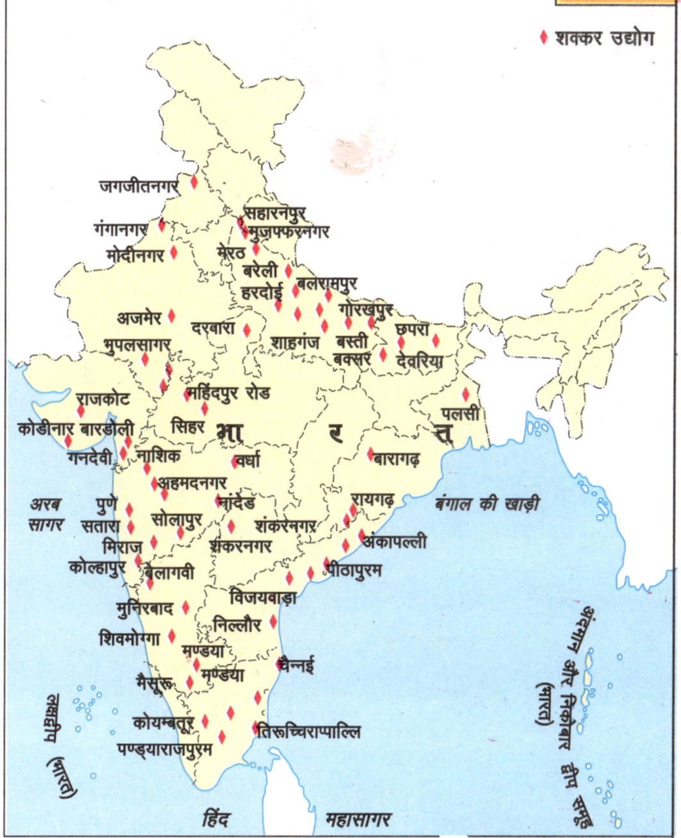

खनिज आधारित

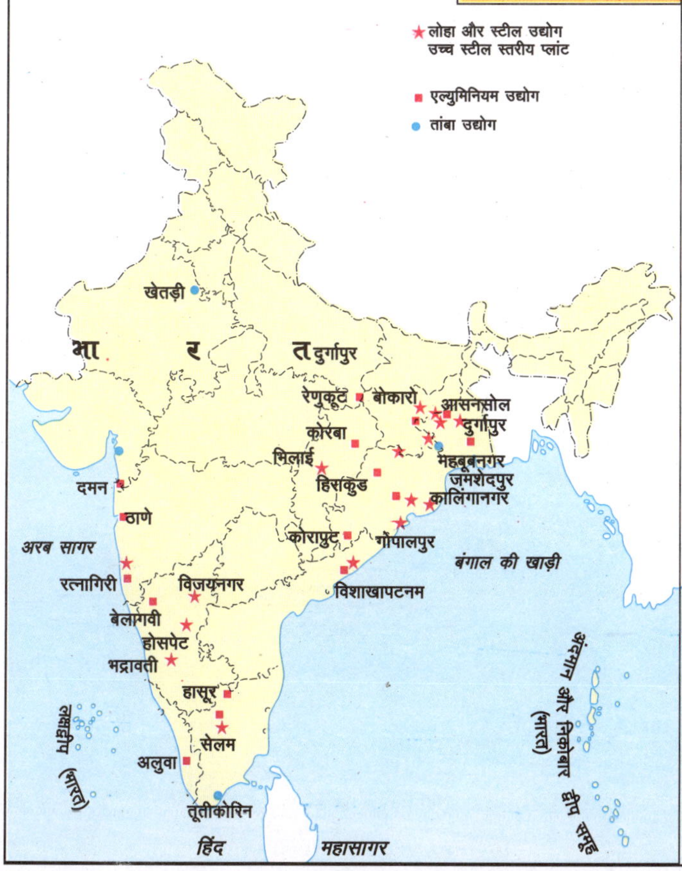

अभियांत्रिकी आधारित

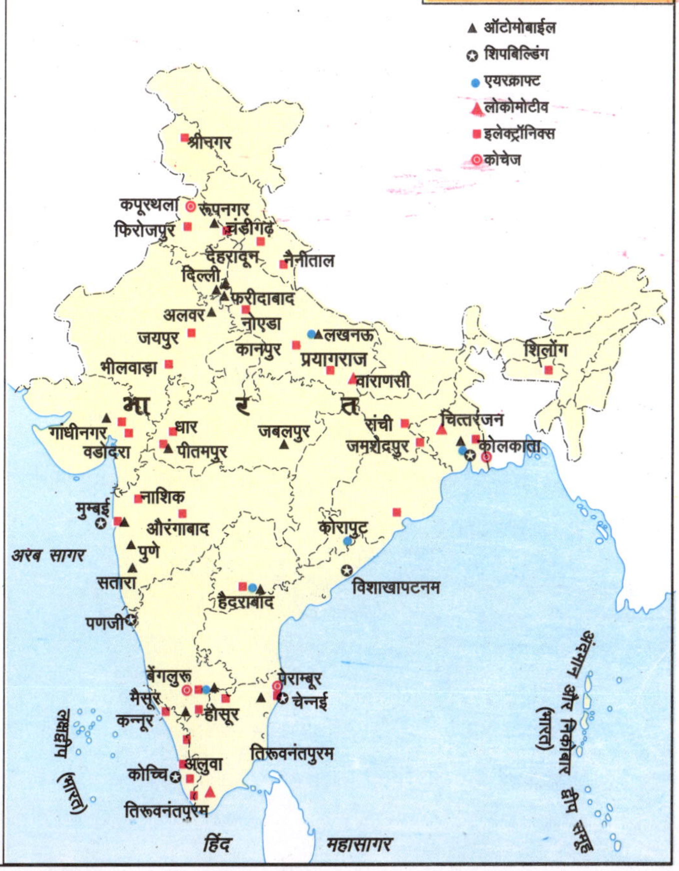

पेय पदार्थ
खाद्य उत्पादक
तम्बाकू
सूचना तकनीकी केन्द्र
श्रीनगर
जालंधर
मोहाली
दिल्ली
नोएडा
जयपुर
गांधीनगर
होसंगाबाद
जबलपुर
गया
दार्जीलिंग
सिबसागर
जोरहाट
गुवाहाटी
सिल्चर
कोलकता
भा र त
मुम्बई
पुणे
हैदराबाद
भुबनेश्वर
विशाखापट्नम
अरब सागर
बंगाल की खाड़ी
गंटूर
पणजी
कड़प्पा
हासन
चित्तूर
तिरूपति
मेंगलूरू
मेसूरू
बेंगलूरू
चेन्नई
कोज़ीकोड
कोयम्बूतर
त्रिसूर
पालक्कड़
कोची
तिरूवनंतपुरूम
लक्षद्वीप (भारत)
अंडमान और निकोबार द्वीप समूह (भारत)
हिंद महासागर

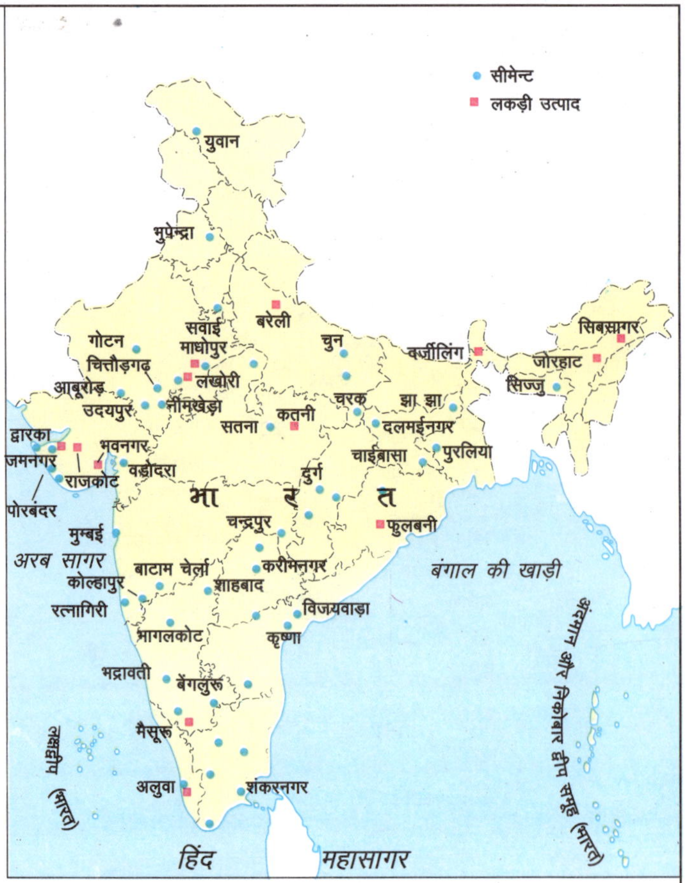
सीमेन्ट
लकड़ी उत्पाद
युवान
भुपेन्द्रा
बरेली
सवाई माधोपुर
गोटन
चित्तौड़गढ़
लखेरी
चुन
दार्जीलिंग
सिबसागर
जोरहाट
सिज्जु
आबूरोड़
उदयपुर
नीमखेड़ा
सतना
कतनी
चरक
झा झा
दलमईनगर
द्वारका
जमनगर
पोरबंदर
भवनगर
राजकोट
वड़ोदरा
चाईबासा
पुरलिया
दुर्ग
भा र त
मुम्बई
चन्द्रपुर
फुलबनी
अरब सागर
करीमनगर
बाटाम चेर्ला
कोल्हापुर
शाहबाद
बंगाल की खाड़ी
रत्नागिरी
विजयवाड़ा
भागलकोट
कृष्णा
भद्रावती
बेंगलुरू
मैसूरू
अलुवा
शंकरनगर
लक्षद्वीप (भारत)
अंडमान और निकोबार द्वीप समूह (भारत)
हिंद महासागर

चमड़ा
रबड़ उद्योग
प्लास्टिक उद्योग
पेपर उद्योग
जगाधरी
सहारनपुर
फतेहबाद
दिल्ली
मथुरा
आगरा
लखनऊ
गोरखपुर
जोधपुर
कोटा
कालपी
सिलीगुड़ी
कटिहार
गुवाहाटी
शिलांग
उदयपुर
नैणी
रीवा
चरक
पटना
धनबाद
रानीगंज
खण्डाला
अहमदाबाद
भोपाल
दलमाईनगर
अगरतला
भरूच
नेपानगर
बिसालपुर
तीतागढ़
नावसारी
सोनगढ़
रायगढ़
कोलकाता
हल्दिया
बिलमौरा
नागपुर
ठाणे
बल्लारपुर
चौंदवड़
मुम्बई
भा नांदेड़ र सिरपुर त
भुवनेश्वर
अरब सागर
पुणे
मेढक
बंगाल की खाड़ी
श्रीकाकुलम
भद्राचलम
राजामुंद्री
हासपेट
काकीनाडा
डिंडोली
अनंतपुर
भद्रावती
शिवमोग्गा
बेंगलुरू
चेन्नई
कोजीकोड
एर्णाकुलम
मदुराई
कोट्टायम
चरणमहादेवी
लक्षद्वीप (भारत)
अंडमान और निकोबार द्वीप समूह (भारत)
हिंद महासागर

रासायनिक उत्पाद और फार्मास्यूटिकल्स
नागल
जालंधर
देहरादून
युमनानगर
ऋषिकेश
सहारनपुर
गुड़गाँव
खेतड़ी
लाखिमपुर
बरेली
गोरखपुर
मथुरा
बाराबांकी
तनसुखिया
सवाई माधोपुर
राय बरेली
फूलपुर
गुवाहाटी
नैणी
रेणुकूट
सातना
कडला
कलोल
रतलाम
आसनसोल
पोरबंदर
वड़ोदरा
सिंधरी
रानीगंज
भवनगर
इन्दौर
जमशेदपुर
दुर्गापुर
भा र त
उधना
अंतुल
नेपानगर
दुर्ग
रायपुर
हल्दिया
औरंगाबाद
कटक
पारादीप
मुम्बई
कल्याण
चन्द्रपुर
भुवनेश्वर
नांदेड़
आदिलाबाद
गंजम
अरब सागर
बंगाल की खाड़ी
करीमनगर
श्रीकाकुलम
रत्नागिरी
काकीनाडा
पणजी
मछलीपट्टनम
हरिहार
कोजीकोड
पालक्काड़
अलुवा
कोल्लम
लक्षद्वीप (भारत)
अंडमान और निकोबार द्वीप समूह (भारत)
हिंद महासागर

स्वर्णिम राष्ट्रीय राजमार्ग
उत्तर – दक्षिण गलियारा राजमार्ग
पूर्व – पश्चिम गलियारा राजमार्ग
महत्वपूर्ण राष्ट्रीय राजमार्ग और नम्बर
वायु मार्ग
न्यूटकल मिल्स
भा
र
त
श्रीनगर
करगिल
लेह
अन्तांग
किश्तवार
बटोट
जम्मू
पठानकोट
मनाली
अमृतसर
कल्पा
यमुनोत्री
गंगोत्री
बद्रीनाथ
फिरोज़पुर
जलंधर
शिमला
लुधियाना
चंडीगढ़
देहरादून
हरिद्वार
गंगानगर
अंबाला
कैथल
नैनीताल
हिसार
रोहतक
दिल्ली
बरेली
बीकानेर
फतेहपुर
झुंझुनू
अलीगढ़
जैसलमेर
नागौर
सीकर
मैनपुरी
आगरा
फ़ैज़ाबाद
गोरखपुर
रक्सौल
दार्जीलिंग
गंगटोक
रंगपा
जोधपुर
अजमेर
जयपुर
लखनऊ
सोनबसरा
सिलीगुड़ी
कूचबिहार
बोंगाईगांव
इटानगर
डिब्रूगढ़
जोरहाट
लिखापानी
पुसीघाट
तेजू
पाली
ब्यावर
ग्वालियर
कानपुर
सुल्तानपुर
डिब्रू
गुवाहाटी
दिसपुर
सिरोही
भीलवाड़ा
बूंदी
शिवपुरी
प्रयागराज
वाराणसी
छपरा
पटना
पूर्णिया
तुरा
शिलॉंग
कोहिमा
चित्तौड़गढ़
कोटा
झाँसी
सासाराम
इंगराज बाजार
बाघमारा
सिल्चर
इम्फाल
मेरह
रधानपुर
पालनपुर
उदयपुर
छत्तरपुर
मगवान
औरंगाबाद
बहरामपुर
भुज
मडण्वी
गाँधीनगर
रतलाम
बिलौरा
भोपाल
सागर
कटनी
बरही
धनाबाद
अगरतला
आईज़ोल
राजकोट
अहमदाबाद
जबलपुर
मेहरानगढ़
राँची
वर्धमान
बनगांव
पोरबंदर
भवनगर
वडोदरा
इन्दौर
नरसिम्हापुर
लखनादौन
पथलगांव
जमशेदपुर
हावड़ा
कोलकाता
तुंग्ले
सेहा
जुनागढ़
बेतुल
बिलासपुर
राउरकेला
खड़गपुर
वरवल
सूरत
दीव
दमन
(दमन व दीव)
दादरा व नगर हवेली
सिलवासा
धुले
अमरावती
रायपुर
सम्बलपुर
केन्दुरझरगढ़
हल्दिया
न्यू मूरे द्वीप (भारत)
कराची से 500 से.मी.
अदन से मुंबई 1660 से.मी.
ठाणे
नाशिक
आकोला
नागपुर
धमतरी
बारागढ़
बोड़ा
कटक
भुवनेश्वर
पारादीप
मुम्बई
पनवेल
औरंगाबाद
पुरी
बीड
ओदिलाबाद
जगदलपुर
कोरापुट
छत्तरपुर
पुणे
इंदापुर
ओस्मानाबाद
भोपालपट्टनम
अरब सागर
सातारा
निजामाबाद
वारंगल
श्रीकाकुलम
बंगाल की खाड़ी
रत्नागिरी
सोल्हापुर
हैदराबाद
विजयनगरम
कोल्हापुर
बीजापुर
सुरियापेट
विशाखापटनम
कुडल
भागलकोट
रायचूर
महबूबनगर
विजयवाड़ा
एलुरू
बेलगावी
मछलीपट्टनम
पणजी
हुब्बली
हासपेट
कर्नूल
गंटूर
आंगले
गुटी
अंनतपुर
चित्रदुर्ग
शिमोगा
कडप्पा
निल्लौर
चिकमगलूरु
टुमकुरु
तिरुपति
मेंगलूरू
हासन
बेंगलूरु
चित्तूर
चेन्नई
वेल्लोर
मैसूरू
कृष्णागिरी
सेलम
पुडुचेरी
कोजीकोड
कोयम्बूटर
करूर
विल्लुपुरम
कवरत्ती
लक्षद्वीप (भारत)
त्रिसूर
पालक्कड
नागपट्टिनम
एणार्कुलम
डिंडीगुल
तिरुचिल्लपल्लि
कोच्चि
कोट्टयम
आलप्पूजा
रामनाथपुरम
रामेश्वरम
कोल्लम
तूतीकोरिन
तिरुवनंतपुरम
तिरुनल्वेलि
कन्याकुमारी
कोलम्बो
पोर्ट ब्लेअर
अंडमान और निकोबार द्वीप समूह (भारत)
इंदिरा प्वाइंट
हिन्द महासागर
जंजीबार से मुंबई 2550 स.मी.
केप टाउन से मुंबई 4600 स. मी.
कोलकाता से यांगोन 790 स. मी.
कोलकाता से पेनांग 1350 स. मी.
1250 स. मी.
कोलंबो से कोलकाता
चेन्नई से कोलकाता 780 स. मी.
चेन्नई से यांगोन 1020 स. मी.
पोर्ट ब्लेअर से यांगोन 390 स. मी.
चेन्नई से पोर्ट ब्लेअर 700 स. मी.
कोलंबो से यांगोन 1250 स. मी.
चेन्नई से 1300 स. मी.
नागपट्टिनम से 1270 स. मी.
मुंबई से कोलंबो
कोलंबो से पेनांग 1280 स. मी.

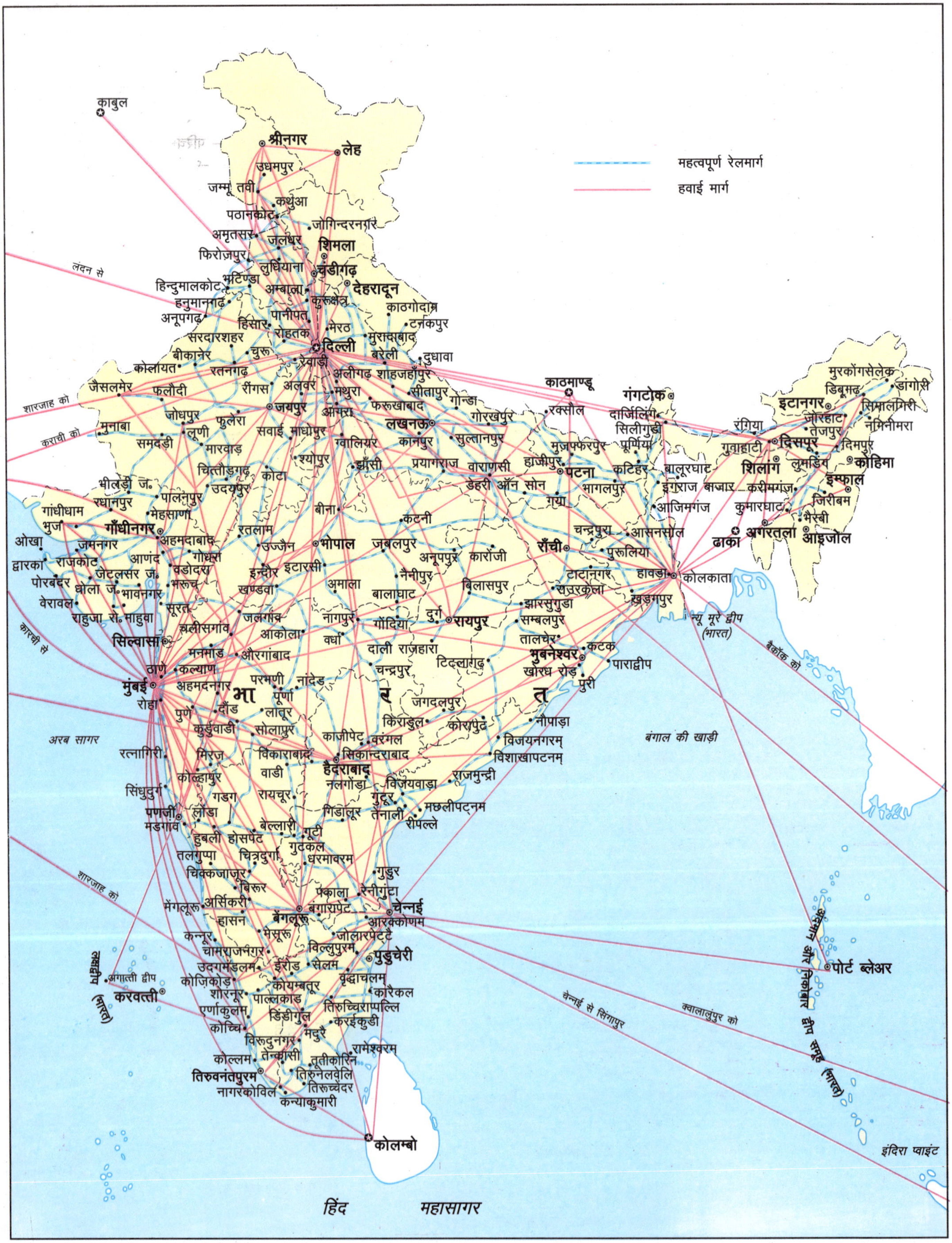
महत्वपूर्ण रेलमार्ग
हवाई मार्ग
काबुल
श्रीनगर
लेह
उधमपुर
जम्मू तवी
कथुआ
पठानकोट
जोगिन्दरनगर
अमृतसर
जलंधर
शिमला
फिरोजपुर
लंदन से
लुधियाना
चंडीगढ़
हिन्दुमालकोट
भटिण्डा
अम्बाला
देहरादून
हनुमानगढ़
कुरुक्षेत्र
काठगोदाम
अनूपगढ़
पानीपत
हिसार
टनकपुर
मेरठ
सरदारशहर
रोहतक
मुरादाबाद
दिल्ली
बीकानेर
चुरू
बरेली
दुधावा
कोलायत
रेवाड़ी
रतनगढ़
अलीगढ़
शाहजहाँपुर
जैसलमेर
रींगस
अलवर
मथुरा
सीतापुर
फलौदी
गोन्डा
शारजाह को
जयपुर
आगरा
फरुखाबाद
गोरखपुर
जोधपुर
लखनऊ
फुलेरा
कराची को
मुनाबा
लूणी
सवाई माधोपुर
ग्वालियर
कानपुर
सुल्तानपुर
समदड़ी
मारवाड़
श्योपुर
झाँसी
प्रयागराज
वाराणसी
चित्तौड़गढ़
कोटा
भीलड़ी ज.
उदयपुर
डेहरी ऑन सोन
राधानपुर
पालनपुर
मेहसाणा
बीना
गाँधीधाम
कटनी
भुज
गाँधीनगर
अहमदाबाद
रतलाम
ओखा
जामनगर
गोधरा
उज्जैन
भोपाल
जबलपुर
अनूपपुर
कारोंजी
द्वारका
राजकोट
आणंद
वडोदरा
इन्दौर
इटारसी
नैनीपुर
पोरबंदर
जेतलसर ज.
धोला ज.
भरूच
खण्डवा
अमाला
बिलासपुर
वेरावल
भावनगर
सूरत
बालाघाट
राहुजा रो.
माहुवा
जलगाँव
नागपुर
गोंदिया
दुर्ग
रायपुर
कराची से
सिल्वासा
चालीसगाँव
आकोला
वर्धा
मनमाड
औरंगाबाद
दाली राजहारा
ठाणे
कल्याण
चन्द्रपुर
मुंबई
अहमदनगर
परभणी
नांदेड
पूर्णा
रोहा
भा
र
त
टिटलागढ़
जगदलपुर
पुणे
दौंड
लातूर
किराडुल
कोरापुट
कुर्डुवाडी
सोलापुर
काजीपेट
वरंगल
अरब सागर
रत्नागिरी
मिरज
विकाराबाद
सिकन्दराबाद
वाडी
हैदराबाद
कोल्हापुर
नलगोंडा
विजयवाड़ा
राजमुन्द्री
सिंधुदुर्ग
गडग
रायचूर
गुंटूर
पणजी
लोंडा
गिडालूर
तेनाली
मछलीपटनम
मडगाँव
बेल्लारी
गूटी
रीपल्ले
हुबली
होसपेट
गुटकल
तलगुप्पा
चित्रदुर्गा
धरमावरम
शारजाह को
चिक्कजाजूर
गुडुर
बिरूर
पकाला
रेनीगुंटा
मेंगलूरू
अर्सिकरी
बंगारपेट
चेन्नई
हासन
बेंगलूरू
आरक्कोणम
मैसूरु
जोलारपेट्टे
कन्नूर
चामराजनगर
विल्लुपुरम
लक्षद्वीप
अगात्ती द्वीप
उदगमंडलम
ईरोड
सेलम
पुडुचेरी
कोझिकोड
वृद्धाचलम
करवत्ती
शोरनूर
कोयम्बतूर
कारैकल
(भारत)
पालक्काड
एर्णाकुलम
डिंडीगुल
तिरुच्चिरापल्लि
कोच्चि
करईकुडी
मदुरै
विरूदुनगर
रामेश्वरम
कोल्लम
तेन्कासी
तूतीकोरिन
तिरुवनंतपुरम
तिरुनेलवेलि
नागरकोविल
तिरूच्चेंदूर
कन्याकुमारी
कोलम्बो
हिंद
महासागर
काठमाण्डू
रक्सौल
गंगटोक
दार्जिलिंग
सिलीगुडी
पूर्णिया
मुजफ्फरपुर
हाजीपुर
पटना
कटिहार
बालूरघाट
भागलपुर
इंगराज बाजार
गया
आजिमगंज
चन्द्रपुरा
आसनसोल
राँची
पुरुलिया
टाटानगर
हावड़ा
कोलकाता
राउरकेला
झारसुगुडा
खड़गपुर
सम्बलपुर
तालचेर
भुवनेश्वर
कटक
खोरधा रोड
पारादीप
पुरी
नौपाड़ा
विजयनगरम्
विशाखापटनम्
बंगाल की खाड़ी
न्यू मूर द्वीप
(भारत)
बैंकॉक को
मुरकोंगसेलेक
डिब्रूगढ़
डांगोरी
इटानगर
सिमालगिरी
जोरहाट
नमिनीमरा
रंगिया
तजपुर
गुवाहाटी
दिसपुर
दिमपुर
शिलांग
लुमडिंग
कोहिमा
इम्फाल
करीमगंज
जिरीबम
कुमारघाट
भैरबी
ढाका
अगरतला
आइजोल
पोर्ट ब्लेअर
अंडमान और निकोबार द्वीप समूह
(भारत)
चेन्नई से सिंगापुर
क्वालालुंपुर को
इंदिरा प्वाइंट

जनसंख्या में वृद्धि (2001-2011) और साक्षरता

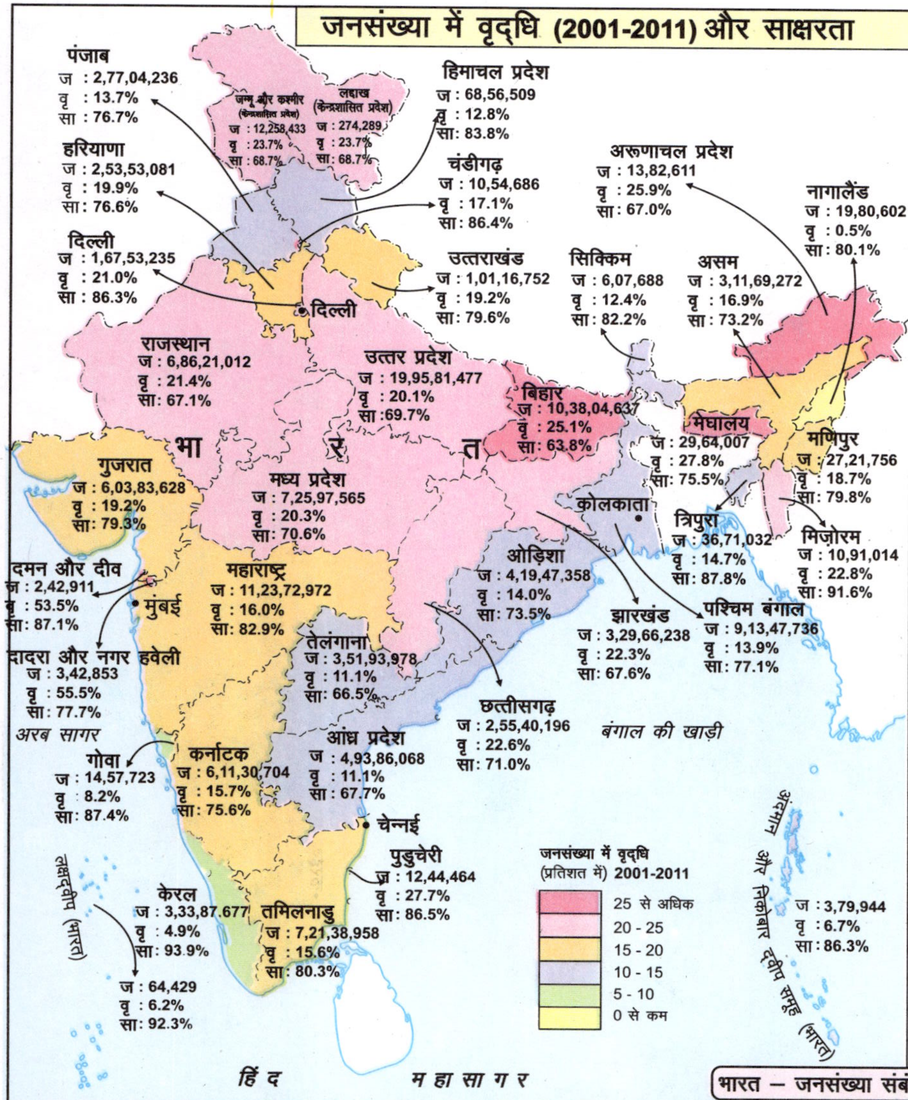

जनसंख्या घनत्व (2011)

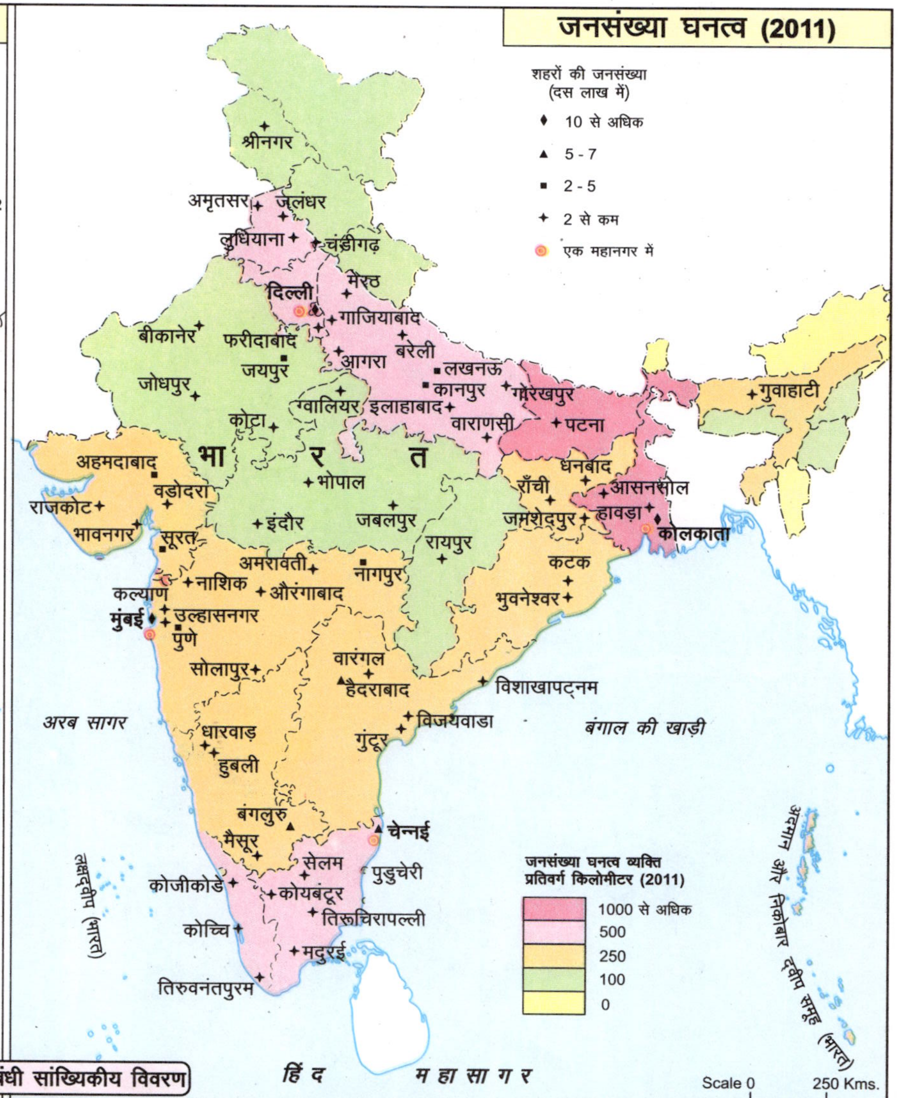

भारत – जनसंख्या संबंधी सांख्यिकीय विवरण

		जनसंख्या वृद्धि दर %	जनसंख्या घनत्व व्यक्ति प्रति वर्ग किमी	साक्षरता दर %	स्त्रियों की संख्या प्रति 1000 पुरूषों पर	जनसंख्या
भारत		17.64	382	74.04	940	1,21,01,93,422
राज्यों मे	सबसे अधिक	27.8 मेघालय	1,102 बिहार	93.9 केरल	1084 केरल	19,95,81,477 उत्तर प्रदेश
	सबसे कम	0.5 नागालैंड	17 अरुणाचल प्रदेश	63.8 बिहार	877 हरियाणा	6,07,688 सिक्किम
केन्द्रशासित प्रदेशों में	सबसे अधिक	59.20 दादरा और नगर हवेली	11,297 दिल्ली	92.3 लक्षद्वीप	1038 पुडुचेरी	1,67,53,235 दिल्ली
	सबसे कम	17.19 लक्षद्वीप	46 अंडमान और निकोबार द्वीप स.	77.7 दादरा और नगर हवेली	618 दमन और दीव	64,429 लक्षद्वीप

भारत
ज : 1,21,01,93,422
वृ : 17.64%
सा : 74.04%

ज = जनसंख्या
वृ = जनसंख्या वृद्धि दर%
सा = साक्षरता दर %

आर्कटिक महासागर
उत्तर प्रशांत महासागर
हिंद महासागर
अरब सागर
बंगाल की खाड़ी
लाल सागर
काला सागर
कैस्पियन सागर
पश्चिमी साइबेरिया मैदान
मध्य साइबेरिया पठार
तिब्बत का पठार
ईरान का पठार
मंगोलिया का पठार
गोबी मरुस्थल
तकला मकान मरुस्थल
माउंट एवरेस्ट (8848)
कांचनजंगा (8598)
मॉस्को
दिल्ली
ढाका
कोलंबो
माले
यांगोन
बैंकॉक
सिंगापुर
जकार्ता
मनीला
बीजिंग
टोकियो
हाँगकाँग
ताशकंद
काबुल
इस्लामाबाद
तेहरान
बगदाद
रियाध
अंकारा
अस्ताना
यू रो प
अ फ्री का
ऑस्ट्रेलिया
ऊँचाई मीटर में
6000
4000
2000
1000
500
200
0 समुद्र सतह
200
2000
4000
6000
8000
पैमाना 0 465 किमी

आर्कटिक महासागर
उत्तर प्रशांत महासागर
हिंद महासागर
अरब सागर
बंगाल की खाड़ी
दक्षिणी चीन सागर
पूर्वी चीन सागर
पीला सागर
जापान सागर
ओखोट्स्क सागर
बेरिंग सागर
कैस्पियन सागर
काला सागर
भूमध्य सागर
लाल सागर
अदन की खाड़ी
फारस की खाड़ी
अंडमान सागर
जावा सागर
सेलेबीज सागर
रूस
चीन
मंगोलिया
कज़ाकिस्तान
भारत
पाकिस्तान
अफगानिस्तान
ईरान
इराक
तुर्की
नेपाल
भूटान
बांग्लादेश
म्यांमार
थाईलैंड
लाओस
वियतनाम
कंबोडिया
मलेशिया
सिंगापुर
इंडोनेशिया
फिलिपींस
जापान
ताइवान
श्रीलंका
मालदीव
नई दिल्ली
बीजिंग
टोकियो
मास्को
तेहरान
काबुल
इस्लामाबाद
काठमांडू
ढाका
बैंकॉक
मनीला
जकार्ता
कोलंबो
माले
अबु धाबी
रियाद
दोहा
मस्कट
सना
अदन
बगदाद
दमिश्क
अंकारा
इस्तांबुल
उलान बाटोर
ताशकंद
अस्ताना
बिश्केक
दुशान्बे
अश्खाबाद
सियोल
प्योंगयांग
हनोई
नोमपेन्ह
कुआलालंपुर
बंदर सेरी बगावान
यांगून
कोलकाता
मुम्बई
चेन्नई
लक्षद्वीप (भारत)
अंडमान और निकोबार द्वी. स. (भारत)
कर्क रेखा
विषुवत रेखा
उत्तर ध्रुव रेखा
पैमाना 0 465 किमी

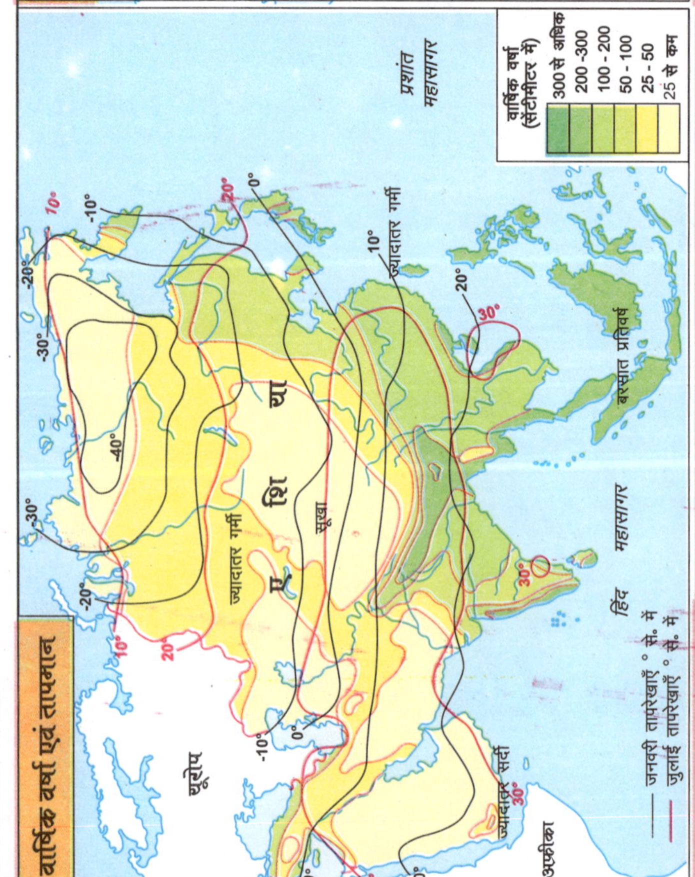
वार्षिक वर्षा एवं तापमान
यूरोप
अफ्रीका
ए
शि
या
प्रशांत महासागर
हिंद महासागर
ज्यादातर गर्मी
ज्यादातर सर्दी
सूखा
बरसात प्रतिवर्ष
वार्षिक वर्षा (सेंटीमीटर में)
300 से अधिक
200 - 300
100 - 200
50 - 100
25 - 50
25 से कम
जनवरी तापरेखाएँ ° सें. में
जुलाई तापरेखाएँ ° सें. में

प्राकृतिक वनस्पति, प्राकृतिक खण्ड एवं कृषि
यूरोप
अफ्रीका
ए
शि
या
प्रशांत महासागर
हिंद महासागर
टुण्ड्रा प्रदेश
टैगा प्रदेश
स्टैपी प्रदेश
अर्द्ध मरुभूमि प्रदेश
मानसून प्रदेश
मध्य देशान्तरीय वन प्रदेश
भूमध्य प्रदेश
उष्ण मरुभूमि प्रदेश
विषुवतरेखीय प्रदेश
प्राकृतिक वनस्पति
कटिबंधीय वर्षावन
मानसून वन
कोणीय वन
कोणीय और चौड़ीपत्ती वाले वन
टुण्ड्रा और अल्पाइन प्रदेश
मध्य-देशान्तरी घास मैदान
कटिबंधीय घास मैदान
भूमध्य वनस्पति
मरुभूमि वनस्पति
गेहूँ
चावल
मक्का
तम्बाकू
कपास
गन्ना
चाय
रबर
फल
खजूर
मवेशी
भेड़
लकड़ी काटना
मछली

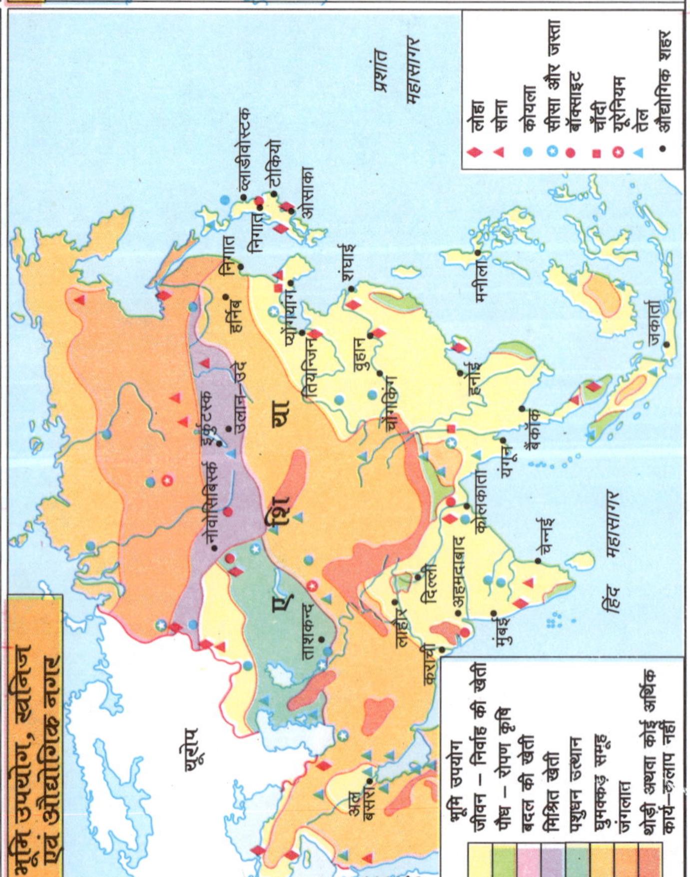
भूमि उपयोग, खनिज एवं औद्योगिक नगर
यूरोप
अफ्रीका
ए
शि
या
प्रशांत महासागर
हिंद महासागर
अल बसरा
कराची
लाहौर
दिल्ली
मुंबई
अहमदाबाद
चेन्नई
कोलकाता
ताशकन्द
नोवोसिबिर्स्क
इर्कुटस्क
उलान-उदे
हर्बिन
निगाता
व्लाडीवोस्टक
टोकियो
ओसाका
यौंगयांग
तियान्जिन
शंघाई
वुहान
चोंगकिंग
हनोई
यंगून
बैंकॉक
मनीला
जकार्ता
भूमि उपयोग
जीवन - निर्वाह की खेती
पौध - रोपण कृषि
बदल की खेती
मिश्रित खेती
पशुधन उत्थान
घुमक्कड़ समूह
जंगलात
थोड़ी अथवा कोई आर्थिक कार्य-कलाप नहीं
लोहा
सोना
कोयला
सीसा और जस्ता
बॉक्साइट
चाँदी
यूरेनियम
तेल
औद्योगिक शहर

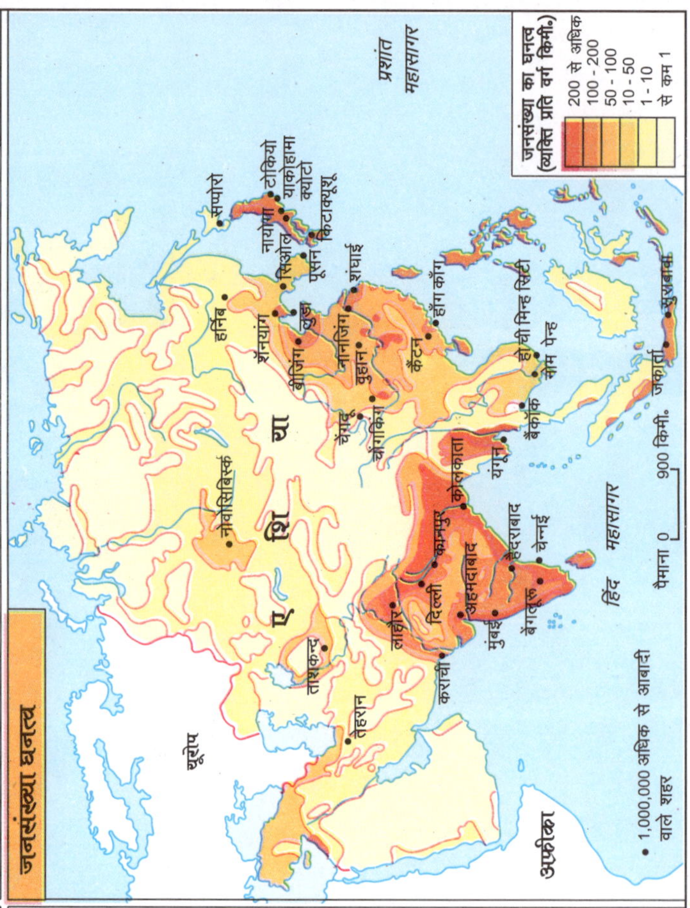
जनसंख्या घनत्व
यूरोप
अफ्रीका
ए
शि
या
प्रशांत महासागर
हिंद महासागर
तेहरान
ताशकन्द
कराची
लाहौर
दिल्ली
मुंबई
अहमदाबाद
कानपुर
कोलकाता
हैदराबाद
बेंगलूरु
चेन्नई
नोवोसिबिर्स्क
यंगून
बैंकॉक
चेंगदू
चोंगकिंग
वुहान
नानजिंग
शंघाई
बीजिंग
शैनयांग
हर्बिन
सियोल
पूसान
क्योटो
कितायुशू
नागोया
याकोहामा
टोकियो
सप्पोरो
कैंटन
हांग कांग
हो ची मिन्ह सिटी
नौम पेन्ह
जकार्ता
सुराबाया
• 1,000,000 अधिक से आबादी वाले शहर
पैमाना 0 900 किमी.
जनसंख्या का घनत्व (व्यक्ति प्रति वर्ग किमी.)
200 से अधिक
100 - 200
50 - 100
10 - 50
1 - 10
से कम 1

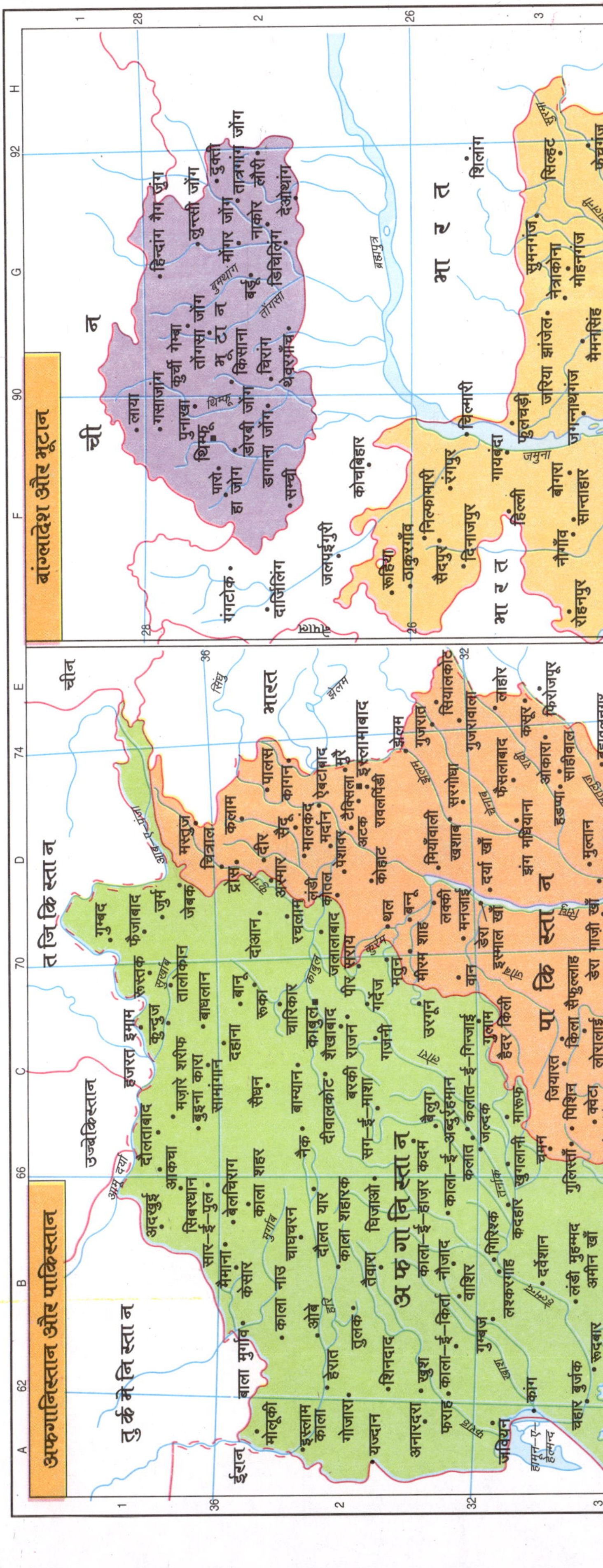
अफगानिस्तान और पाकिस्तान
अ फ गा नि स्ता न
पा कि स्ता न
अरब सागर
पैमाना 0 100 किमी

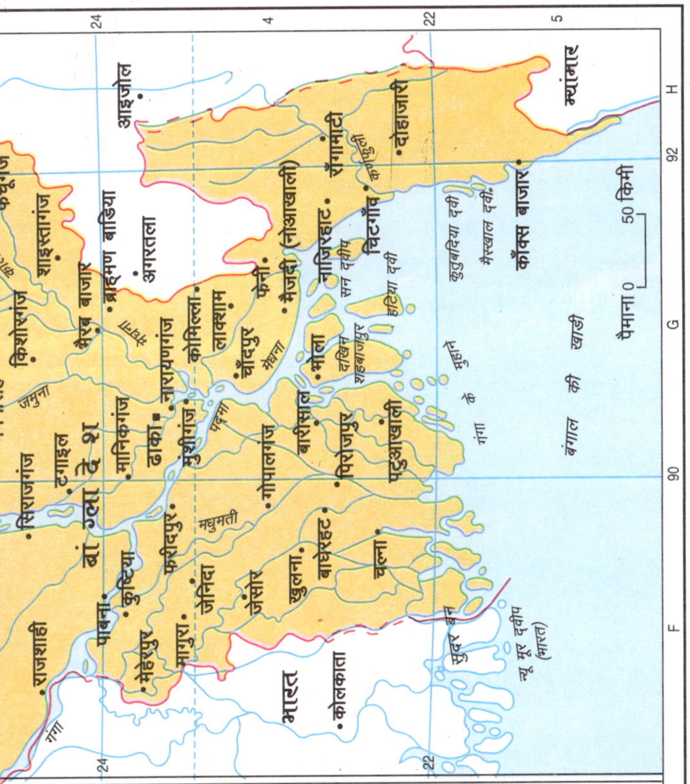
बांग्लादेश और भूटान
बां ग्ला दे श
बंगाल की खाड़ी
पैमाना 0 50 किमी

श्रीलंका
पाक जलसंयोजक
कंकेसंतुराई
प्वाइंट पेड्रो
जाफना
डेल्फ्ट द्वीप
पाक की खाड़ी
ऐलिफैंटा दर्रा
बंगाल की खाड़ी
मल्लैत्तिवू
तलैमन्नार
मकुलस
एडेम्स ब्रिज
मन्नार
वावूनिया
कुच्चावेली
मन्नार की खाड़ी
मेदावच्चिया
त्रिंकोमली
करैतिवू द्वीप
कल्पिलिया
अनुराधापुर
कथिरावेली
पुत्तलम लैगून
गाल ओया
पुत्तलम
माहो
डैमबुल्ला
पालोन्नारूपा
चेंकालादी
श्री लंका
बट्टिकलोआ
चिलौ
कुरुनेगला
मताले
महा ओया
कालमुनाई
पोल्गाहवेला
नेगॉम्बो
केगल्ला
कैंडी
अम्पारा
गम्पोला
बिबाइल
कटुनायके
गाम्पाहा
नुवारा एलिया
बडुल्ला
कोलंबो
श्री जयवर्द्धन
मोनारंगला
पोटिटुविल
पानादुरा
रत्नपुरा
वेल्लावाया
कालूतारा
ओपानायक
तनामालविला
अम्बालंगोडा
तिस्सामहारामा
गाल
तंगाल्ला
हमबनतोता
मतारा
हिंद महासागर
पैमाना 0 35 किमी.
मालदीव
हा अलिफ
हा दाल
शावियानी
रा
दक्षिण माले
उत्तर माले काफू
अलिफ
माले
दक्षिण माले
फाफ
दक्षिण माले
दाल
वाउ
मीमु
ता
लाम
हिंद महासागर
गाफ अलि
गाफ दाल
सीनु
गान
हुबले
माले
पैमाना 0 2 किमी.
पैमाना 0 200 किमी.
म्यॉंमार
अडुंग लांग
भारत
रैंग्सी
कोंगलू
चीन
शिन्बीयांग
मितकिना
होमालिन
थाउंगदुत
भामो
टिडिम
वुन्था
फलाम
कानबालू
नामतू
हाका
श्वेबो
लाशियो
मोन्यावा
सगाइंग
मांडले
पलेटवा
पौक
म्यिन्जान
केंगतुंग
मौगडॉ
मेकटिला
मौंग टान
सिटवी (अक्याब)
म्यांमार
मागवे
यामेदिन
लाओस
नाए प्यी ताव
तउंग्दविंजी
लेटपाडान
पिनमाना
लोइं - की
ताउगुप
थायेटम्यो
बालेक
रामरी द्वीप
प्रोम
ताउंग्गू
सैन्डोवे
म्यानाउंग
थाईलैंड
हेन्ज़ादा
पापुन
ग्वा
बंगाल की खाड़ी
पेगू
यांदून
इनसें
बासेन
थाटोन
पयापोन
यांगोन
मोलमाइन
प्यिन्कायेंग
मर्ताबान की खाड़ी
एम्हर्स्ट
इरावादी के मुहाने
ताउंगजुन
ये
म्यिग्याउनगलाउंग
अंडमान और निकोबार द्वीप समूह (भारत)
टवाय
बैंकॉक
अंडमान सागर
मार्गी द्वीप समूह
पाला
मर्गी
थाईलैंड की खाड़ी
पैमाना 0 160 किमी.
मालिवुन
नेपाल
अपी 7132
सिमिकोट
बैतड़ी सुदूर
चैनपुर
दीपदयाल
गामगढ़ी
चीन
डाडेलधुंरा
सिलगढ़ी
मानमा
जुमला
पश्चिमी
महेन्द्रनगर
मार्ताडी
मध्यवर्ती पश्चिमी
दैलेख
दुनाल
बिलौरी
धनगढ़ी
जोमसोम
धौलगिरि 8172
जाजरकोट
जुमलीखालंगा
अन्नपूर्णा 8091
तिब्बत
बीरेन्द्रनगर
बेनी
चामे
मनासलू 8156
कुंभेर
लिबान
सल्यान
हतिया
गुलारिया
बागलुंग
पोखरा
चोयू 8153
मा. एवरेस्ट 8848
नेपालगंज
तुलसीपुर
प्यूथान
तामघास
श्यांगजा
बेसीशहर
धुनची
गौरीशंकर 7134
मकालू 8481
गोरखा
संधिखरका
पश्चिमी
दमौली
चौतारा
कांचनजंगा 8598
तानसिंग
ढाडीबेसी
काठमांडू
नामचे बाजार
पाटन
चारीकोट
बुतवल
पारसी
भक्तपुर
सेल्लारी
भरतपुर
तौलीहवा
मध्यवर्ती
चैनपुर
तापलेजुंग
लुंबिनी
हैतोडा
रामेछाप
पूर्वी
दिकतेल
फिदिम
भारत
सिंधुलिगढी
भोजपुर
बीरगंज
कलैया
टेरहाथुम
धनकुटा
रक्सौल
मलंग्वा
धारन
इलाम
जनकपुर
सिराहा
गायघाट
इनारुवा
भद्रपुर
राजबिराज
गौर
बिराटनगर
पैमाना 0 50 किमी.

चीन
म्यांमार
थाईलैंड
कंबोडिया
मलेशिया
नाएपाइडो
मॉगडो
पियाईमाना
यांगोन
मार्ताबान की खाड़ी
टांकिन की खाड़ी
दक्षिण चीन सागर
हैनान
थाईलैंड की खाड़ी
हनोई
व्येंत्यान
बैंकॉक
नोमपेन्ह
हो ची मिन्ह सिटी (सौगोन)
लुआंग प्राबांग
चियांग माइ
चियांग राइ
लामपुन
लाम्पांग
उत्तरादित
फिट्सानुलोक
नाखोन सावान
अयुथ्या
नाखोन रातचासिमा
खोन केन
उडान थानी
सवन्नाखेत
पाक्से
अट्टापू
सिएम रिआप
बट्टमबोंग
कांपोंग चाम
काम्पोट
कैमपॉड.ग सोम
हाइ पोंग
विन्ह
दा नांग
हुए
क्वी न्होन
न्हा त्रांग
दा लात
सुरत थानी
नाखोन सी थाम्मरात
सोंखला
हात याई
पट्टानी
याला
नाराथिवट
बेतांग
फुकेत
क्राबी
चुम्फोन
विक्टोरिया पाइंट
रानोंग
प्रचौप खिरि खान
तवॉय दवीप
मेकांग के मुहाने
पैमाना 0 125 किमी.

नॉर्वे
स्वीडन
फिनलैंड
हेलसिंकी
स्टॉकहोम
ओस्लो
कोपनहेगन
बाल्टिक सागर
बोथनिया की खाड़ी
पोलैंड
जर्मनी
हंगरी
तालिन
एस्टोनिया
रीगा
लात्विया
विलनियस
लिथुएनिया
मिंस्क
बेलारूस
कीव
यूक्रेन
किशिनेव
ओडेसा
सिम्फेरोपोल
सेवास्तोपोल
खारकोव
काला सागर
त्बिलिसी
जॉर्जिया
येरेवान
आर्मेनिया
बाकू
अज़रबैजान
तुर्की
ईरान
मॉस्को
सेंट पीटर्सबर्ग
मुर्मान्स्क
अर्खांगेल्स्क
श्वेत सागर
बैरेंट्स सागर
कारा सागर
नोवाया
जेम्ल्या
फ्रांज जोसफ लैंड
आ र्क टि क
वोल्गा
वोल्गोग्राड
समारा
ऊफा
पर्म
येकातेरिनबर्ग
चेल्याबिंस्क
ओम्स्क
नोवोसिबिर्स्क
टोम्स्क
बरनौल
नोरिल्स्क
कैस्पियन सागर
अरल सागर
क ज़ा क स्ता न
अस्ताना
अल्माटी (अल्मा–अटा)
कारागंडा
बाल्खश
उज्बेकिस्तान
ताशकंद
समरकंद
बुखारा
तुर्कमेनिस्तान
अश्खाबाद
किरगिस्तान
बिश्केक
तजिकिस्तान
दुशाम्बे
अफ़ग़ानिस्तान
रू

देश	राजधानी
1. एस्टोनिया	टालिन
2. लटविया	रीगा
3. लिथुएनिया	विलनिउस
4. बेलारूस	मिंस्क
5. यूक्रेन	कियेफ
6. मॉल्डोवा	किशिनेव
7. जॉर्जिया	तिबलिसि
8. आर्मेनिया	येरेवान
9. अज़रबैजान	बाकू
10. उज़्बेकिस्तान	ताशकंद
11. तुर्कमेनिस्तान	अस्खाबाद
12. तज़ाकिस्तान	दुशाम्बे
13. किरगिस्तान	बिशकेक
14. कज़ाकिस्तान	अस्ताना
15. रूस	मॉस्को

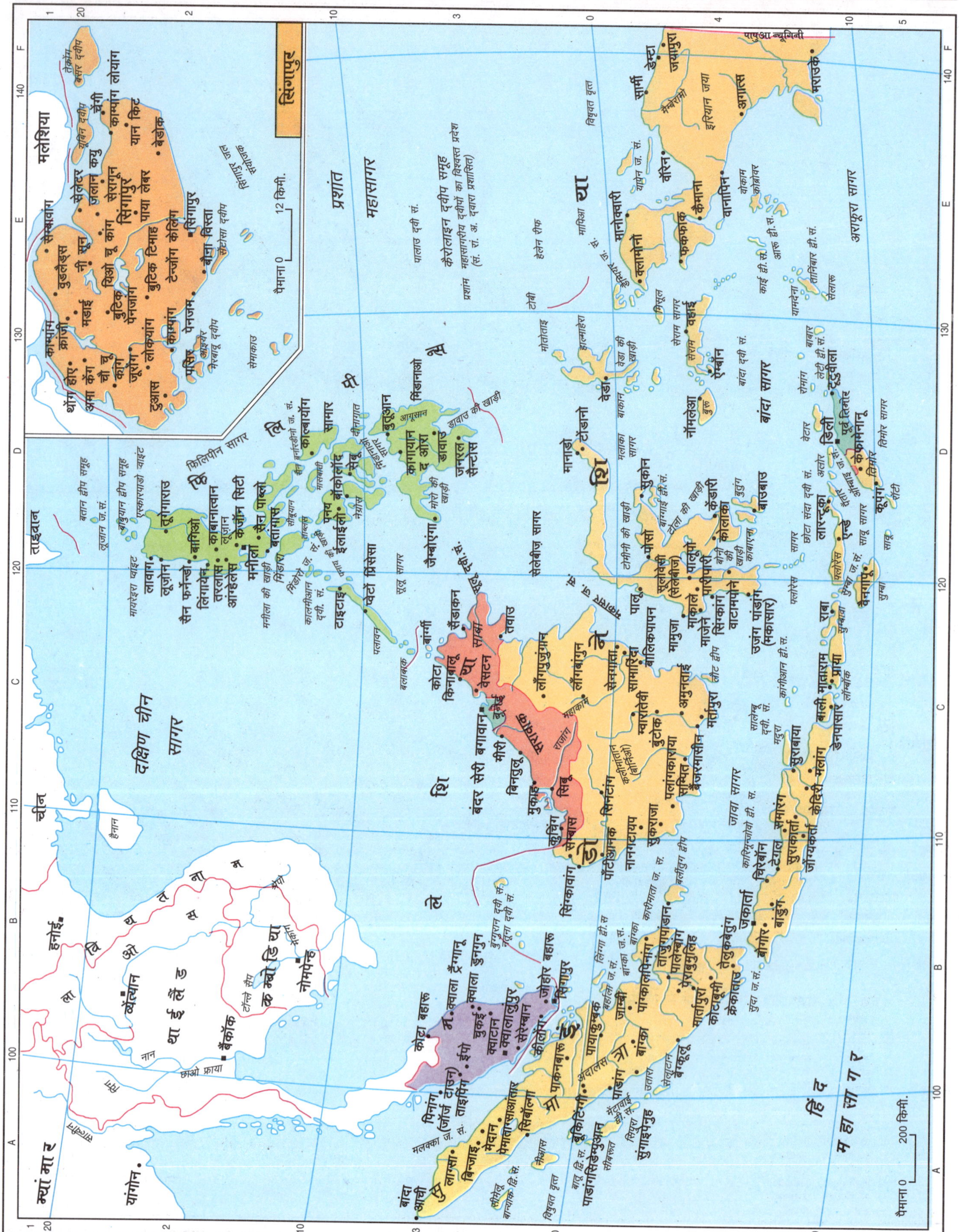
सिंगापुर
मलेशिया
पैमाना 0 12 किमी.
दक्षिण चीन सागर
प्रशांत महासागर
फिलिपीन सागर
सुलू सागर
सेलेबीज़ सागर
बांदा सागर
जावा सागर
अराफ़ुरा सागर
हिंद महासागर
चीन
ताइवान
हनोई
यांगोन
बैंकॉक
नोमपेन्ह
क्वालालंपुर
मनीला
जकार्ता
पापुआ न्यूगिनी
पैमाना 0 200 किमी.

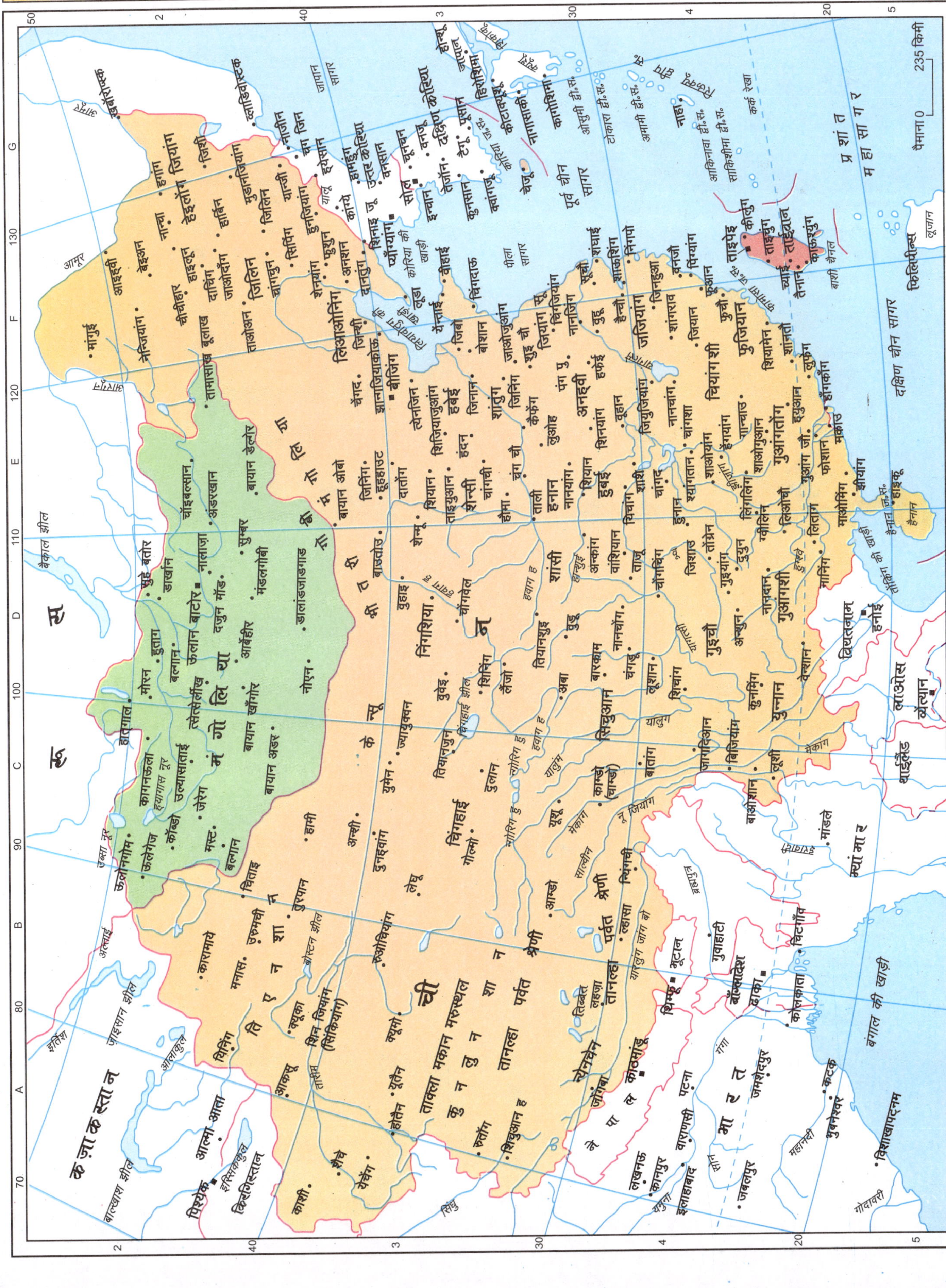
मं गो लि या
उलान बाटोर
ची न
बीजिंग
शंघाई
हांगकांग
मकाओ
ताइपेइ
ताईवान
प्योंगयांग
सोल
उत्तर कोरिया
दक्षिण कोरिया
जापान सागर
पीला सागर
पूर्व चीन सागर
दक्षिण चीन सागर
प्र शां त म हा सा ग र
फिलिपीन्स
वियतनाम
हनोई
लाओस
व्येंतियान
थाईलैंड
म्यांमार
बांग्लादेश
ढाका
भूटान
थिम्फू
ने पा ल
काठमांडू
भा र त
कज़ाकस्तान
किर्गिस्तान
बैकाल झील
तिब्बत
ल्हासा
तकला मकान मरुस्थल
कुनलुन शान पर्वत
हिमालय
बंगाल की खाड़ी
कर्क रेखा
पैमाना 0 235 किमी

चीन
उत्तर कोरिया
दक्षिण कोरिया
जापान सागर
कोरिया की खाड़ी
यलो सागर
हुकसंचेडो
तुमेन
होइरयोंग
नाजीन
पुरयोंग
चोंगजिन
क्योंगसोंग
हयेसान
कांग्ये
युगांन
पुंगसन
किलचू
चोसन
सिन्चांगनी
किमचैक
पुक्चांग
टैंकों
सिनुईजू
हामहुंग
सिन्पो
सांचों
आंजू
टोकचों
हुंगनम
प्योंग-सांग
सुचोन
प्योंगयांग
वनसान
अन्बेउ
नामपो
सांगनिम
सिंगोसेन
कोसोंग
चांग्यों
सरिवो
हैजू
ओंगजिन
केईसोंग
यूनान
कुम्हवा
सोक्चो
चूनचन
कंगनुंग
इन्चोन
सोल
सुवोन
पुकप्योंग
दक्षिण कोरिया
चोनन
होन्गसोंग
चोंगजू
अन्डोंग
तेजोन
टैंकों
सांगजू
यूईसोंग
इरी
पूसान
कुनसान
चोंजू
टैगू
क्योंगजू
उल्सान
चोंगू
मसान
क्वांगजू
समनंगजीन
पूसान
मोकपो
सूंचोन
योशू
कोरिया ज.सं.
टिसुशीमा जापान
चेजू
चेजू-डो
रूस
ला पेराउसे जलसंधि
आखोटस्क सागर
केप सोया
रेबुन-टो
रिशिरि-टो
वाक्कानाई
ईसाही
टेशिओ
ओमू
एमबेत्सू
मोमबेत्सू
नेमूरो जलसंधि
हाबोरो
नयोरो
अबाशिरी
शिबत्सू
सारी
कुरिल द्वी.स.
रुमोई
असहिगवा
ईंगारु
केप कामुई
टकीकावा
होकैडो
नेमूरो
ओटारू
शिबेचा
इवानई
इबिट्सू
होनबेट्सू
कुशरो
सप्पोरो
टोमोकोमई
ओबिहीरो
यकुमा
मुरोरन
हकोडते
केप येसन
केप ईरीमो
टिसुगुरू जलसंधि
मात्सुमे
मुत्सू
गोशोगावा
ओमागरी
हिरोसाकी
हचिनोहे
नोशिरो
ओडाटे
कुजी
जापान की खाड़ी
अकीता
मोरिओका
मियाको
ओमगारी
साकाता
केसेननुमा
इचिनोसिकी
टिसुरूओका
जापान
ईशिनोमाकी
सेंडाई
साडो
यमागटा
नीगाटा
फुकूशिमा
केप सूजू
संजो
ऐजुवाकामात्सु
नागाओका
कोरीयमा
वाजिमा
होन्शू
नोटो पेनिनसुला
ननौ
इवाकी
टकौका
नगानो
उत्सुनोमिया
हिटाची
प्रशांत महासागर
कनजावा
टोयामा
मिटौ
कोमात्सू
मस्तूमोटो
टाकासाकी
टिसुचिडरा
फुकुई
ओमिया
कोफू
टोकियो
दक्षिण कोरिया
ओकी द्वीप
केप हिनो
टोयूका
टिसुरुगा
योकोहामा
कावासाकी
मात्सुई
मैज़ूरू
गिफू
ओमिया
योनागो
टोटोरी
बीवा झील
नागोया
फुजिसावा
योकोसुका
हामादा
क्योटो
टोयोहाशी
शिजुओका
नुमाजू
मसूदा
ओकामाया
कोबे
नारा
सुजुका
हमामात्सू
ओ-शिमो
टिसुशीमा
ओसाका
नी-जिमा
हागी
हिरोशिमा
तसू
शिमोनोसेक
इनलैंड सागर
ताकामात्सू
वाकायामा
टिसुशीमा जलसंधि
किटक्यूशू
ईमाबरी
मियाके - जिमा
फुकुओका
मत्सूयामा
शिकोकू
टनाबे
सागा
बेप्पू
कोची
शिंगू
ससेबो
कुरूमे
हाचीजो - जिमा
ओमुता
यवताहामा
मुरोटो अंत
शिनो अंत
नागासाकी
कुमामोटो
औगो-शिमा
युवाजिमा
अशिजुरी अं
नोबेओका
यत्सुशिरो
क्यूशू
मियाज़ाकी
सेंडाई
कागोशिमा
मियाकोनोजो
ओसुमी चैनल
तने-गा-सीमा
याकू-जिमा
टोकारा चैनल
नाका-नो-शिमा
पैमाना 0 100 कि.मी.
ओसुम द्वी.स.
याकू
अमानी
अमानी द्वी.स.
टुकुनो
रियू क्यू द्वीप समूह
ओकिनावा
ओकिनावा द्वी.स.
नाहा
प्रशांत महासागर
साकीशिमा द्वी.स.
मियाको
इरीमेता
येयमा
पैमाना 0 100 कि.मी.

रूस
काला सागर
बल्गेरिया
ग्रीस
एडिर्न
इस्ताम्बुल
मारमरा सागर
जांगुलडाक
बुर्सा
कुताया
अंकारा
सामसून
ट्राबज़ोन
करिक्काले
सिवास
इज़्मीर
तुर्की
आइदिन
इस्पार्ता
टूज़ गोलू
कायसेरी
एर्ज़ुरुम
मुग्ला
आंताल्या
कोन्या
मालात्या
एलाज़
फेथिये
करामान
गाज़ीआन्तेप
दियारबाकिर
वान झील
वान
आंताल्या की खाड़ी
अडाना
उर्फा
रोधोस (रोड्ज़)
निकोसिया
लैटकिया
अलेप्पो
हासेके
मोशूल
अर्बिल
लिमासोल
साइप्रस
हामा
देर एज़ ज़ोर
भूमध्य सागर
हॉम्स
सीरिया
सुलेमानिया
किर्कूक
बैरुत
लेबनान
हैफा
दमस्कस
तेल अवीव-जाफा
समारा
करमनशाह
येरुसलेम
अज़ जरका
गाजा पट्टी
अम्मान
रामादी
बाकूबा
बगदाद
इराक
मृत सागर
इज़राइल
तुरैफ
कर्बला
हिल्ला
ऐन नजफ
अमारा
जॉर्डन
मान
ऐद दीवानिया
बदाना
एलात
अकाबा
अल जउफ
सकाका
अद दुवैद
ऐन नासीरिया
स्वेज की खाड़ी
अकाबा की खाड़ी
राफा
अल बसरा
तबूक
ईजिप्त
हफर अल बातिन
कुवैत
अलूला
हाइल
अल वरिआ
अल वाज़
करियत अल उल्या
बुरेदा
वादी अर रमाल
उनेजा
उम लाज
अल कातिफ
कर्क रेखा
दम्माम
बहरीन
मनामा
कातार
दोहा
यानबू
मदीना
सऊदी
अल हुफूफ
रियाद
अल के ईयाह
यमामा
हराघ
लाल सागर
अरब
जिद्दा
तैफ
मक्का
सूडान
लैला
अल बडी
अल उबेला
अल ईद
वादी बिशा
वादी दवासर
अल कुनफुथा
मर्साहली
फारासैन द्वी.स.
जाहरान
अबा साऊद
किज़ान
मेदी
सना
यमन
शिबाम
तारी
तबुर्कम
होदेदा
धमार
किशन
मुकाला
ऐश शीर
सैहूत
तईज़
इब
बाबलमंदेब
मोचा
शुक्रा
अदन
जिबूती
अदन की खाड़ी
सोकोत्रा द्वी. (यमन)
अरब सागर
सोमालिया
इथियोपिया
जॉर्जिया
आर्मीनिया
अज़रबैजान
कैस्पियन सागर
कज़ाकस्तान
उज़्बेकिस्तान
तुर्कमेनिस्तान
अफ़गानिस्तान
पाकिस्तान
खोई
तैब्रीज़
अर्दाबिल
उर्मिया झील
काशान
पहलवी
लहीजन
मारागे
रैश्त
जन्जान
काज़्वीन
शाहसवार
बाबोल
बंदर ए शाह
औचन
शाहरुद
सैब्जेवार
मशाद
सनंदाज
कराज
हमादान
तेहरान
सेमनान
कुम
दर्या ए नमक
बुरुजिर्द
बेजेस्तान
खुर्रमाबाद
ईरान
फिरदौस
तबास
देज़फूल
इस्फहान
शारकोर्द
बिर्जंद
अहवाज़
येज्द
खुर्रमशहर
अबादान
नेहबदान
करमान
शिराज़
दर्याचेह ए ताश्क
बशूहर
नैरीज़
शाहीदाबाद
ज़ाहिदान
जाहरुम
बाम
ईरान की खाड़ी
लार
नाबाद
बंदर अब्बास
हामून ए जाज़ मुरियान
बंदर ए लिंगे
होरमुज़ की खाड़ी
जहेरान शहर
ओमान
ओमान की खाड़ी
शारजाह
जास्क
चाह बहार
दुबई
अल फुजेरा
आबू धाबी
एज़ सुहार
हबशान
संयुक्त अरब अमीरात
अल खाबुरा
हुमर
कर्क रेखा
ईब्रा
मस्कट
आदम
सुवई
अल मसीरा द्वीप
खालुफ
मसीरा की खाड़ी
ओमान
मादिर
कुरिया मुरिया द्वी.स.
सलाला
मिरबात
इज़राइल
लेबनान
बानयस
सीरिया
सेडे नीमेया
नहरिय्या
जेफात
गोलान हाइट्स
आभ्यंतरिक समुद्र
हैफा
टिबेरियस
योकनीम
नेझेरत
अफूला
पारडेस हन्न-कंकुर
जनीन
टुलकर्म
अराबा
केफै सवा
नबलुस
तेल अवीव जाफा
पेटाह टिकवा
शिलोह
नेस झिय्योना
वेस्ट बैंक
अशडोड
येरुसलेम
अश्केलोन
बेट लह्मा
किर्यट गट
मृत सागर
सिवा
गाजा
नहल ओज़
अल खालिल
गाजा स्ट्रीप
शोवल
बीर शेबा
अराड
कारेम शलोम
इज़राइल
रेविविम
डिमोना
हझेवा
इन यहाव
जोफर
जॉर्डन
पारन
बीर मेनूहा
ईजिप्त
क्वीटूरा
बीर मिहान
बीर ओरा
इलाट
पैमाना 0 160 किमी

यू रो प
भू म ध्य सा ग र
ए शि या
उत्तर अटलांटिक महासागर
मडीरा द्वीप (पुर्तगाल)
जिब्राल्टर ज.स.
अल्जियर्स
समुद्र तटवर्ती एटलस
ट्यूनिस
रबात
मध्य एटलस
सहारा का एटलस
ग्रेट एटलस
त्रिपोली
सिद्रा की खाड़ी
टूबकल 4165
कनेरी द्वीप (स्पेन)
वृहत् पश्चिमी अर्ग
वृहत् पूर्वी अर्ग
ऐंटी एटलस
टडेमैट का पठार
अल् आयून
काहिरा
स्वेज नहर
सिनाई
सीवा मरुदयान
कतारा खड्ड
अल जूफ
फेज़ान
स हा रा
तहात 2918
अहग्गर का पठार
कुफ़्रा मरुदयान
लिबिया का मरुस्थल
कार्गा मरुदयान
नासेर झील
कर्क रेखा
लाल सागर
ब्लांको अं.
आद्रार
तिबेस्ती प.मा.
एमी कूसी 3415
नूबिया का मरुस्थल
नौकचाट
बोडोली
एअर या अज़बीन का पठार
वर्ड अत
डाकर
बांजुल
नाइजर
सेनेगल
बमाको
निआमे
खार्तूम
अस्मारा
रास दाशान 4620
टाना झील
मार्रा पर्वत
गिम्बाला 3070
कोर्दोफान
डारफुर
चाड झील
बिसाऊ
वागादूगू
एन जामेना
जिबूती
अदन की खाड़ी
गार्डाफूई अं.
फूटा जॉलोन
सू डा न
कोनाक्री
फ्रीटाउन
इथियोपिया का पठार
बहर एल अरब
सोमाली प्रायद्वीप
आदिस अबाबा
सोमाली प्राय
वोल्टा
पोर्टो
नोवो
अबुजा
ऐडमावा उच्च भूमि
मोनोरोविया
लोमे
लागोस
कैमरून 4070
याउंडे
ऊबांगी पठार
अबिदजान
अक्रा
बेनिन ज.स.
बाइओको
मलाबो
बंगई
उइले
तुर्काना झील
पाल्मास अ.
गिनी की खाड़ी
बीआफ्रा की खाड़ी
प्रिंसिपे
अलबर्ट झील
क्योगा झील
केन्या 5199
मोगदिशु
विषुवत रेखा
साऊ टोमे
लीब्रविल
कम्पाला
एल्गन 4321
रुवन्जोरी 5120
बोयोमा (स्टेन्ली) प्रपात
विक्टोरिया झील
नैरोबी
लोपेज अ.
पगालू (ईची)
काँ गो बे सि न
किगाली
अफ्रीका का पठार
ब्राजाविल्ले
किलिमंजारो 5895
बुजुम्बुरा
कसाई
किन्शासा
मध्य टांगानीका का पठार
डोडोमा
पेंबा
जंजीबार
असेन्शन
टांगानीका झील
रुंग्वे 2959
रुफीजी
माफीया
लुआंडा
म्वेरु झील
मुचिंगा पर्वत
मलावी झील
डेल्गाडो अ.
कॉमोरो द्वीप
मॉरोनी
रुवमा
मयोटे
अम्बर अ.
बैंग्विअूलू झील
दक्षिण अटलांटिक महासागर
लिलोंग्वे
लूसाका
कुनिने
विक्टोरिया प्रपात
करीबा बांध
करीबा झील
हरारे
मोज़ाम्बीक का तटीय मैदान
मोज़म्बीक चैनल
अंतानानारिवो
एन्गामी झील
माटोपो हिल्स
अंकरात्रा प.
दमारा लैंड
विन्डहोक
वाल्फिश की खाड़ी
मकर रेखा
मडागास्कर
गैबरोन
प्रिटोरिया
कैलाहारी मरुस्थल
उच्च वेल्ड
मापूतो
सेंट मेरी अ.
बड़ा नमाक्वालैंड
काप पठार
एम्बाबाने
ऑरेंज
मोंतो सुर्स 3298
बड़ा कारु
ड्रेकन्सबर्ग
हिंद महासागर
उत्तम आशा अं.
ऊँचाई मीटर में
5400
3600
1800
900
450
180
0
समुद्र सतह
200
2000
4000
6000
ग्रेट रिफ्ट घाटी
पैमाना 0 370 किमी

यू रो प
उत्तर अटलांटिक महासागर
मैडीरा (पुर्तगाल)
कनेरी द्वीप स. (स्पेन)
टैंजियर
रबात
फेज़
कासाब्लांका
मेक्नेस
मैराकिश
मोरक्को
सीदीइफ्नी
ओरान
अल्जियर्स
अन्नाबा
कॉन्स्तन्तीन
ट्यूनिस
सीदी बेल अबेस
ट्यूनिशिया
स्फैक्स
त्रिपोली
बेशार
तूगूर्त
औरगला
हस्सी मेसौद
गदामस
बेनी अब्बेस
अल्जीरिया
तिन्दूफ
आदार्र
इन सलाह
एद्जेले
रेगाने
जौड़या अल कहला
जानेट
टैमनरैसेट
गत
अल आयून
सहारवी गणतंत्र
दखला
टेरहज़ा
एफडेरिक
टौडेनी
न्वादिबू
तिशलीत
मोरिटेनिया
नॉकचाट
माली
टिंबक्टू
बौरेम
गाओ
नाईजर
सेनेगाल
डाकर
गैम्बिया
बांजुल
गिनी बिसाऊ
बिसाऊ
गिनी
ककन
कायेस
सेगू
मोप्टी
टिल्लाबेरी
बैमाको
वागादूगू
बुरकिना फासो
नियामे
कौनाकी
सियेरा लियोन
फ्री टाउन
मोनोरोविया
लाइबेरिया
आइवरी कोस्ट
यमोउससोउकरो
आबिदजान
बौके
तामेल
घाना
अकरा
टकोराडी
टोगो
बेनिन
पोर्टो नोवा
लोमे
कोटोनोउ
लागोस
अबादान
औग्बोमोशो
अबुजा
नाइजीरिया
कानो
मैडूगूरी
नाइजर
अगादस
तानौट
जिन्दर
सेगूडिन
बिल्मा
सेब्हा
लीबिया
मार्ज़ुक
हुन
वाहा
अलबिदा
बिनग़ाज़ी
तोब्रूक
एस सिदर
जेल्टेन
अलज़ऊफ
अलेक्ज़ेंड्रिया
टान्टा
पोर्ट सईद
काहिरा
स्वेज़
अल गिज़ा
सिवा
अस्यूत
पोर्ट सफागा
मिस्र अरब गणराज्य
कीना
आस्वान
नास्सेर झील
कर्क रेखा
वादी हल्फा
पोर्ट सूडान
अत्बारा
सूडान
आमदर्मान
कसाला
खार्तूम
सेन्नार
वाद मेदानी
अल फशर
अल ओबैद
न्याला
रोज़ीरेस
मलाकल
चाड
चाड झील
एन् जामेना
सार
मध्य अफ्रीका गणतंत्र
बोस्संगोवा
बैंगासू
बंगई
बेरबेराटी
कैमरून
याउंडे
डौआला
पोर्ट हारकोर्ट
इनूगू
मलाबो
इक्वे गिनी
रियोमुनी
बेटा
साऊ टोमे प्रिंसिपे
साऊ टोमे
गिनी की खाड़ी
विषुवत रेखा
लीब्रवील
गाबाँ
फ्रांसविल
पोर्ट जन्टिल
काँगो
ब्राज़ावील
पॉवांटन्वार
कबिंडा (अंगोला)
बोमा
मातादी
किन्शासा
कांगो गणतंत्र (ज़ायर)
एम बांडाका
बान्दून्दू
कसाई
इलेबो
कनंगा
मुजि मायी
कमीना
लिकासी
लुबुम्बाशी
किसनगंकी
बोन्डो
ऊबुडी
किन्दू
कलेमी
बुकाबू
ज़ायर
वेले
दक्षिण सूडान
वाऊ
जुबा
युगांडा
क्योगा झील
कम्पाला
एन्टेबी
किगाली
रुआंडा
बुरुंडी
बुजुम्बुरा
किगोमा
टांगानीका झील
विक्टोरिया झील
किसूमू
केन्या
नकूरु
नैरोबी
तुर्काना झील
मोम्बासा
म्वाजा
अरुशा
तंज़ानिया
तांगा
डोडोमा
इरिंगा
एमबेया
पेंबा
जंजीबार
दार-अस-सलाम
माफिया
इरीट्रिया
मसावा
अस्मारा
जिबूती
अदन की खाड़ी
टाना झील
इथियोपिया
आदिस अबाबा
हरेर
जिम्मा
नेघेल्ली
बरबरा
हरगीसा
सोमालिया
मोगदिशु
किस्मायू
जुबा
शिबेली
एशिया
लाल सागर
असेन्शन (स.रा.)
दक्षिण अटलांटिक महासागर
लुआंडा
मलैन्जे
अंगोला
लोबिटो
बेंग्वेला
वाम्बो
लुबांगो
मोसैमडीज
मनोनगुई
जाम्बिया
किटवे
एनडोला
लुसाका
लिलोंग्वे
मलावी
मलावी झील
जोम्बा
ब्लान्टायर
नामपूला
मोज़ाम्बीक
कोमोरो
मोरोनी
मयोटे (फ्रांस)
महाजंगा
टोआमासिना
अंतानानारीवो
मेडागास्कर
टोलिआरा
मकर रेखा
ज़म्बेज़ी
हरारे
जिम्बाब्वे
ग्वेरु
बुलावायो
सोफाला (बीरा)
बाइटब्रिज
लिम्पोपो
त्सूमेब
नामीबिया
स्फाकॉपमुंट
विन्डहॉक
वाल्फिश की खाड़ी
फ्रांसिसटाउन
बोट्सवाना
महालपेई
गैबरोन
प्रिटोरिया
जोहान्सबर्ग
मापूतो
इन्येमबैने
स्वाज़ीलैंड
एम्बाबाने
लुडरित्स
कैटमान्त्सहोप
किम्बर्ले
वाल
आरिंज
ब्लूमफोंटेन
मजेरू
लेसोटो
डर्बन
दक्षिण अफ्रीका
ईस्ट लंदन
वूस्टर
ब्यूफोर्ट
केपटाऊन
पोर्ट एलिज़ाबेथ
हिंद महासागर
पैमाना 0 370 किमी

वार्षिक वर्षा एवं तापमान

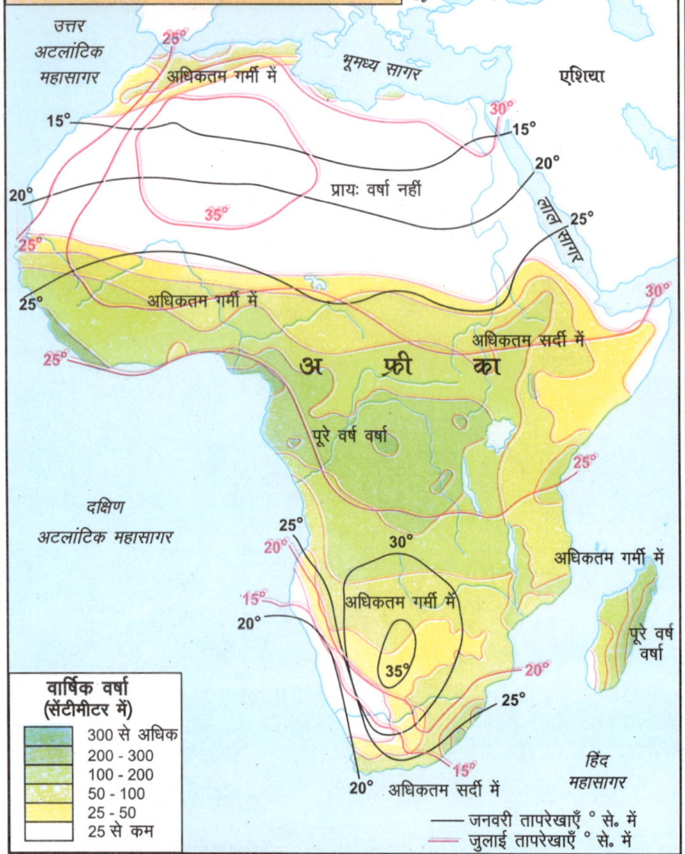

प्राकृतिक वनस्पति, प्राकृतिक खण्ड एवं कृषि

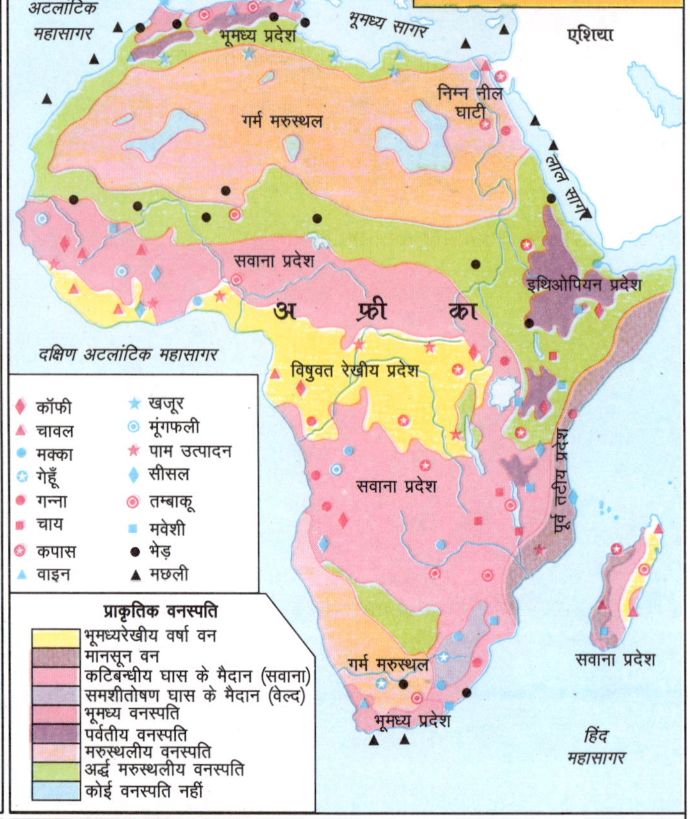

भूमि उपयोग, खनिज एवं औद्योगिक नगर

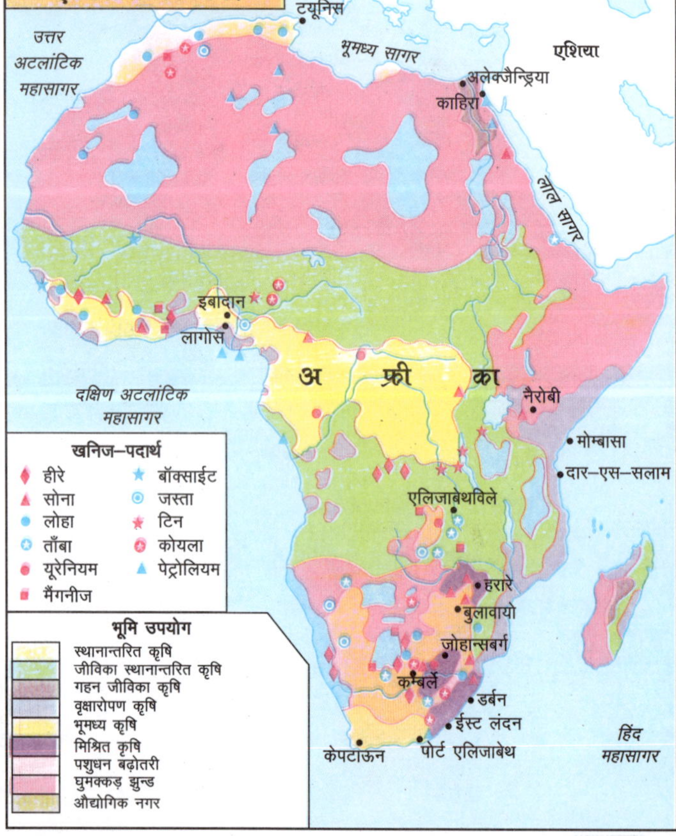

जनसंख्या घनत्व

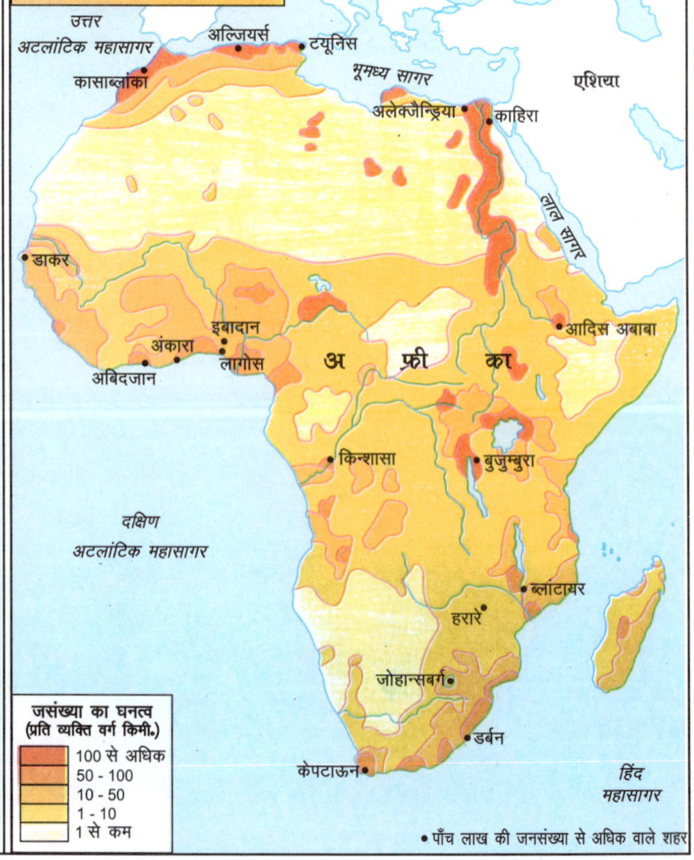

ऊँचाई मीटर में
4000
2000
1000
500
200
0 समुद्र सतह
200
1000
2000
4000
पैमाना 0 210 किमी
आर्कटिक महासागर
नार्वेजियन सागर
उत्तर अटलांटिक महासागर
उत्तर सागर
बाल्टिक सागर
काला सागर
कैस्पियन सागर
एड्रियाटिक सागर
टिरीनियन सागर
बिस्के की खाड़ी
अफ्रीका
एशिया
यूराल पर्वत श्रेणी
काकेशस पर्वत
एल्ब्रुस 5642
आल्प्स
माउंट ब्लांक 4807
कार्पेथियन पर्वत
पिरेनीज
मध्यवर्ती रूसी उच्च भूमि
मास्को
कीयेफ
मिन्स्क
विलनियस
रीगा
तालिन
हेलसिंकी
स्टॉकहोम
ओस्लो
कोपनहेगन
बर्लिन
वार्सा
प्राग
वियेना
बुडापेस्ट
बुखारेस्ट
सोफिया
बेलग्रेड
ज़ाग्रेब
ल्युबलाना
सारायेवो
स्कोप्ये
तिराना
एथेंस
रोम
वेलेटा
बर्न
पेरिस
ब्रुसेल्स
एम्स्टर्डम
लंदन
डब्लिन
रेकजाविक
आइसलैंड
मैड्रिड
लिस्बन
त्बिलिसि
येरेवान
बाकू
किशिनेफ
फ्रांस का मैदान
हंगरी का मैदान
जर्मनी का मैदान
लोम्बार्डी का मैदान
एपीनाइन पर्वत
दिनारिक आल्प्स
पेलोपोनीज़ प्राय
माउंट एटना 3340
माउंट ओलिम्पस 2911
कोर्सिका
सार्डीनिया
सिसिली
क्रीट
क्रीमिया
अज़ोव सागर
इंग्लिश चैनल
जिब्राल्टर जल.

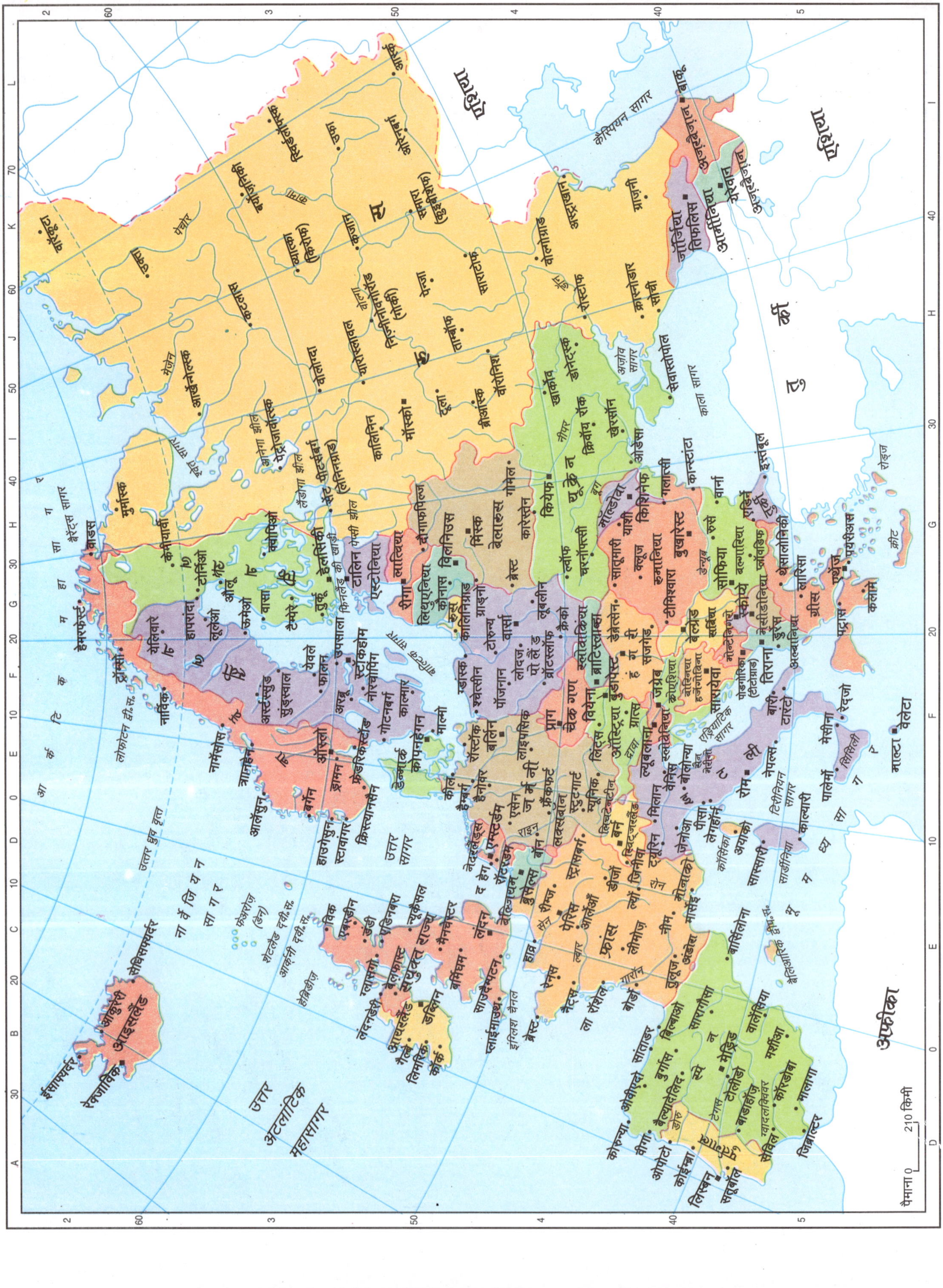

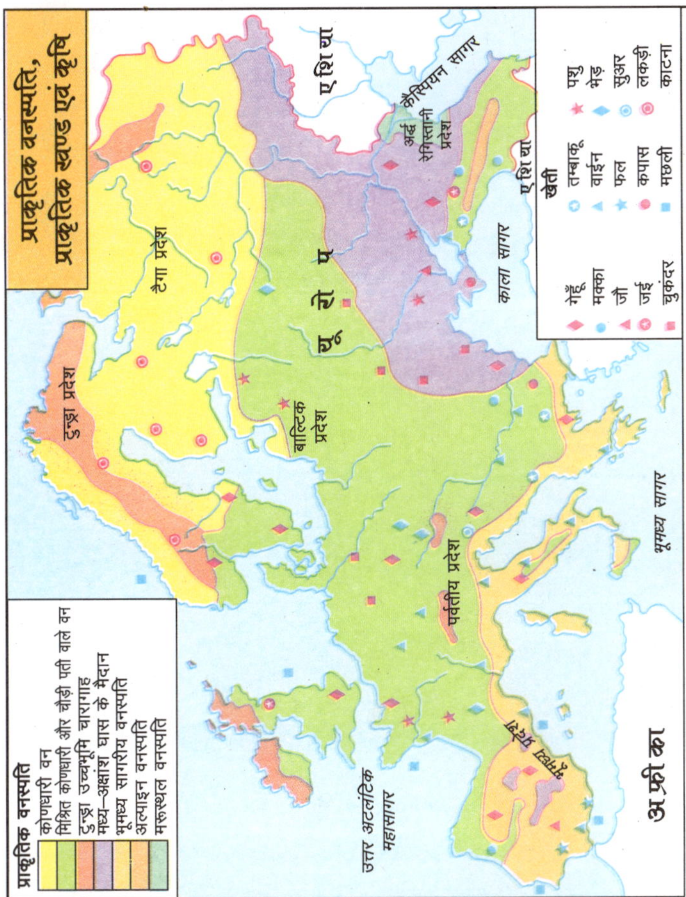
प्राकृतिक वनस्पति, प्राकृतिक खण्ड एवं कृषि
प्राकृतिक वनस्पति
कोणधारी वन
मिश्रित कोणधारी और चौड़ी पत्ती वाले वन
टुन्ड्रा उच्चभूमि चारागाह
मध्य-अक्षांश घास के मैदान
भूमध्य सागरीय वनस्पति
अल्पाइन वनस्पति
मरूस्थल वनस्पति
खेती
गेहूँ
मक्का
जौ
जई
चुकंदर
तम्बाकू
वाईन
फल
कपास
मछली
पशु
भेड़
सुअर
लकड़ी
काटना
टुन्ड्रा प्रदेश
टैगा प्रदेश
बाल्टिक प्रदेश
पर्वतीय प्रदेश
अर्द्ध रेगिस्तानी प्रदेश
यू रो प
ए शि या
अ फ्री का
उत्तर अटलांटिक महासागर
भूमध्य सागर
काला सागर
कैस्पियन सागर

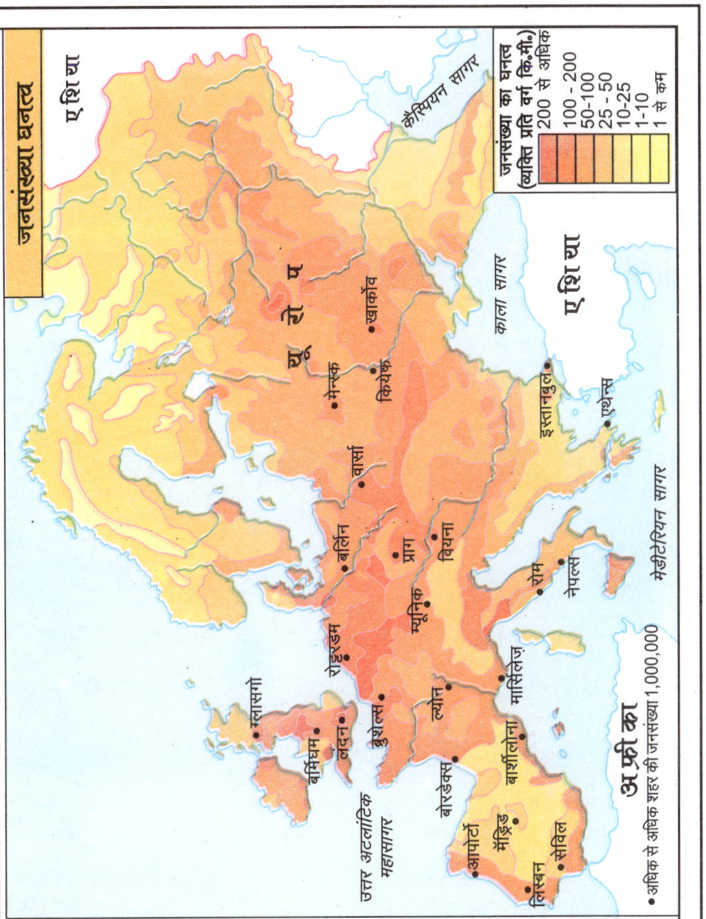
जनसंख्या घनत्व
जनसंख्या का घनत्व (व्यक्ति प्रति वर्ग कि.मी.)
200 से अधिक
100 - 200
50-100
25 - 50
10-25
1-10
1 से कम
• अधिक से अधिक शहर की जनसंख्या 1,000,000
ग्लासगो
बर्मिंघम
लंदन
ब्रुसेल्स
रोट्टरडम
बर्लिन
वार्सा
प्राग
वियना
म्यूनिक
ल्यान
मार्सेलिज
बार्सिलोना
बोरडेक्स
मेड्रिड
आपोर्टो
लिस्बन
सेविल
रोम
नेपल्स
एथेन्स
इस्तानबुल
कियेफ
खारकोव
मेन्स्क
यू रो प
ए शि या
अ फ्री का
उत्तर अटलांटिक महासागर
मेडीटेरियन सागर
काला सागर
कैस्पियन सागर

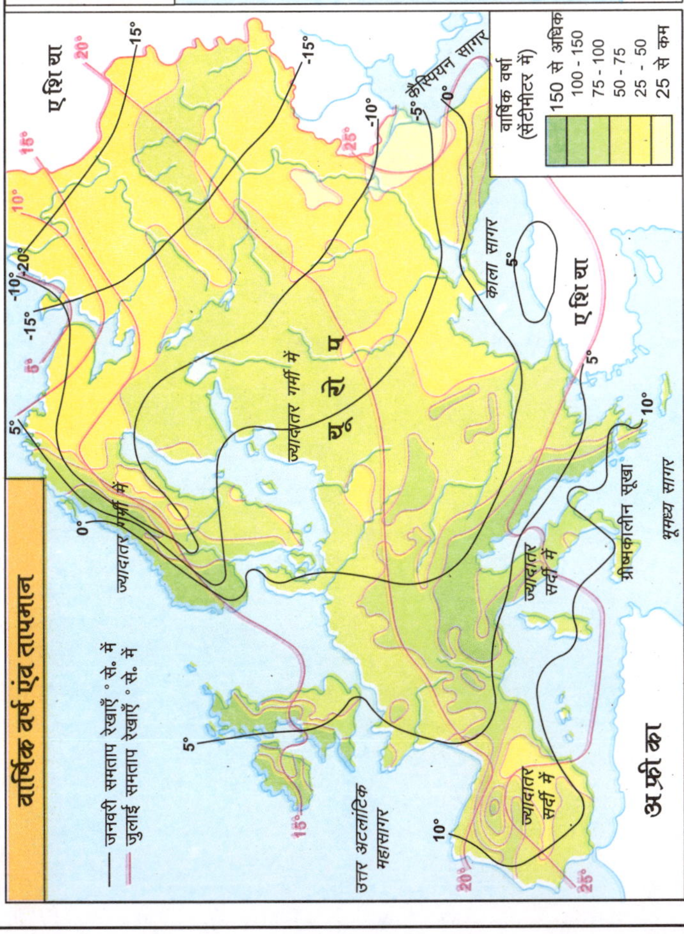
वार्षिक वर्षा एवं तापमान
जनवरी समताप रेखाएँ ° से. में
जुलाई समताप रेखाएँ ° से. में
वार्षिक वर्षा (सेंटीमीटर में)
150 से अधिक
100 - 150
75 - 100
50 - 75
25 - 50
25 से कम
ज्यादातर गर्मी में
ज्यादातर सर्दी में
ग्रीष्मकालीन सूखा
यू रो प
ए शि या
अ फ्री का
उत्तर अटलांटिक महासागर
भूमध्य सागर
काला सागर
कैस्पियन सागर

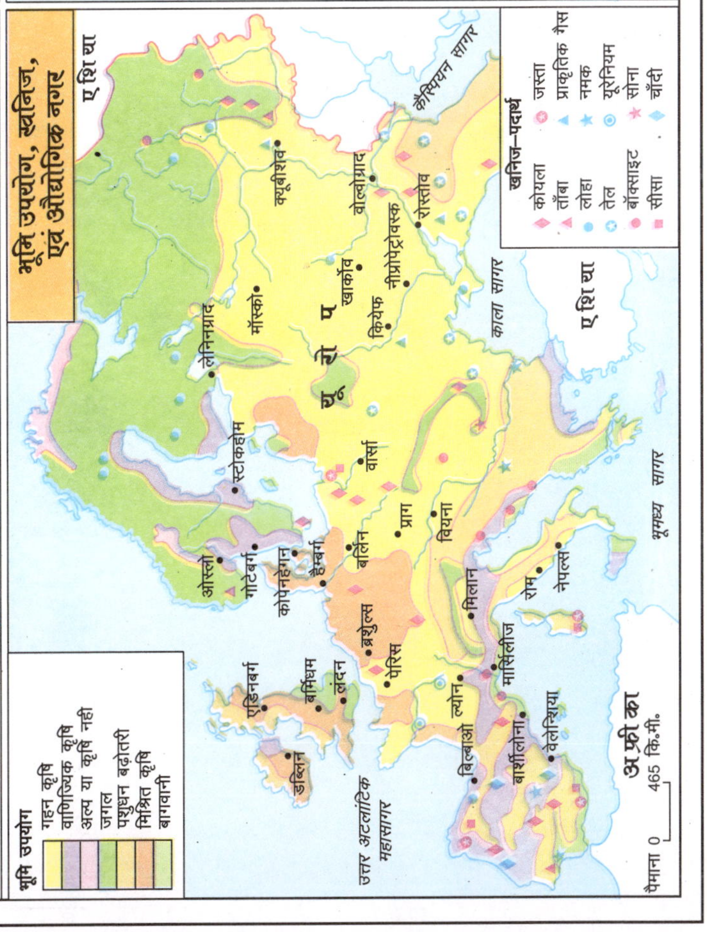
भूमि उपयोग, खनिज, एवं औद्योगिक नगर
भूमि उपयोग
गहन कृषि
वाणिज्यिक कृषि
अल्प या कृषि नहीं
जंगल
पशुधन बढ़ोतरी
मिश्रित कृषि
बागवानी
खनिज-पदार्थ
कोयला
ताँबा
लोहा
तेल
बॉक्साइट
सीसा
जस्ता
प्राकृतिक गैस
नमक
यूरेनियम
सोना
चाँदी
पैमाना 0 465 कि.मी.
डबलिन
एडिनबर्ग
बर्मिंघम
लंदन
पेरिस
ब्रुसेल्स
ओस्लो
गोटेबर्ग
कोपनहेगन
हैम्बर्ग
बर्लिन
स्टोकहोम
लेनिनग्राद
मॉस्को
वार्सा
प्राग
वियना
मिलान
मार्सेलिज
ल्यान
बिल्बाओ
बार्सिलोना
वेलेंशिया
रोम
नेपल्स
कियेफ
खारकोव
नीप्रोपेट्रोवस्क
रोस्तोव
वोल्वोग्राद
क्यूबीशव
यू रो प
ए शि या
अ फ्री का
उत्तर अटलांटिक महासागर
भूमध्य सागर
काला सागर
कैस्पियन सागर

A
B
C
D
E
F
G
फैर द्वीप
वेस्ट्रे
सेंडे
ओकनी द्वी.स.
मेनलैंड
स्ट्रोंसे
क्रिकवॉल
किरकवाल
होय
दक्षिण रोनाल्डसे
जोनोग्रोट्स
उंस्ट
यैल
फैटर
शैटलैंड द्वी.स.
मेनलैंड
लेरविक
फैर द्वीप
केप व्राथ
थुर्सो
विक
हेल्मसडोले
स्टोर्नोवे
लेविस
लोईरग
उल्लापूल
गोलस्पे
सेंट किल्डा
नार्थ हेब्रिड्स
उत्तर उईस्ट
इन्नर हेब्रिड्स
दक्षिण उईस्ट
तोइन
मोरे फिर्थ
इनवरगोर्डोन
डिंगवाल
नैर्न
एल्गिन
बुकी
बेन्फ
फ्रेसरबर्ग
हुन्टले
पीटरहेड
पोर्टी
स्काये
इंवेरनेस
इन्वेरूरी
एबरडीन
एवीमोरे
बारा
रूम
मलेग
इजी
स्कॉटलैण्ड
बैल्लाटर
स्टोनहोवेन
कोल
फोर्ट विलियम
फॉरफॉर
मोन्ट्रोसे
उत्तर सागर
उत्तर अटलांटिक महासागर
टिरी
टोबरमोरे
डुंडी
एरबॉथ
ओबन
पर्थ
सेंट एंड्रयूस
किरकाल्डे
जुरा
ग्रीनोक
स्टिरलिंग
डुनफर्मलीन
फिर्थ व फोथ
डुंबर
एडिनबर्ग
इसले
ग्लासगो
बेरविक
ईस्ट किलब्राइड
गोलशील्ड
आरेन द्वी.
मलिन हेड
उत्तर चैनल
फिर्थ ऑफ क्लाइड
एयर
फेदबर्ग
एलविक
बेनक्रेना
कोलेराइने
लंदनडेरी
डुमफ्रिस
हाविक
बल्लीमाने
लेटरकेन
उत्तरी आयरलैण्ड
संयुक्त राज्य
न्यूकेसल
लार्ने
अरैन द्वी.
डोनेगल
बैंगोर
साउथ शील्ड्स
कार्लिस्ले
सुदरलैंड
लूसे की खाड़ी
सोल्वे फिर्थ
ओरनघ
बेलफास्ट
बुन्डोरों
पोर्टाडौन
लुरगन
मिड्ल्सबर्ग
वाईटहबेन
स्कन्थ्रोप
इन्सिकिले
आर्मेघ
इसले ऑफ मेन
बल्लिना
स्लिगो
केंडल
हरोगेट
स्कॉरबर्ग
न्यूरी
केसलब्लोनी
डगलस
कास्टलेबर
लेलट्रिम
केवोन
डुंडलक
लंकास्टर
मोरेकम्बे खाड़ी
यॉर्क
वेस्टपोर्ट
ब्रैडफोर्ड
लॉगफोर्ड
मार
ड्रोघेड़ा
रॉसकोमॉन
ब्लैकपूल
प्रेस्टन
लीड्स
हुल
आईरिस सागर
हुड्सफील्ड
इस्पुम हेड
गाल्वे
एथलोने
मुल्लीनगर
डबलिन
लीवरपूल
मेनचेस्टर
डोनकास्टर
ग्रीम्सबे
बल्लिनोलॉई
तुलमोरे
होलीहेड
चेस्टर
शेफील्ड
लिंकन
ऑयरलैण्ड
ब्रे
कोन्वे
दी वास बे
इनिस
आथे
क्रोमर
पोर्ट लाओसे
स्टोक ऑन ट्रेन्ट
डर्बी
नॉटिंघम
किलरश
नेनघ
कार्लो
आर्कलो
किंग्स लेन
ग्रेट यॉरमाउथ
लेलट्रिम
किलकेनी
टेलफोर्ड
स्टेफोर्ड
लीसेस्टर
पीटरबर्ग
थुरलेस
नॉरविच
लिस्टोवल
कार्डिगन की खाड़ी
बर्मिंघम
लोवेस्टोफ्ट
टिप्पेरारी
केरिक-ऑन-सुरे
वेक्सफोर्ड
ट्रेली
सेवर्न
कोवेंट्री
इंग्लैण्ड
डिंगले
मैलो
वाटरफोर्ड
अबेरिस्ट्वीट
रॉसलारे
बेडफोर्ड
कैंब्रिज
इप्सविच
किल्लरने
वेल्स
वोरसेस्टर
नॉर्थम्प्टन
सेंट जॉर्ज चैनल
फिशगार्ड
हेरेफोर्ड
मिल्टन कींस
यूघल
कॉर्क
कोलचेस्टर
करनॉथेन
चेलटेनहॉम
बेरीडोन
ब्रेकन
लूटॉन
बैंटरी
ग्लूकस्टर
ऑक्सफोर्ड
चैम्सफोर्ड
थेम
न्यूपोर्ट
स्वीडन
लंदन
साउथएण्ड
स्लो
स्वानसी
कार्डिफ
ब्रिस्टल
रीडिंग
ग्रीनविच
मारगेट
ब्रिस्टल चैनल
बाथ
गिल्डफोर्ड
कैंटरबरी
डोवर
क्राडले
बर्नास्टेपी
टॉनटोन
सेलिसबरी
विंचेस्टर
फोल्केस्टोन
बूडे
साउथेम्पटन
बृघटॉन
हेस्टिंग्स
बॉर्नमाउथ
पॉले
पोर्ट्समाउथ
एक्सेटर
प्लाईमाउथ
टॉरक्वे
वीमाउथ
इंग्लिश चैनल
टूरों
पेंजास
पैमाना 0 50 कि.मी.
इसले ऑफ सिसिली

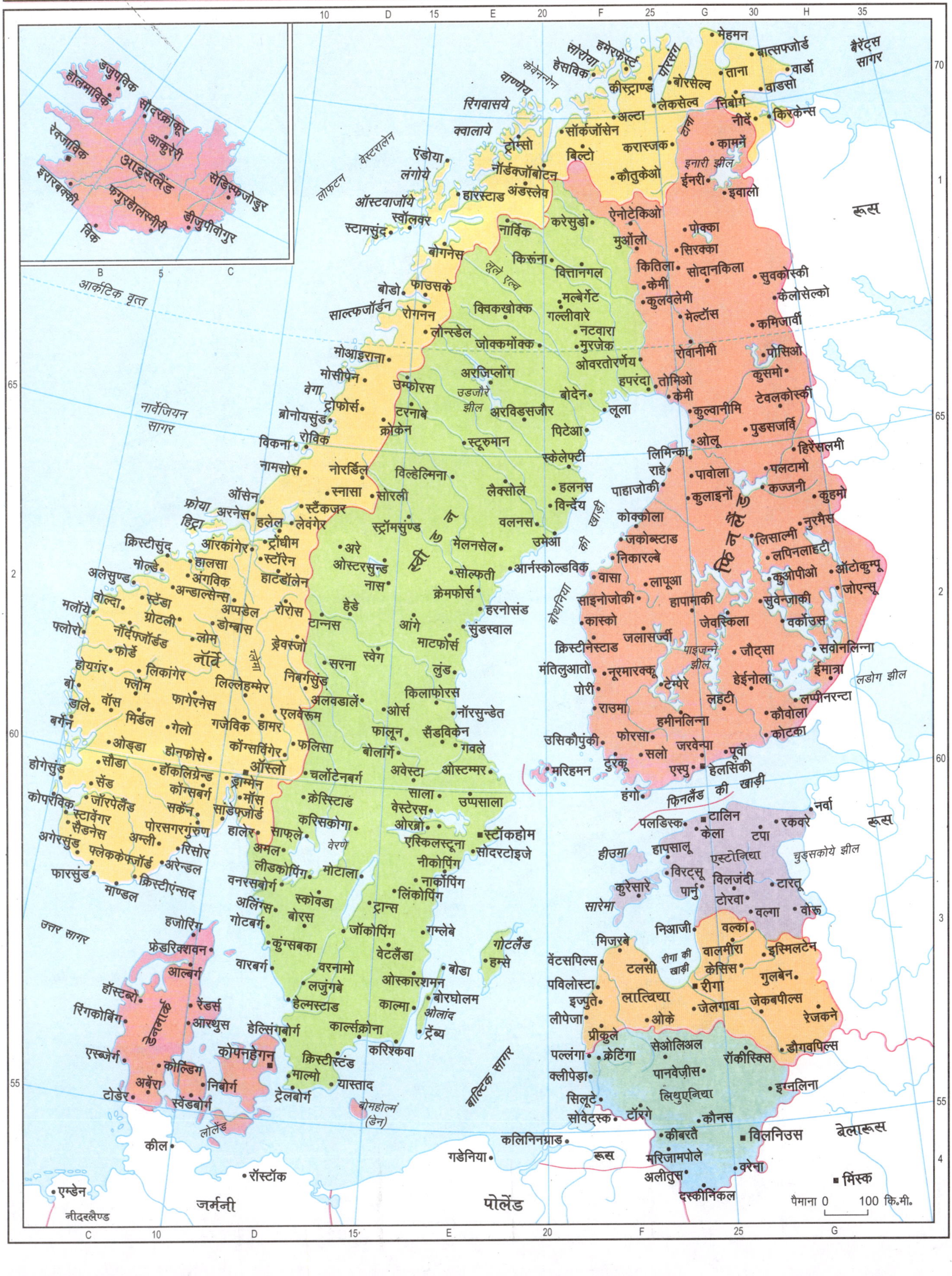
आइसलैंड
रेक्जाविक
हौलमाविक
उजुपुविक
सौदरक्रोकुर
आकुरेरी
सेडिसफजोडुर
इशारबक्की
फगुरहोलस्मीरी
डीजुपीवोगुर
विक
आर्कटिक वृत्त
नार्वेजियन सागर
उत्तर सागर
बैरेंट्स सागर
मेहमन
बात्सफजोर्ड
वार्डो
वाडसो
ताना
हमरफेस्ट
हैसविक
सोरोया
कीस्ट्राण्ड
बोरसेल्व
लेकसेल्व
किरकेन्स
निबोर्ग
नीदें
अल्टा
सॉर्कजॉसेन
रिंगवासये
क्वालाये
ट्रोम्सो
बिल्टो
कराख्जक
कामनें
इनारी झील
ईनरी
इवालो
कौतुकेओ
नॉर्डक्जॉबोटन
अंडस्लेव
हारस्टाड
एंडोया
लंगोये
लोफटन
वेस्टरालेन
ऑस्टवाजॉय
स्टामसुंद
स्वॉलवर
नार्विक
करेसुडो
ऐनोटेकिओ
मुओंलो
पोक्का
सिरक्का
किरुना
वित्तानगल
कितिला
सोदानकिला
कैमी
सुवकोस्की
कैलोसेल्को
कुलवलेमी
मेल्टॉस
बोगनेस
बोडो
फाउसके
साल्टफजॉर्डन
रोगनन
लॉन्स्डेल
क्विकखोक्क
मल्बेर्गेट
गल्लीवारे
नटवारा
मुरजेक
जोक्कमोक्क
ओवरतोरर्णेय
रोवानीमी
कमिजार्वी
पोसिओ
कुसमो
टेवलकोस्की
मोआइराना
मोसीपेन
वेगा
उम्फोरस
अरजिप्लॉग
उड्जौर झील
अरविड्सजौर
बोदेन
हपरंदा
तोमिओ
कैमी
लूला
कुल्वानीमि
पुड्सजर्वि
ट्रोफोर्स
ब्रोनोयसुंड
टरनाबे
क्रोकेन
पिटेआ
विकना
रोविक
स्टूरुमान
ओलू
हिरेंसलमी
स्केलेफ्टी
लिमिन्का
राहे
पावोला
पलटामो
कज्जनी
कुहमो
नामसोस
नोरर्डिल
विल्हेल्मिना
लैक्सोले
हलनस
विन्देय
पाहाजोकी
कुलाइनों
ऑसेन
फ्रोया
अरनेस
स्नासा
सोरली
स्टैंकजर
हिट्रा
हलेल
लेवेंगेर
स्ट्रॉमसुण्ड
वलनस
उमेआ
कोक्कोला
जकोबस्टाड
लिसाल्मी
नुरमैस
क्रिस्टीसुंद
आरकांगेर
ट्रोंधीम
स्टॉरेन
अरे
ओस्टरसुन्ड
नास
मेलनसेल
निकारल्बे
लपिनलाहटी
मोल्डे
हालसा
अंगविक
अन्डाल्सेन्स
हाटडॉलेन
सोल्फती
आर्नस्कोल्डविक
वासा
लापूआ
कुओपीओ
ऑटोकुम्पू
जोएन्सू
अलेसुण्ड
वोल्दा
स्टेंडा
मलॉये
अप्पडेल
रौरोस
हेडे
क्रेमफोर्स
हरनोसंड
बोथनिया की खाड़ी
साइनोजोकी
हापामाकी
सुवेन्जाकी
फ्लोरो
ग्रोटली
नॉर्दफजॉर्डस
डोम्बास
लोम
टान्नस
आंगे
सुंडस्वाल
कास्को
जलासर्जी
जेवस्किला
वर्कौउस
फोर्डे
द्रेवस्जो
माटफोर्स
क्रिस्टीनेस्टाड
पाइजन्ने झील
जौट्सा
सवोनलिन्ना
होयगर
लिकांगेर
नॉर्वे
स्वेग
सरना
लुंड
मंतिलुआतो
नूरमारक्कू
ईमात्रा
लडोग झील
बो
फ्लोम
लिल्लेहम्मेर
निबर्गसुंड
किलाफोरस
पोरी
टेम्पेरे
हेईनोला
डाले
वॉस
फागेरनेस
अलवडालें
ओर्स
नॉरसुन्डेत
राउमा
लहटी
लप्पीनरन्टा
बर्गेन
मिर्डल
गेलो
गजेविक
हामर
एलवेरूम
फालून
सैंडविकेन
हमीनलिन्ना
कौवोला
ओड्डा
होनफोसे
कोंग्सविंगेर
फलिसा
बोलांगे
गवले
उसिकौपुंकी
फोरसा
जरवेन्पा
कोटका
हौगेसुंड
सौडा
हॉकलिग्रेन्ड
ऑस्लो
चर्लोटेनबर्ग
अवेस्टा
ओस्टम्मर
मरिहमन
टुरकू
सलो
पूर्वो
एस्पू
हेलसिंकी
सेंड
कोंग्सबर्ग
ड्राम्मेन
मॉस
साला
उप्पसाला
हंगो
फिनलैंड की खाड़ी
कोपरविक
जॉरपेलैंड
स्टावेंगर
सर्कैन
सार्डेफजोर्ड
क्रेस्टिडाड
वेस्टेरस
पलडिस्क
टालिन
केला
रकवरे
नर्वा
रूस
सैंडनेस
पोरसगरगुरुण
हालेर
साफ़ले
करिसकोगा
ओरब्रो
स्टॉकहोम
टपा
अगेरसुंड
अम्ली
रिसोर
अमल
वेरर्ण
एस्किलस्टूना
सोदरटोइजे
हीउमा
हापसालू
एस्टोनिया
चुड्सकोये झील
फ्लेककेफजॉर्ड
अरेन्डल
लीडकोपिंग
मोटाला
नीकोपिंग
फारसुंड
क्रिस्टीएंन्सद
वनरसबोर्ग
नार्कोपिंग
विरट्सू
विलजंदी
टारतू
माण्डल
अलिंग्स
स्कोवडा
लिंकोपिंग
कुरेसारे
पार्नु
टोरवा
सारेमा
गोटबर्ग
बोरस
ट्रान्स
वल्गा
वोरू
हजोरिंग
जॉकोपिंग
गाम्लेबे
निआजी
वल्का
फ्रेडरिक्शवन
कुंग्सबका
वेटलैंडा
गोटलैंड
हम्से
मिजरबे
रीगा की खाड़ी
वालमीरा
इस्मिलटेन
वारबर्ग
आल्बर्ग
वरनामो
वेंटसपिल्स
टलसी
केसिस
गुलबेन
हॉस्टब्रो
लजुंगबे
ओस्कारशमन
बोडा
पविलोस्टा
रीगा
रेंडर्स
डेनमार्क
हेल्मस्टाड
काल्मा
बोरघोलम
इज्पुते
लात्विया
जेलगावा
जेकबपील्स
रिंगकोबिंग
आरथुस
आलांद
लीपेजा
ओके
रेजकने
हेलसिंगबोर्ग
कार्ल्सक्रोना
ट्रेंब्य
प्रीकुले
सेओलिअल
डौगवपिल्स
एस्ब्जेर्ग
कोपनहेगन
क्रिस्टिस्टंड
करिश्कवा
बाल्टिक सागर
पल्लंगा
क्रेटिंगा
रॉकीस्किस
कोल्डिंग
माल्मो
क्लीपेड़ा
पानवेज़ीस
अबेंरा
निबोर्ग
यास्ताद
इग्नलिना
टोंडर
स्वेंडबोर्ग
ट्रेलबोर्ग
लिथुएनिया
सिलूटे
बोर्नहोल्म (डेन)
सोवेट्स्क
टॉरगे
कौनस
लोलैंड
विलनिउस
बेलारूस
कील
कलिनिनग्राड
कीबरतै
गडेनिया
रूस
मरिजामपोले
रॉस्टॉक
अलीतुस
वरेना
मिंस्क
एम्डेन
जर्मनी
पोलैंड
दस्कीनिंकल
पैमाना 0 100 कि.मी.
नीदरलैण्ड

उत्तर अटलांटिक महासागर
उत्तर सागर
नॉर्वे
डेनमार्क
एबरडीन
ओबन
ग्लासगो
एडिनबर्ग
एलनविक
न्यूकेसल
कार्लिस्ले
डार्लिंगटन
लंदनडेरी
स्लीगो
बेलफास्ट
वेस्टपोर्ट
ड्रोघेडा
गॉल्वे
आयरिश सागर
आयरलैण्ड
डब्लिन
लिमरिक
ट्रैली
वेक्सफोर्ड
कॉर्क
सेंट जॉर्ज चैनल
लीवरपूल
लीड्स
शेफील्ड
संयुक्त राज्य
नॉटिंघम
ओबरिट्वीथ
स्वॉनसी
ब्रिस्टल चैनल
ऑक्सफोर्ड
कैम्ब्रिज
बार्नस्टपल
ब्रिस्टल
चैम्सफर्ड
लंदन
साउथहैम्पटन
पैनजोस
टॉर्बे
प्लाईमाउथ
डोवर
इंग्लिश चैनल
कैप डेल हैग
चैनल द्वी. (सं.रा.)
ग्रोनिंगन
नीदरलैंड्स
हार्लेम
हेग
एम्स्टर्डम
मेप्पल
रॉटरडम
अर्न्हेम
डुरडरेक्ट
ब्रेडा
निजमेगन
ब्रुगे
एंटवर्प
आइंधोवेन
वेनलो
कलेस
घेंट
ब्रसेल्ज़
बैरक
लिल्ले
बेल्जियम
नामूर
डिप्पे
लेंस
चार्लेराई
लिएगे
जर्मनी
ब्रेस्ट
ली हाव्रे
रोएंन
अमीन्स
अरास
रैन्नीस
सेंट मालो
विरे
साइन
क्रील
लाओं
लक्सम्बर्ग
लोरिएंट
वान्नेस
ली मैन्स
एवरेक्स
पेरिस
रीम्स
सेंट. नज़ैरे
लावल
मेलूनं
चलांस
मेट्ज़
नन्टेस
अंगिरस
ब्लोईस
ऑर्लेन्स
ट्रोयस
स्ट्रासबर्ग
टूर्स
बोर्गेस
चौमोंट
एपिनल
लॉ रोशैल्ले
पोइटियर्स
फ्राँस
डिजों
मुलहाउस
मुल्हीम
निओरत
चटोरोक्स
बेसल
ज़ुरिच़
बिस्के की खाड़ी
अंगोलेमे
लिमोगेस
गुएरेट
मौलिंस
बेसनकों
लिचटेनटीन
बर्न
ऑस्ट्रिया
लेसपार
लौसाने
स्विट्ज़रलैण्ड
पेरिगुएक्स
क्लेरमोंट फरांड
रोएन्ने
जिनेवा
बोर्डेऑक्स
ब्रीवे
सेंट एस्टिने
ल्योंन
मिमिज़ान
मारमांडे
औरिलोक
वालेंस
चेम्बेरी
ग्रेनोवल
बायोंने
अगेन
अल्बी
मेंडे
राइन
इ ट ली
पाऊ
नीस
एविगनों
मॉन्टपेलियर
बेजियर्स
नाइस
मोनाको
परपिगनन
मार्सील्ले
केनेस
लायन्स की खाड़ी
टौलों
लीगुरियन सागर
कैप कोरसे
लिवोर्नो
बास्टिया
कोर्सिका (फ्रांस)
ईबा
अजासिओ
बेनिफेसिओं
बेनिफसिओं जलसंधि
सस्सारी
न्योरो
सार्डिनिया (इटली)
कैग्लरी
टिरीनियन सागर
ला कोरूनाया
फेरोल
सेंटिआगो
गिजोन
लुगो
ओवीएदो
सैन्टेन्डर
बिल्बाओ
बीगो
लीओन
बारासाल्दो
सन सेबेस्टियन
ब्रागा
ओरेंसे
पेलेसिआ
विटोरिया
पोर्टो
ज़मोरा
बुरगोस
वल्लाडोलिड
पैम्पलैना
कोइम्ब्रा
सालामांका
टोरडेसिला
लोग्रोनो
फातिमा
पुर्तगाल
सोविल्ला
मेडिना
अन्डोरा
संटारिम
अविला
स्पेन
मेदिनकिले
लेईडा
फिगुएरेस
लिस्बन
मैड्रिड
जारागोज़ा
गरोना
बड़ाजोज़
कैसेरेस
गेटाफे
अलकाला
हॉस्पिटलेट
बार्सिलोना
सेटूबल
एवोरा
मेरीडा
टोलेडो
टोरटोसा
टेरागोना
टेरेसा
सिनेस
बेज़ा
ग्वाडियाना
पुरटोलानों
कस्टेलो
विनारोस
मेनोरका
लागोस
फारो
वेलेंशिया
कोर्डोबा
अल्बासेटे
हुइलवा
लिनारेस
पाल्मा
मलोरका
कैडीज़ की खाड़ी
सेविला
डेनिया
इबिज़ा
जाइन
इल्चे
मुर्सीया
अलिकान्ते
कडीज़
बैलिआरिक द्वीप.स.
जेरेज़
ग्रेनाडा
लोरका
सन फर्नांडो
मलागा
अलमेरिया
कार्टागेना
ला लीना
जिब्राल्टर ज.सं.
जिब्राल्टर
अफ्रीका
कैबो द गाटा
मेडीटिरीनियन सागर
पैमाना 0 100 कि.मी.
C 5 D 0 E 5 F 10 G
3 50 4 45 5 40 6
2 55 3 50 4 45 5 40 6

डेनमार्क
फिनलैंड
एस्बजेर्ग
ओडन्से
कोपनहेगेन
माल्मो
बाल्टिक सागर
बोमहोल्म
पालांगा
क्लीपेड़ा
टेल्सीआई
रेडविलिस्क्स
टॉरंगे
पानवेज़ीस
लिथुएनिया
लात्विया
इनलिना
पोलॉस्क
हियबोकये
रूस
सोवेट्स्क
नेमन
कोनस
कालनिनिग्राड
रूस
विलनिउस
बाल्टियस्क
ओर्शा
समरहो
मिंस्क
महिल्यो
क्रीचाव
फ्लेंस्बर्ग
कील
अल्टफेर
कोस्जलिन
तक्जेव
इल्बेग
सुवालकी
वरेना
लिडा
बे ला रू स
ब्रेमरहवेन
लूबैक
रॉस्टॉक
ओल्डेनबर्ग
हेमबर्ग
सजक्ज़सेन
सजक्ज़ेसनेक
ग्रुडजिआड्ज
इल्क
ओल्ज्यने
सोकोलका
नेदरलैण्ड्स
ब्रेमेन
लोहने
स्लेज़वेडेल
विट्टेनबर्ग
सजक्सेज़न
गोरज़ो
पिला
तोरून
लोम्ज़ा
बिआलिस्टक
सलोनिम
बरनविचे
स्लुट्स्क
बब्रुयस्क
प्रिप्यत
एम्स्टर्डम
ओस्नाब्रुक
हनोवर
स्टेनडेल
बर्लिन
विलकोपोल्स्की
आइनोरूलो
क्लोक्लाजस्क
पुलटुस्क
हंस्टाविचे
मुंस्टर
बिलेफील्ड
पॉट्सडैम
पोज़ान
कोनिन
प्लॉक
वार्सा
गुटरस्लोह
मग्डेबर्ग
गुबेन
बोचूम
डॉर्टमुंड
पडरबॉर्न
डिस्साऐं
कोटबुस
लेस्ज़नो
केलिस्ज
पो ले ण्ड
ग्रोजेक
ब्रेस्ट
पिंस्क
मज्येर
बेल्जियम
डुसलडॉर्फ
कोलोन
कसेल
जर्मनी
लाइपजिग
ऑस्ट्रो
लोड्ज
राडॉम
बोन
सीगेन
एरफर्ट
गेरा
गोर्लिट्ज़
लेग्निका
केप्नो
पिओटकोव
चेल्म
कोब्लेंज
फुलडा
जेना
ड्रैसडेन
व्रोक्लॉव
सजेस्टोकोवा
कील्स
लुबलिन
लुटस्क
जिटोमीर
कियेफ
बीसबडेन
फ्रेंकफर्ट
झीकाओ
हराडेक क्रालोवे
बीटोम
स्टालोवा वोला
लक्सम्बर्ग
लक्समबर्ग
डार्मस्टड
बुजबर्ग
प्राग
ग्लिइस
सोस्नावीस
रज़ेसजोव
मैनहीम
एलेरगेन
पल्ज़ेन
परडुबिसे
ओस्ट्रावा
क्रैको
टर्नोव
यू क्रे न
हाईडलबर्ग
नूरनबर्ग
चेक गणराज्य
ओलोमोस
प्रजेमिस्ल
कार्ल्सरूहे
स्टुटगार्ड
रेगेन्सबर्ग
केर्स्क बुडेजेविक्से
ज़िलीना
बरनो
फ्रांस
आईवानो-फ्रेंकिवस्क
बंस्का बिस्ट्रिका
कोसिसे
मुल्हाउस
फ्रीबर्ग
बिबेरच
ऑग्सबर्ग
पसाउ
हॉर्न
लिंज़
क्रीम्स
स्लोवाकिया
सोरोका
मॉल्डोवा
रिबनिटा
बासेल
म्यूनिक
वेल्स
वियेना
ब्राटिस्लावा
मिसकोल्क
नरेजीहाज़ा
ज़ुरिच
डोरबिंन
से.पाल्टेन
बडेन
एगेर
सातु मारे
बोटोसनी
बाल्टी
बर्न
लिचटेनटीन
सोल्ज़बर्ग
ग्योर
बुडापेस्ट
डेब्रीकेन
आरही
स्विट्जरलैण्ड
इन्सबुर्क
ऑस्ट्रिया
हंगरी
बिस्ट्रीटा
किशिनेफ
लुसाने
ग्रेज़
सेजक्फसेवार
सेगलेड
ओरेड़ा
जलाउ
पिआट्रा नीम्ट
बकाउ
फ्रांस
से.वीट
ब्रिग
लुगानो
बोल्ज़नो
बेकेसकसेबा
क्लूज नापोसा
टिरगु मुरेस
कोमरट
ट्रेन्टो
उदीने
ल्यूबलाना
वराज़दीन
कपोसवार
स्जिगेड
मोन्ज़ा
बेर्गमो
ट्रेविसो
स्लोवेनिया
ज़ग्रेब
पेक्स
सुबोटिका
अरड
रोमानिया
फोक्सानी
काहुल
मिलान
टोरिनो
ब्रेसिआ
वेरोना
ट्राईस्टे
कर्लोवे
ओसिजेक
किकिंदा
टिमिसोरा
सीबयू
ब्रासोव
प्यासेंजा
रोविगो
वेनेज्यिा
रिजेका
क्रोएशिया
नोवी साड
रेसिता
टिरगु जियू
प्लोइस्टी
बुझाउ
इज़मैल
सुनेओ
जिनोवा
मोडेना
पूला
क्रेस
बान्जा लुका
बोस्निया हर्जेगोविना
बेलग्रेड
टुर्नू सेवेरिन
पिटेस्टी
इम्पीरिया
ला स्पेजिआ
बोलोग्ना
रवेन्ना
लोसिन्ज
गोसपिओ
टुज्ला
क्राइओवा
स्लाटिना
बुखारेस्ट
कालरसी
फोर्ली
डुगी
जदार
सर्बिया
मोनाको
पिसा
सॅन मरीनो
रिमीनी
ओटक
कनिन
जेनिका
एलेक्जेंड्रिआ
सिलिस्त्रा
लिगुरियन सागर
प्रोर्ट
लेघोर्न
इ ट ली
एनकोना
स्पिट
सारायेवा
कसक
विडिन
रूसे
वार्ना
काला सागर
पोबिनो
पेरूगिआ
कॅमेरिनो
सोल्टा
होवर
मॉस्टर
नोवीपोजार
निस
प्लेविन
गबरोवो
शुमने
कॅल्वी
ग्रोसेटो
ईल्बा
अस्कोली पिकेनो
कोरकुला
मोल्टेनेग्रो
प्रेसटिना
लेस्कोवाक
सोफिया
बुल्गारिया
बर्गस
कोर्सिया (फ्रांस)
अजेसिओ
विटरबो
टेरनी
पेस्करा
डुब्रोवनिक
पोडगोरिका
पेक
कोसोवो
परनिक
पाजांडजहिक
स्तारा
बोनिफेसिओ ज. सं.
वेटीकन सिटी
रोम
वास्टो
एड्रियाटिक सागर
प्रिज़रेन
कुमानोवो
प्लोव्दिव
खासकोवा
कर्कलारेली
किएकोय
बॉस्फोरस
स्कोडेर
स्कोप्जे
मेसीडोनिया
पैट्रिच
तुर्की
विस्टे
कसिनो
फॉगिओ
बर्लेटा
तिराना
ड्रामा
कोमोटिनी
इस्ताम्बुल
सस्सारी
ओल्बिया
टिर्रेनियन सागर
लटिना
गइटा
बारी
एल्बासान
अल्बानिया
प्रिलेप
बिटोला
सेरेस
केवाला
केसान
मरमरा सागर
सार्डिनिया (इटली)
नेपल्स
सलेर्नो
एन्ड्रीआ
ब्रिंडिसी
टारान्टो
बेरात
वलोरे
कोर्स
थेस्सलोनिकी
एमरोज़
पोटेंज़ा
लिस्से
विलासिड्रो
टोर्टोली
सप्री
टरान्टो की खाड़ी
गाजिरॉकस्टर
लेमनोस
कैग्लरी
कोरीगोलिनो
कालाब्रो
लोनीना
लारिसा
एजियन सागर
कर्फू
परगा
ग्री स
वोलोस
एशिया
कोसेंज़ा
क्रोस्टोने
उ.स्पोर्डस
लेस्बोज
वैटिकानो केप
कान्टजरो
एग्रीनिओ
लमिया
अरकित्सा
पालेर्मो
मेस्सीना
रोसर्नो
आयोनियन
सेफेलेनिआ
ट्रेपानी
मरसाला
निकोसिया
रेगिओ-डी-केलाब्रिआ
आर्गोस्टोलिन
थीबे
एथेन्स
एंड्रोस
सामोस
ट्यूनिस की खाड़ी
सिसिली ज. सं.
सिआका
सिसिली
मेसीना ज. सं.
केटेनिया
सागर
जकिंथोस
पेट्रा
ट्रिपोली
आईकारिआ
डोडेकनीस
गेला
सिरकासा
कलामटा
स्पार्टी
साइक्लाडेस
पैरोस
मोडिका
पीलोस
मिलोस
आईओस
मोनेमवासिआ
थिरा
अनाफी
कारपेथोस
अफ्रीका
माल्टा
वेलेटा
किथीरा
क्रीट सागर
भू म ध्य सा ग र
हानिया
क्रीट
पैमाना 0 100 कि.मी.

आर्कटिक महासागर
एशिया
बेरिंग ज.स.
लिज़्बर्न अं.
प्वाइंट बैरो
ब्यूफर्ट सागर
बैंक्स द्वीप
बाथर्स्ट अं.
विक्टोरिया द्वीप
प्रिंस ऑफ वेल्स द्वी.
क्वीन एलिज़ाबेथ द्वी.स.
स्वेरड्रुप द्वीप
पैरी द्वी.स.
एल्ज़मियर द्वीप
डेवन द्वीप
बैफिन की खाड़ी
बफीला प्रदेश ग्रीनलैंड
आइसलैंड
नूक (गॉट हॉब)
डेवीज ज.स.
फेयरवेल अंत.
बैफिन द्वी.
उत्तर ध्रुव वृत्त
फॉक्स बेसिन
मेलविल प्राय.
बूथिया प्राय
चिडली अं.
लैब्राडोर सागर
हडसन ज.स.
साउदैम्पटन द्वी
चैस्टरफील्ड इन्लेट
अंगावा प्राय
अंगावा की खाड़ी
लैब्राडोर
हडसन की खाड़ी
बेल्चर द्वी.स.
लोरेन्शियन पठार
जेम्स की खाड़ी
रुपर्ट
मिस्टासीनी झील
सेंट लारेंस
ऐंटिकोस्टी द्वी
सेंट लारेंस की खाड़ी
प्रिंस एडवर्ड द्वीप
केप ब्रेटन अं.
न्यूफाउंडलैंड
अलास्का
यूकान
ब्रुक्स श्रेणी
अलास्का श्रेणी
6193 मैकिन्ली
6050 लोगन शिखर
अलास्का प्राय.
कोडियेक द्वी
अलास्का की खाड़ी
अलेक्ज़ेंडर द्वी.स.
क्वीन शार्लट द्वी.स.
वैंकूवर द्वीप
मैकेंज़ी पर्वत
मैकेंज़ी
ग्रेट बेअर झील
ग्रेट स्लाव झील
डुबॉंट झील
ऐथाबैस्का झील
रैंडियर झील
ऐथाबैस्का
पीस
तटीय श्रेणी
रॉकी
रॉबसन 3954
नेल्सन
सैस्केचिवान
विनिपेगोसिस झील
विनीपेग झील
मैनिटाबा झील
मध्य का
वुड्स झील
निपिगॉन झील
रेनी
सुपीरियर झील
आल्बनी
ओटावा
ह्यूरन झील
आन्टेरियो झील
कॉड अंत.
न्यूयॉर्क
लॉग द्वी.
वाशिंगटन
मिशिगन झील
ईअरी झील
शिकागो
मध्यवर्ती मैदान
मिज़ूरी
यलोस्टोन
बड़ा मैदान
कोलंबिया
रेनियर 4392
कोलंबिया का पठार
स्नेक
बिटररुट श्रेणी
फ्रीमांट 4185
मैंडोसीनो अंत.
ग्रेट बेसिन
ग्रेट साल्ट लेक
सिएरा नेवादा
सॉन फ्रांसिस्को
प्लैट
कोलोरैडो
एल्बर्ट 4398
पॉवेल की
आर्कन्जस
ओहायओ
केंटकी
टेनिसी
मिचेल 2037
पीडमॉंट पठार
हैटेरस अंत.
बर्मुडा (स.रा.)
ओज़ार्क पठार
लॉस एंजिल्स
ह्विटनी 4418
कोलोरैडो का पठार
हीला
लानो ईस्टकैडो
रेड
डैलस
मिसीसिपी
मैदान
खाड़ी
ह्यूस्टन
उत्तर अटलांटिक महासागर
केनेडी अंत.
फ्लोरिडा प्राय
फ्लोरिडा ज.स.
बहामा द्वी. स.
नासौ
सेबल अं.
मेक्सिको की खाड़ी
हवाना
क्यूबा
वेस्टइंडीज
ग्वाडालूप द्वी
कर्क रेखा
यूजीन्या अंत
कैलिफोर्निया प्राय
सोनोरा का मरु
कैलिफोर्निया की खाड़ी
सियेरा माद्रे ऑक्सीडेन्टल
मेक्सिको का पठार
पूर्वी सियेरा माद्रे
रियो ग्रैन्डे
सॉन लूकस अंत.
कॉरीएंटेस अंत
उत्तर प्रशांत महासागर
मेक्सिको
पोपकटपटल 5452
ओरिज़ाबा 5572
दक्षिणी सियेरा माद्रे
कैम्पीची की खाड़ी
यूकाटान प्राय
काटोचे अंत.
बैल्मोपेन
हांडूरास की खाड़ी
टवांटपेक की खाड़ी
ऑकटेनांगो 3960
ग्वाटेमाला
टेगूसिगाल्पा
सॉन साल्वाडोर
मध्य अमेरिका
मानागुआ
निकारागुआ झील
चिरिपो 3832
सैन होज़े
पनामा स्थल ड.
पनामा
पनामा की खाड़ी
ग्रेटर
पोर्ट ओ प्रिंस
हिस्पैन्योला
सैंटो डोमिंगो
प्वेर्टो रीको
जमैका
किंग्स्टन
ऐंटीलीज़
ग्रास्यास आदयास अंत.
कैरीबियन सागर
प्वाइंट गायीनास
दक्षिण अमेरिका
ऊँचाई मीटर में
5400
3600
1800
900
450
180
0
100
1000
पैमाना 0 320 किमी

उत्तर अमेरिका राजनैतिक

वार्षिक वर्षा एवं तापमान

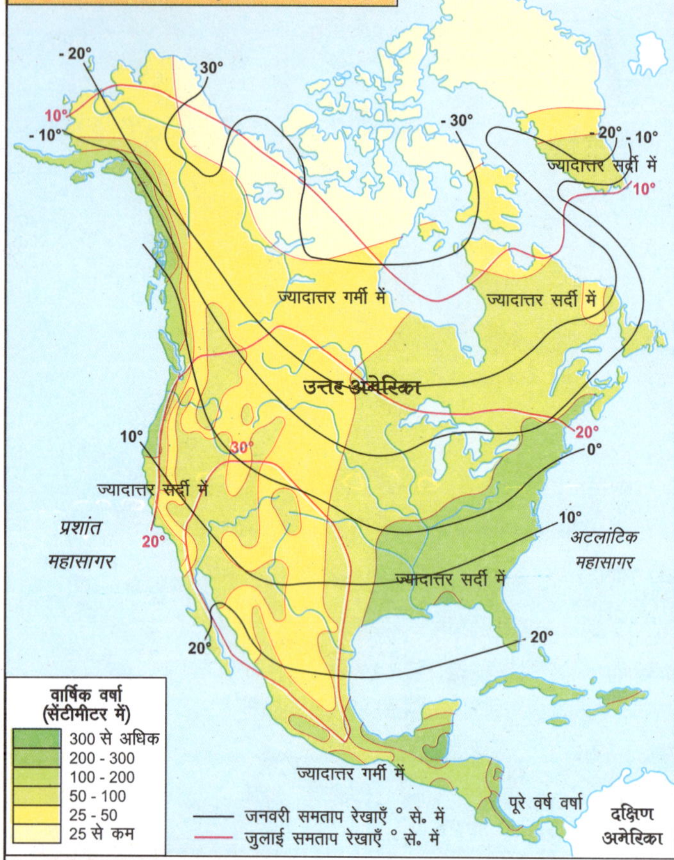

प्राकृतिक वनस्पति, प्राकृतिक खण्ड एवं कृषि

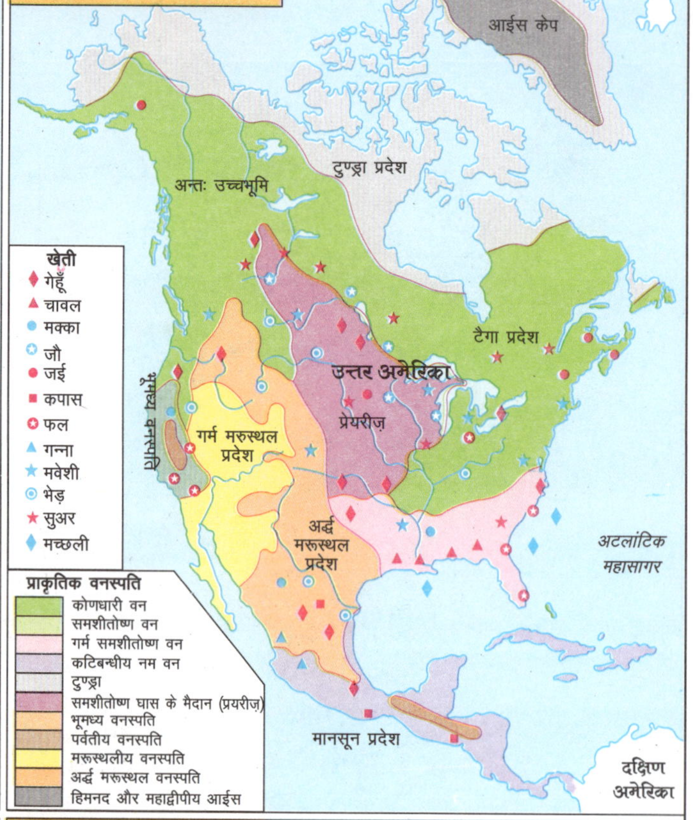

भूमि उपयोग, खनिज एवं औद्योगिक नगर

जनसंख्या घनत्व

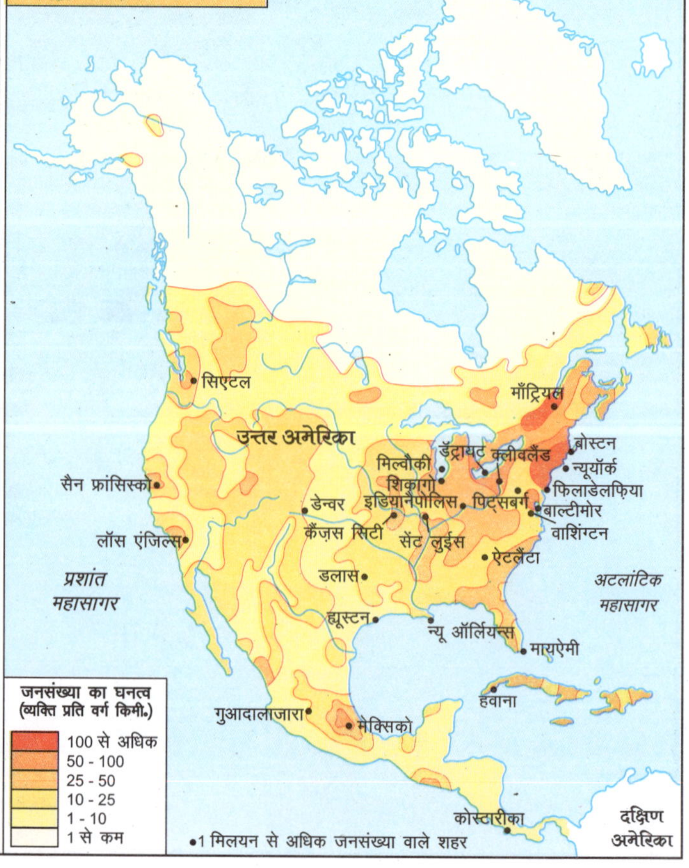

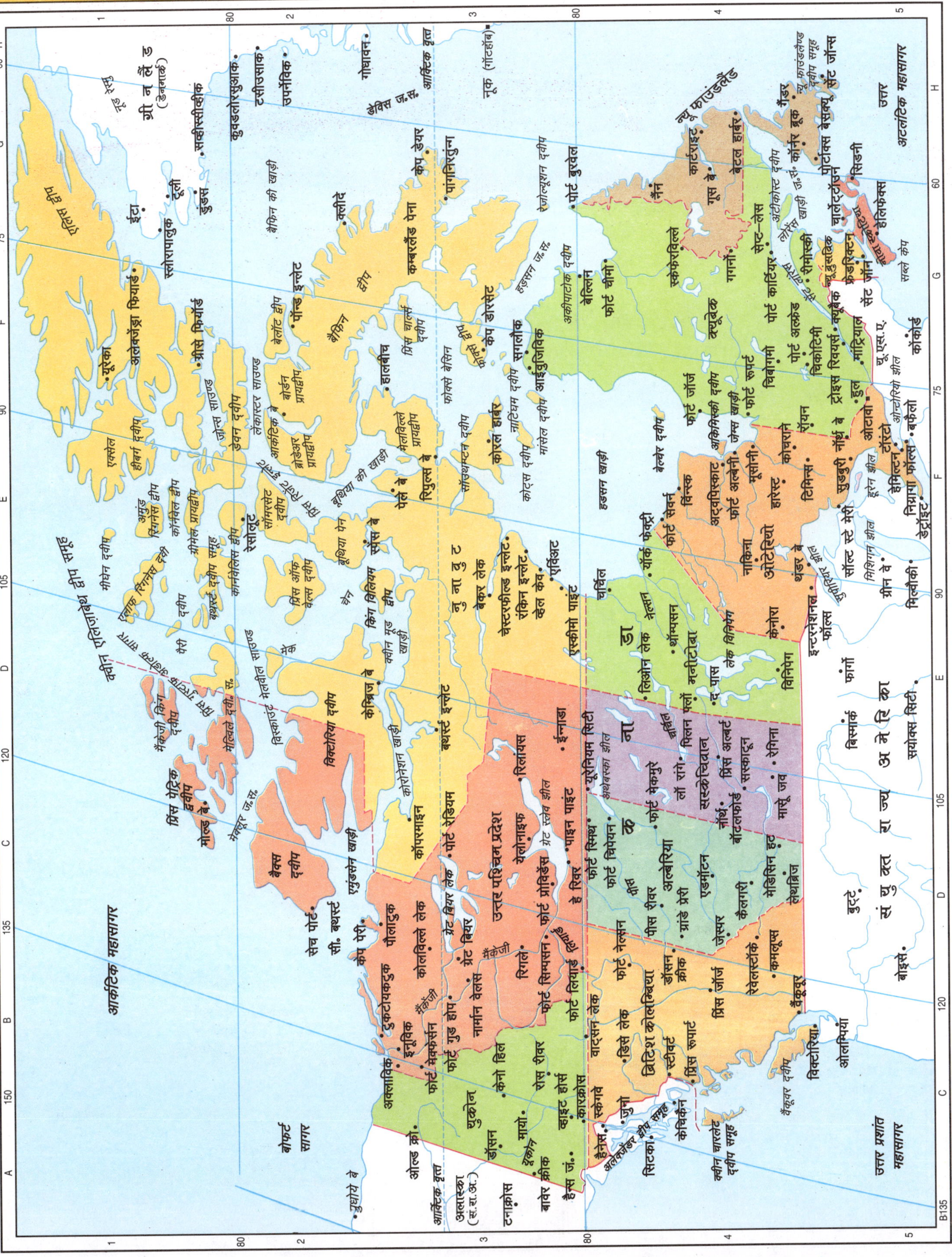
आर्कटिक महासागर
बोफर्ट सागर
उत्तर प्रशांत महासागर
उत्तर अटलांटिक महासागर
हडसन खाड़ी
ग्री न लैं ड
(डेनमार्क)
बैफिन द्वीप
विक्टोरिया द्वीप
बैंक्स द्वीप
एल्समेयर द्वीप
न्यू फाउंडलैंड
अलास्का (सं.रा.अ.)
आर्कटिक वृत्त
ब्रिटिश कोलम्बिया
अल्बर्टा
सस्केचिवान
मनीटोबा
ओंटेरियो
क्यूबेक
उत्तर पश्चिम प्रदेश
युकोन
नु ना वु ट
क ना डा
सं यु क्त रा ज्य अ मे रि का
ओटावा
टोरंटो
मांट्रियाल
विनिपेग
एडमंटन
कैलगरी
रेजिना
वैंकूवर
विक्टोरिया
हेलिफेक्स
सेंट जॉन्स
व्हाइट हॉर्स
यलोनाइफ
इकालुइट

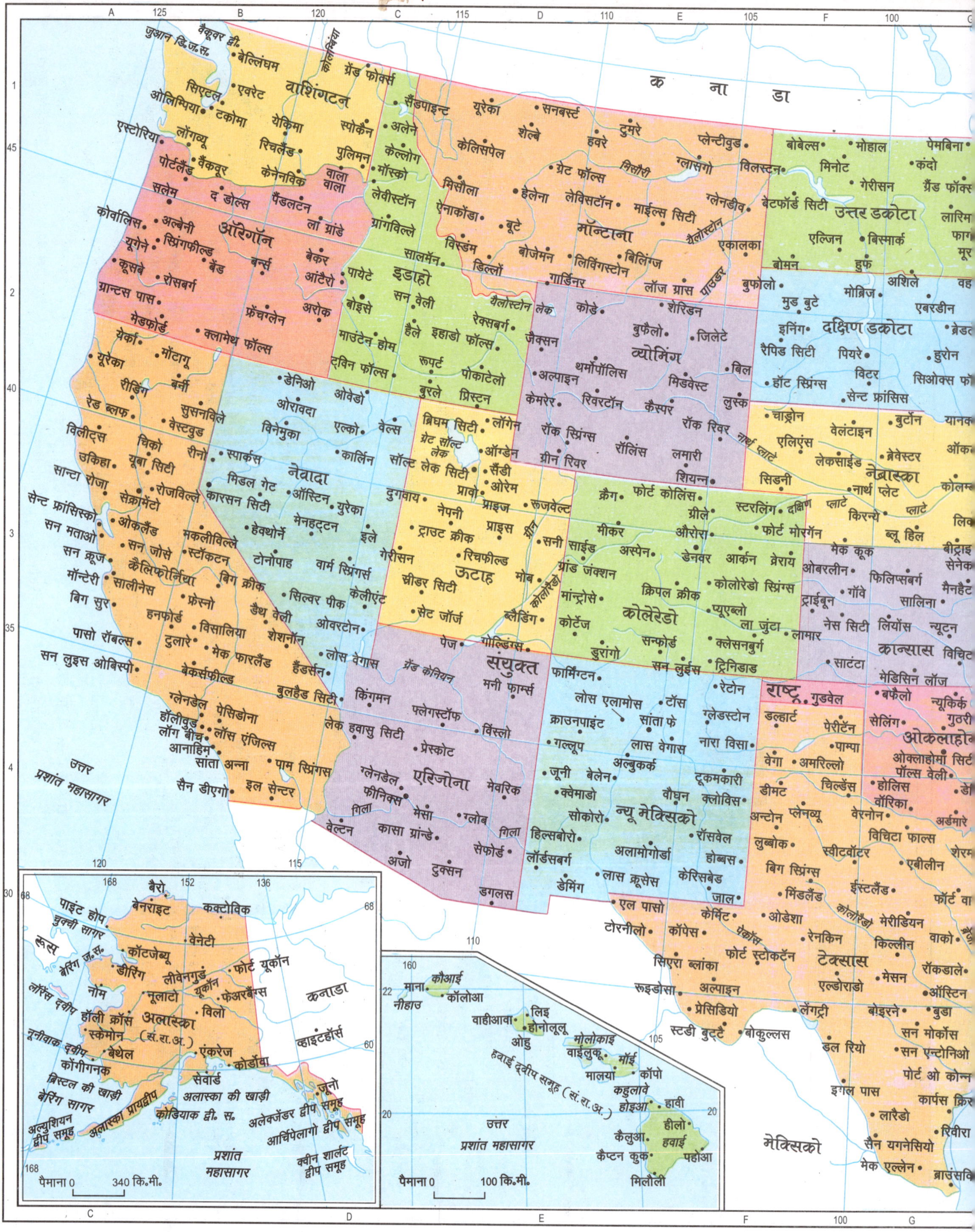
कनाडा
वाशिंगटन
ऑरेगॉन
इडाहो
मॉन्टाना
उत्तर डकोटा
दक्षिण डकोटा
व्योमिंग
नेब्रास्का
नेवादा
कैलिफोर्निया
ऊटाह
कोलेरेडो
कान्सास
एरिज़ोना
न्यू मेक्सिको
ओक्लाहोमा
टेक्सास
संयुक्त राष्ट्र
मेक्सिको
उत्तर प्रशांत महासागर
बेलिंघम
एवरेट
सिएटल
ओलिम्पिया
टकोमा
लॉगव्यू
एस्टोरिया
पोर्टलैंड
वैंकूवर
याकिमा
रिचलैंड
स्पोकैन
पुलिमन
वाला वाला
केनेनविक
सलेम
द डोल्स
पैंडलटन
ला ग्रांडे
कोवालिस
अल्बेनी
यूजेने
स्प्रिंगफील्ड
बेंड
बर्न्स
बेकर
आंटेरो
कूसबे
रोसबर्ग
ग्रान्ट्स पास
मेडफोर्ड
क्लामेथ फॉल्स
फ्रेंचग्लेन
अरोक
सैंडपाइन्ट
अलेने
केल्लोग
मॉस्को
लेवीस्टॉन
ग्रांगविल्ले
सालमॅन
पायेटे
बोइसे
सन वैली
माउंटेन होम
ट्विन फॉल्स
हैले
इडाहो फॉल्स
रेक्सबर्ग
रूपर्ट
पोकाटेलो
बुरले
प्रिस्टन
यूरेका
सनबर्स्ट
शेल्बे
कैलिसपेल
हवरे
ग्रेट फॉल्स
मिसौला
हेलेना
लेविसटॉन
माइल्स सिटी
ग्लेनडीव
ग्लासगो
विलस्टन
प्लेन्टीवुड
बूटे
बोजेमन
लिविंगस्टोन
बिलिंग्ज
गार्डिनर
डिल्लों
एकालका
बोबेलस
मोहाल
पेमबिना
मिनोट
कंदो
गेरीसन
ग्रैंड फॉक्स
बेटफॉर्ड सिटी
एल्जिन
बिस्मार्क
बोमन
हुफ़
मोब्रिज
अशिले
एबरडीन
इनिंग
रैपिड सिटी
पियरे
विटर
हॉट स्प्रिंग्स
सेन्ट फ्रांसिस
सिओक्स फॉ
हुरोन
कोडे
शेरिडन
बुफ़ैलो
जिलेटे
बुफ़ोलो
लॉज ग्रास
थर्मोपॉलिस
अल्पाइन
मिडवेस्ट
केमरेर
रिवरटॉन
कैस्पर
रॉक स्प्रिंग्स
रॉलिंस
लमारी
ग्रीन रिवर
शियन्न
जैक्सन
लुस्क
चाड्रोन
वेलंटाइन
बुर्टोन
एलिएंस
लेकसाइड
सिडनी
नार्थ प्लेट
किरन्ये
ब्लू हिल
क्रैग
फोर्ट कोलिंस
ग्रीले
स्टरलिंग
मीकर
औरोरा
फोर्ट मोरगॅन
अस्पेन
डेनवर
आर्कन
ग्रांड जंक्शन
क्रिपल क्रीक
कोलोरेडो स्प्रिंग्स
मांन्ट्रोसे
प्यूएब्लो
कोर्टेज
ला जुंटा
लामार
डुरांगो
सन्फोर्ड
क्लेसनबुर्ग
ट्रिनिडाड
सन लुईस
यूरेका
रेड ब्लफ़
रीडिंग
मौंटागू
बर्नी
सुसनविले
वेस्टवुड
विलीट्स
चिको
युबा सिटी
उकिहा
सान्ता रोजा
रोजविल्ले
सेक्रामेंटो
सेन्ट फ्रांसिस्को
ओकलैंड
सन मताओ
सन जोसे
स्टॉकटन
मकलीविल्ले
सन क्रूज
मॉन्टेरी
सालीनेस
बिग सुर
फ्रेस्नो
हनफोर्ड
विसालिया
टुलारे
पासो रॉबल्स
सन लुइस ओबिस्पो
बेकर्सफील्ड
मेक फारलैंड
ग्लेनडेल
पेसिडोना
हॉलीवुड
लॉग बीच
लॉस एंजिल्स
आनाहिम
साता अन्ना
पाम स्प्रिंग्स
सैन डीएगो
इल सेन्टर
डेनिओ
ओरावदा
ओवेडो
विनेमुका
एल्को
वेल्स
रीनो
स्पार्क्स
कार्लिन
मिडल गेट
कारसन सिटी
ऑस्टिन
युरेका
हेवथोर्न
मेनहट्टन
इले
टोनोपाह
वार्म स्प्रिंग्स
सिल्वर पीक
डैथ वैली
शेशनॉन
ओवरटोन
लोस वेगास
हैंडर्सन
बुलहैड सिटी
ब्रिघम सिटी
लॉगेन
ग्रेट सॉल्ट लेक
ऑग्डेन
सॉल्ट लेक सिटी
सैंडी
ओरेम
प्रावो
दुगवाय
नेपनी
प्राइज
रुजवेल्ट
ट्राउट क्रीक
प्राइस
गेरीसन
रिचफील्ड
मोब
ग्रीडर सिटी
सेंट जॉर्ज
ब्लैंडिंग
पेज
किंगमन
फ्लेगस्टॉफ
विंस्लो
मनी फार्म्स
लेक हवासु सिटी
प्रेस्कोट
ग्लेनडेल
फीनिक्स
मेसा
मेवरिक
ग्लोब
गिला
वेल्टन
कासा ग्रांन्डे
सेफ़ोर्ड
अजो
टुक्सन
डगलस
फार्मिंग्टन
लोस एलामोस
टॉस
रेटोन
क्राउनपाइंट
सांता फे
ग्लेडस्टोन
गल्लूप
लास वेगास
नारा विसा
जूनी
बेलेन
अल्बुकर्क
टूकमकारी
क्वेमाडो
वौघन
क्लोविस
सोकोरो
हिल्सबोरो
रॉसवेल
अलामोगोर्डा
होब्बस
लॉर्डसबर्ग
डेमिंग
लास क्रूसेस
केरिसबेड
जाल
एल पासो
केर्मिट
टोरनीलो
कॉपेस
फोर्ट स्टोकटॅन
सिएरा ब्लांका
रुइडोसा
अल्पाइन
प्रेसिडियो
स्टडी बुट्टे
बोकुल्लस
डलहार्ट
पेरीटॅन
पाम्पा
अमरिल्लो
वेगा
डीमट
चिल्ड्रेस
अन्टोन
प्लेनव्यू
वेरनोन
लुब्बोक
स्वीटवॉटर
बिग स्प्रिंग्स
मिंडलैंड
ओडेशा
रेनकिन
ईस्टलैंड
टेक्सास
मेसन
एल्डोराडो
लेंगट्री
बोइरने
डल रियो
सन एन्टोनिओ
इग्ल पास
लारेडो
सैन यगनेसियो
मेक एल्लेन
ब्राउंसविले
कार्पस क्रिस्टी
पोर्ट ओ कोनर
ऑस्टिन
बुडा
सन मोर्कोस
वाको
किल्लीन
मेरीडियन
एबीलीन
विचिटा फाल्स
अर्डमोर
ओक्लाहोमा सिटी
पॉल्स वैली
होलिस
वॉरिका
सेलिंग
बफ़ैलो
गुडवेल
मेडिसिन लॉज
साटंटा
नेस सिटी
लियोंस
न्यूटन
गॉवे
सालिना
ओबरलीन
फिलिप्सबर्ग
मेक कूक
ट्राईबून
मैनहैटन
बैराँ
पाइंट होप
चुक्ची सागर
बेनराइट
कक्टोविक
वैनेटी
कॉटजेब्यू
बेरिंग ज.स.
डीरिंग
लीवेनगुड
फोर्ट यूकॉन
नोम
नूलाटो
यूकॉन
फेअरबैंक्स
कनाडा
हॉली क्रॉस
अलास्का (सं.रा.अ.)
विलो
स्कैमोन
नूनीवाक द्वीप
बेथेल
एंकरेज
व्हाइटहॉर्स
कोंगीगनक
कोर्डोबा
सेवार्ड
ब्रिस्टल की खाड़ी
अलास्का की खाड़ी
जूनो
बेरिंग सागर
अलास्का प्रायद्वीप
कोडियाक द्वी. स.
अलेक्जेंडर द्वीप समूह
अल्युशियन द्वीप समूह
आर्चिपेलागो द्वीप समूह
प्रशांत महासागर
क्वीन शार्लट द्वीप समूह
पैमाना 0 340 कि.मी.
कौआई
माना
कॉलोआ
नीहाउ
वाहीआवा
लिइ
होनोलूलू
ओहु
मोलोकाइ
वाइलुकू
मॉई
हवाई द्वीप समूह (सं.रा.अ.)
मालया
कॉपो
कहुलावे
होइआ
हावी
उत्तर प्रशांत महासागर
हीलो
कैलुआ
हवाई
कैप्टन कुक
पहोआ
मिलौली
पैमाना 0 100 कि.मी.

क ना डा
निपिगॉन झील
वुड्स झील
ओटावा
सेंट लॉरेन्स
सुपीरियर झील
मिशिगन झील
ह्यूरन झील
ऑन्टेरियो झील
मिनेसोटा
विस्कॉन्सिन
मिशिगन
इंडियाना
इलिनायस
ओहायो
पेन्सिल्वेनिया
न्यू यार्क
वरमॉन्ट
न्यू हैम्पशायर
मेइन
मेसाचुसेट्स
कनेक्टिकट
न्यूजर्सी
डेलावेयर
मेरीलैंड
वेस्ट वर्जिनिया
वर्जिनिया
केंटुकी
टेनेसी
उत्तर कैरोलिना
दक्षिण कैरोलिना
जॉर्जिया
अलाबामा
मिसिसिपी
लुसिआना
अरकन्सास
मिसौरी
आयोवा
फ्लोरिडा
अमेरिका
मेक्सिको की खाड़ी
उत्तर अटलांटिक महासागर
बहामा द्वी.स.
फ्लोरिडा ज.स.
शिकागो
मिल्वॉकी
डेट्रायट
क्लीवलैंड
पिट्सबर्ग
फिलाडेल्फिया
न्यूयॉर्क
बोस्टन
बाल्टिमोर
वाशिंगटन डी.सी.
रिचमंड
नोरफोक
चार्लोट
अटलांटा
जैक्सनविल्ले
टाम्पा
मिआमी
न्यू आर्लिअन्स
मेम्फिस
नैशविले
लुइसविले
सिनसिनाटी
कोलंबस
इंडियानापोलिस
सेन्ट लुइस
मिनिआपोलिस
सेंट. पॉल
डेस माइन
ह्यूस्टन
गाल्वेस्टन
पैमाना 0 200 कि.मी.

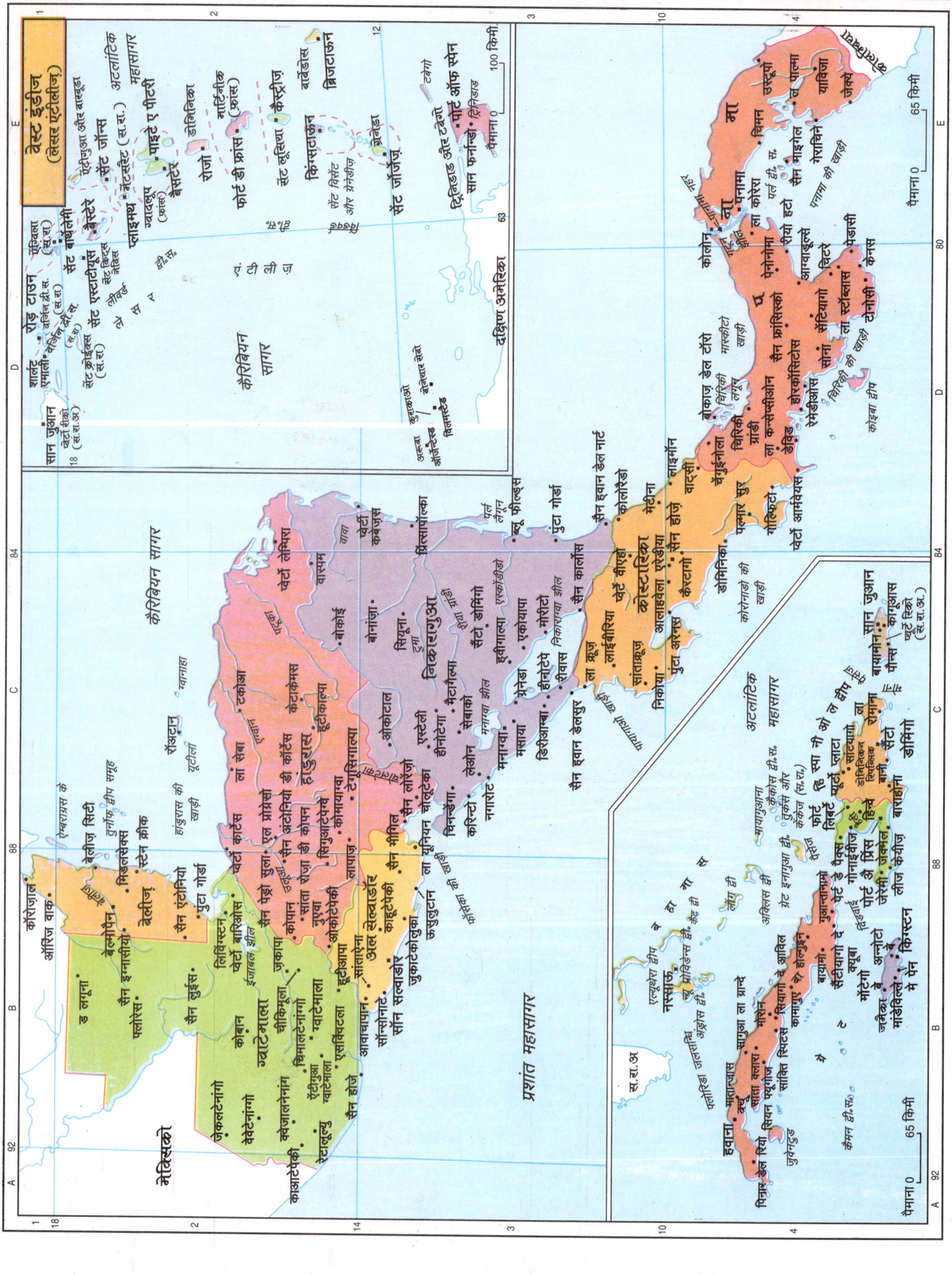

वेस्ट इंडीज (लेसर एंटीलीज)
अटलांटिक महासागर
कैरिबियन सागर
दक्षिण अमेरिका
मैक्सिको
ग्वाटेमाला
बेलीज़
अल सेल्वाडोर
होंडुरस
निकारागुआ
कोस्टारिका
पनामा
प्रशांत महासागर
कैरेबियन सागर
अटलांटिक महासागर

कैरिबियन सागर
क्यूरासो
मार्गारीटा
काराकास
पोर्ट ऑफ स्पेन
त्रिनिदाद
डायरेन की खाड़ी
पनामा की खाड़ी
माराकाइबो झील
कोस्ट रेंज
ओरिनोको
एंजल प्रपात
जॉर्जटाऊन
पारामारीबो
केयेन
आरिंज अंत
उत्तर अटलांटिक महासागर
बोगोटा
टोलिमा 5215
मेटा
ग्वावयारी
पैकाराइमा
मालपेलो द्वीप
हुइला 5750
अमेज़न के मुहाने
नेग्रो
क्वीटो
कोटोपैक्सी 5896
चिम्बोराज़ो 6267
ग्वायाकिल की खाड़ी
ब्लांको अंत
जापुरा
अमेज़न
पुटुमायो
अमेज़न बेसिन
मारान्योन
जुरुआ
पुरुस
मादिरा
विषुवत रेखा
साऊँ रॉक अंत
पार्नाइबा
टोकांटिस
आरागुआइया
ज़िंगु
टापाजोस
साऊँ फ्रांसिस्को
वॉस्करॉन 6768
लीमा
मादे दे डायस
बेनी
माटोग्रॉसो का पठार
ब्राज़ील्या
कोरुपुना 6425
ईयाम्पू 6485
ईलीमानी
ला पाज़
बोलिविया
पोओपो झील
सूक्रे
सहॉमा 6520
रीयू ग्रांदी
ओयागॅवे 5860
पराना
ग्वाइरा प्रपात
फ्रीओ अंत
मकर रेखा
यूयाइयॉको 6723
असूनस्थान
इगुआसू प्रपात
सैन फेलिक्स
सैन अम्ब्रोज़ो
दक्षिण प्रशांत महासागर
सेरॉ ओहोज़ देल सलादो 6858
नेवाडो ओजस देल सालादो 6863
सेरॉ बोन्टे 6872
सालादो
उरुग्वाय
दक्षिण अटलांटिक महासागर
सेरॉ मर्सीडारीयो 6770
सेरॉ ऐकोन्कागुआ 6960
सैंटियागो
सेरॉ टुपुन्गाटो 6800
मरिम झील
मांटेवीडियो
ब्यूनस आयर्स
रीयो द ला प्लॉटा
ह्वॉन फर्नांडीज़ द्वीप (चिली)
लानीन 3776
कोलोरैडो
नेग्रो
ट्रोनडॉर 3554
सैन मातिआस की खाड़ी
वाल्देस प्राय
चिलोओ द्वीप
चोनोस आर्किपेलागो
सैन वेलेंटीन 4058
ताइताउ प्राय
सैन हॉर्हे की खाड़ी
ट्रेस पूंतास अंत
पिरामिड 3380
वेलिंग्टन द्वीप
पेटागोनिया
फॉकलैंड द्वीप स.
मैगेलन ज.स.
त्येरो देल फ्यूएगो
हॉर्न अंत
ऊँचाई मीटर में
4000
3000
2000
1000
400
200
0 समुद्र सतह
6000
12000
18000
24000
पनामा नहर
कैरिबियन सागर
फोर्ट रैंडोल्फ
क्रिस्टोबल
सिल्वर सिटी
चाग्रेज़
जार्ज द्वीप
पीना
न्यू प्रोवीडेन्स
सांता रोज़ा
ब्यूनेस एरीज़
मार्डेन झील
गाटुन
प्रीजोलेस
डेरीन
चिलिब्रे
एस्कोबेल
गाटुन झील
गैम्बोआ
सुम्मिट
लागरटेरीटो
एम्पीरे
रैड टेंक
मेंडोज़ा
नुईवा इम्पेराडर
बलबोआ हाईट्स
पनामा
पूर्टो ट्रिनिदाद
अर्राइजन
कैमेरोन
ला चोरेरा
ला लगूना
पूर्टो द चोरेरा
पनामा खाड़ी
पैमाना 0 320 किमी

कैरिबियन सागर
बैरेनकिया
सांतामार्ता
कार्ताजीना
डैरियन की खाड़ी
पनामा
पनामा की खाड़ी
मालपेलो द्वीप (कोल)
माराकाइबो
कारुपानो
काराकास
पोर्ट ऑफ स्पेन
त्रिनिदाद
बॉरकिसीमेटो
वैलेंशिया
मातुरीन
मेरीदा
स्यूदाद बालीवोर
ओरिनोको
सैन क्रिस्टोबल
स्यूदाद ग्वेयाना
कुकुटा
बुकारामांगा
सैन फर्नांडो
मेडेलीन
टूंझा
वेनेज्वेला
जॉर्जटाऊन
पारामारीबो
मैनिजालेस
बोगोटा
ककुरी
ओरिनोको
गुयाना
सूरीनाम
केयेन
ब्वेनावेंतुरा
काली
ग्वावयारी
बोआ वीश्ता
फ्रेंच गियाना
आरिज अंत.
पोपयॉन
कोलम्बिया
टुमाको
पास्टो
केट्रीमनी
ब्रांको
टेरेजिन्हा
मकापा
कीटो
वाउपेस
कॉक्टा
नेग्रो
बार्सीलोस
आम्बाटो
पुतुमायो
ला पेडरेरा
जापुरा
ऑबिडुस
अमेजेन
बेलेम
विषुवत रेखा
एक्वाडोर
आमेजन
ला लिबरताद
ग्वायाकिल
क्वेंका
इकीटॉस
साओ पालो डी ऑलिवेंका
मनौस
सांतारेम
बेऔ
साऊँ ल्वीस
पार्नाईबा
कामुसीम
मारान्योन
बोर्बा
लेटीसिया
कराऊरी
तैपाजोस
शिंगु
टालारा
सूयाना
मॉइयबाम्बा
काशीअस
टेरेज़ीना
फोर्ट लेज़ा
मादिरा
पॉईटा
प्यूरो
जुरुआ
मानीकुरे
माराबा
नाताल
कॉहामार्का
उकायाली
चिक्लायो
कैरोलीना
पार्नाईबा
क्रातू
सौसा
पूकाइपा
त्रूहियो
पुरुस
बारा डे साऊँ मैनुएल
पाउलीश्ताना
कैंपीना ग्रांडी
ज्वाँउ पेसाआ
पे
रु
चिंबोटे
पोर्टू वेल्यू
रेसिफे
वारास
सेरो दे पास्को
पेट्रोलिना
ज्वाजिरु
रीओ ब्रांकू
रिबेराल्टा
ब्रा जी ल
मैसेओ
पारामोंगगा
लीमा
वांकाइयो
बेनी
ग्वापोरे
जेकोबिना
अराकाजू
कायाओ
वांकावेलीका
सांता आना
कूस्को
सल्वाडोर
पीस्को
त्रिनिदाद
माटो ग्रॉसो
गॉइआस
ईका
हूल्याका
पूनो
ब्राजील्या
इल्येअस
ला पाज़
बोलिविया
कूयबा
ऐरेकीपा
टिटिकाका झील
अनापोलिस
मोतेश
गॉइआनिया
मातारानी
कोचाबांबा
पीरापोरा
कारावेलास
मोयेंडो
टाक्ना
ओरुरो
सांताक्रूज़
डीया मैंटीना
पोओपो झी.
कॉरुंबा
आरीका
सुक्रे
ऊबेरैबा
पोटोसी
एक्वीडुआना
बेलो हॉरिजांटे
ईकीके
कैंपू ग्रांडी
रीबेराऊँ प्रेटू
ओरु प्रेटू
तारीहा
वीया मोंतेस
ज्वीज़ द फॉरा
विटोरिया
टोकोपीया
सॉन सैल्वाडोर
पैराग्वाय
टाऊबाटे
कन्सेप्शन
पराना
साओ पोलो
रीयो डी जेनेरो
मकर रेखा
ऐंटाफगस्टा
हूहवे
पैराग्वाय
साल्टा
असूनस्यान
पॉंटा ग्रासा
सैंटोस
सैन फैलिक्स सैन अम्ब्रोज़ो (चिली)
टाल्टाल
चि
सेन मिगेल द टुकुमान
फॉर्मोसा
वीयारीका
कुरिटिबा
पैरानाग्वा
एकार्नासीओन
कोपीआपो
रेसिस्टेंश्या
पोसाडास
ब्लूमैनाउ
झाइनवीली
काटामार्का
कोर्यन्टेस
सैंटियागो डेल एस्टेरो
फ्लोरिआने पुलिस
दक्षिण प्रशांत महासागर
सालादो
पराना
सांता मारिया
ला सेरेना
कोकिम्बो
कोर्डोबा
साल्टो
पोर्तो आलेग्रे
दक्षिण अटलांटिक महासागर
वीन्या देल मार
मेंडोज़ा
कंकॉर्डिया
पेसांडु
वालपेराइज़ो
सांता फे
सैंटियागो
सैन लुईस
रोज़ारियो
पराना
हुवेन फर्नांडीज़ द्वीप (चिली)
कुरिको
रोकाग्वा
परगामीनो
यूरुग्वाय
टाल्का
ब्यूनस आयर्स
मांटेवीडियो
ला प्लाटा
बोलीवॉर
चिल्यान
ले
अ र्जें टी ना
आवेयेनेदा
टाल्काहुआनो
लोटा
कनसेप्शन
टांडिल
कोलोरैडो
मार देल प्लॉटा
बाहिया ब्लांका
टेमूको
न्यूकेन
वाल्डीवीया
नेग्रो
ओसार्नो
सैन कार्लोस दे बारिलोचे
व्येड्मा
प्यूर्टो मॉंट
सैन मातियास की खाड़ी
आंक्कूद
वाल्देस प्राय
ट्रेल्यू
चिलोए द्वीप
ओसूल
चुबूत
रॉसन
चोनोस आर्किपेलागो
कामोडोरो रीवादा वीया
सैन हॉर्हे की खाड़ी
ताइताउ प्राय
डेसीऑडो
वेलिंग्टन द्वीप
सांताक्रूज़
फॉकलैंड द्वीप स.
एल टर्बियो
रीओ गॉयेगास
स्टैन्ली
मैगेलन ज.स.
पूंटा अरेनास
ऊस्वेया
हॉर्न अंत.
पैमाना 0 320 किमी.
उत्तर अटलांटिक महासागर

वार्षिक वर्षा एवं तापमान

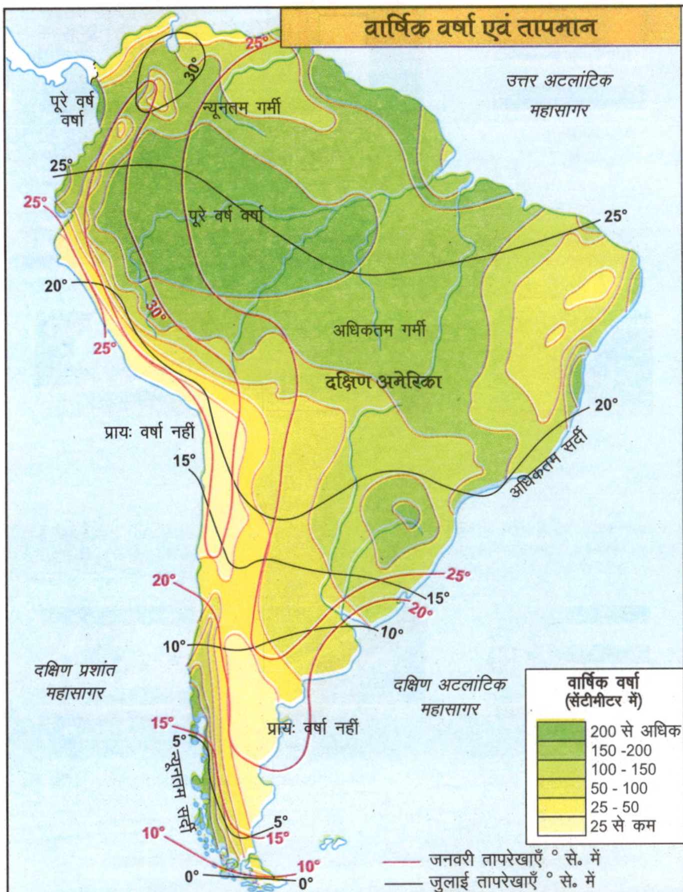

प्राकृतिक वनस्पति, प्राकृतिक खण्ड एवं कृषि

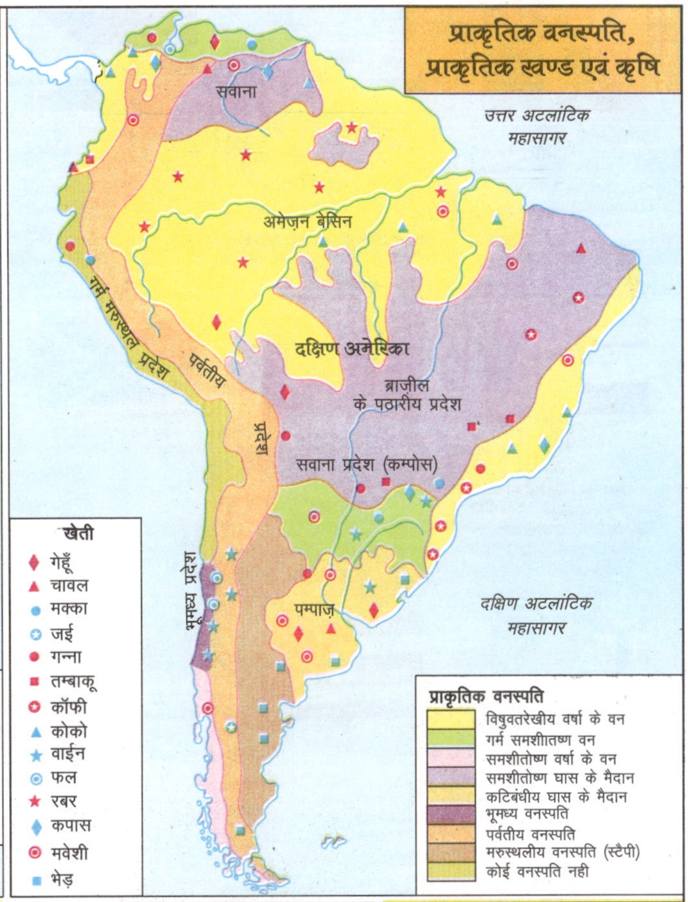

भूमि उपयोग, खनिज एवं औद्योगिक नगर

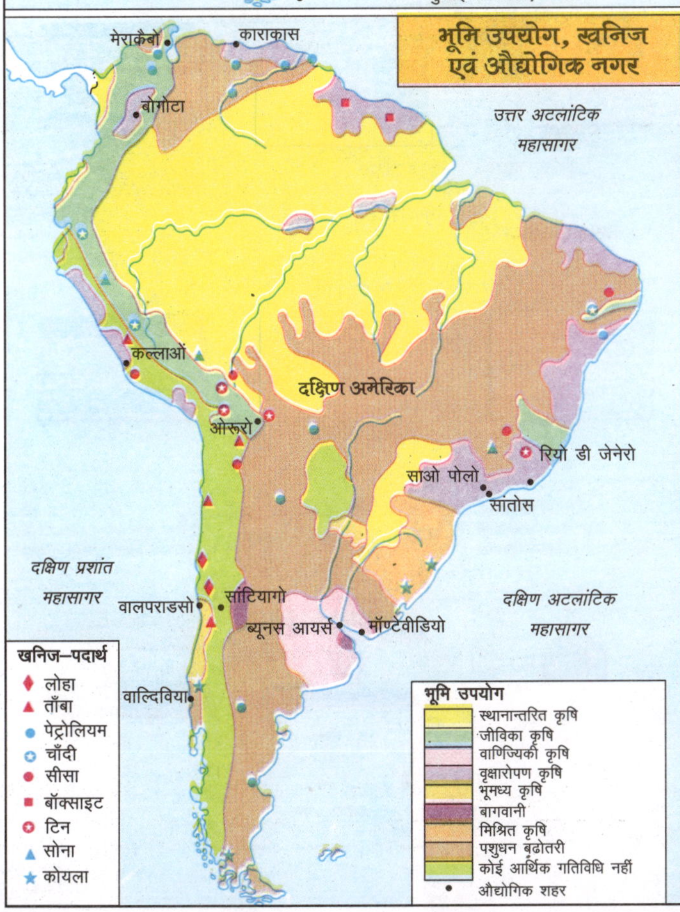

जनसंख्या घनत्व

प्राकृतिक
पैमाना 0 240 किमी
ऊँचाई मीटर में
2000
1000
500
200
समुद्र सतह
किंग द्वीप
विल्सन उच्चातरीप
फ्लिंडर्स द्वी
बास ज.स.
ओसा शिखर 1594
तस्मानिया
होबार्ट
तिमोर सागर
बाथर्स्ट द्वी
मेल्विल द्वी.स.
डार्विन
जोसेफ बोनापार्ट खाड़ी
आर्न्हेम लैंड
आर्न्हेम अंत
ग्रूटे इयरलैंड
कार्पेंटेरिया की खाड़ी
यॉर्क अंत
यॉर्क अंत प्रायद्वीप
कोरल सागर
विडम
किंग साउंड
लवेक अंत
डेर्बी
फ़िट्ज़रॉय
वेलेज़्ली द्वीप स.
बार्कली पठार
अॅथर्टन पठार
बार्टल फ्रियर पर्वत 1611
विलिस द्वीप स.
चेस्टरफील्ड द्वीप स. (फ्रांस)
महासागर
ग्रेट सैंडी मरुस्थल
मर्चिसन प.श्रे.
सेल्विन प.श्रे.
डलरिम्पल पर्वत 1277
प्रशांत महासागर
मकर रेखा
उत्तर पश्चिम अंत
मैक झील
मैकडोनल प.श्रे.
जर्विस प.श्रे.
जीएल पर्वत 1510
जेम्स प.श्रे.
गिब्सन मरुस्थल
सिम्पसन मरुस्थल
कार्नेगी झील
मसग्रेव प.श्रे.
वुडरफ पर्वत 1515
ग्रेट विक्टोरिया मरुस्थल
अयर झील का बेसिन
अयर झील
स्टर्ट मरुस्थल
ब्रिस्बेन
रॉबर्टस पर्वत 1328
हिंद
बार्ली झील
मूर झील
नलरबॉर मैदान
टॉरेंस झील
गॉलर प.श्रे.
अयर प्रायद्वीप
पर्थ
ग्रेट ऑस्ट्रेलियन बाइट (खाड़ी)
एडीलेड
लॉफ्टी प.श्रे.
सिडनी
ब्लू माउंटेन्स
लिवरपूल पर्वत श्रेणी
लाक्लन
मरम्बिजी
रिवरिना
कॉसिअस्को पर्वत 2230
कैनबरा
लियुविन अंत
आल्बनी
कंगारु द्वीप
एन्काउंटर खाड़ी
मेलबर्न
हाऊ अंत
विल्सन उच्चांतरीप
न्यूजीलैंड प्राकृतिक
उत्तर द्वीप
ग्रेट बेअर द्वी
तसमान सागर
काईपारा हर्ब
वेलिंग्टन
दक्षिण आइसलैंड
बैंक्स पेन
दक्षिण प्रशांत महासागर
ओटागो पेन

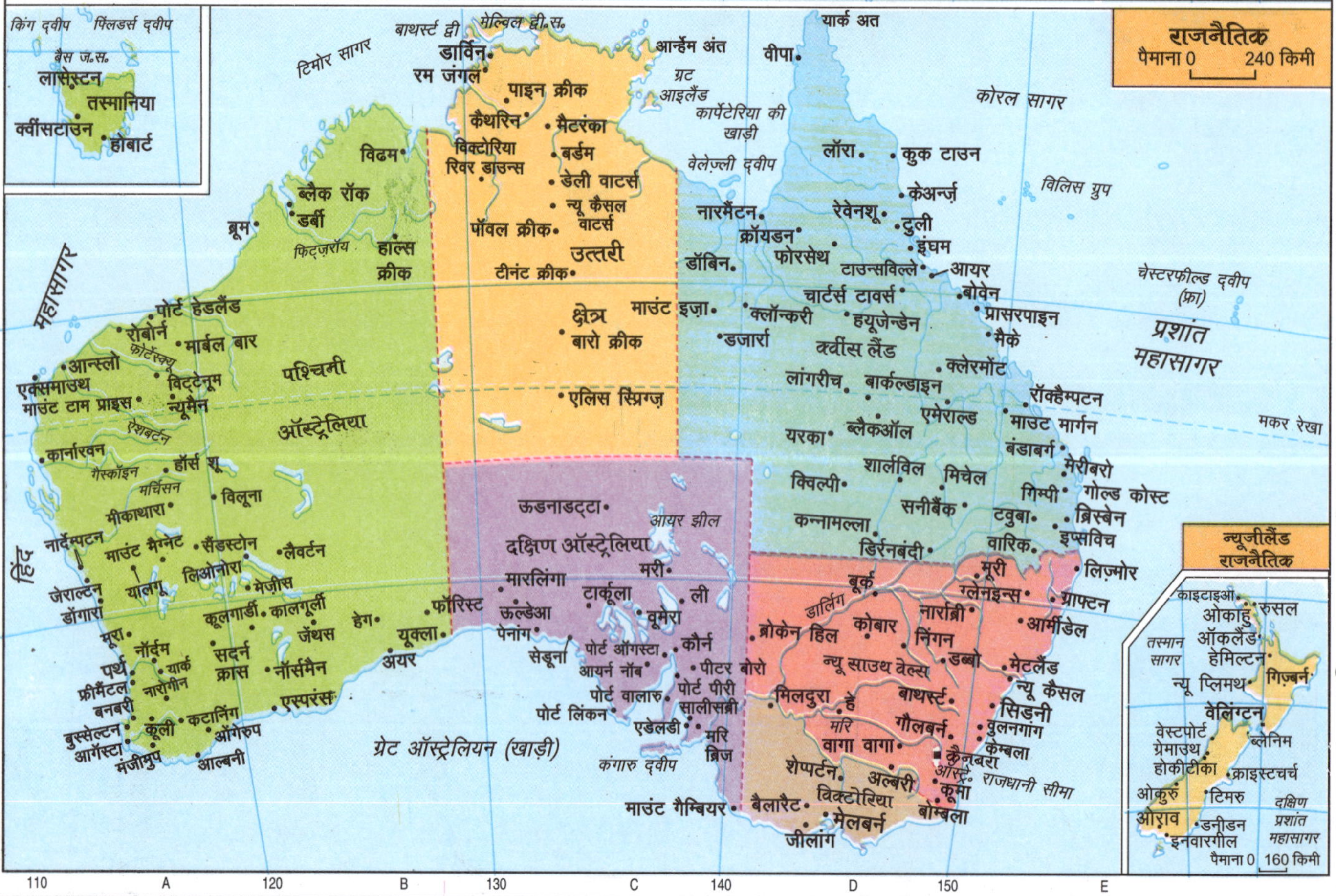
राजनैतिक
पैमाना 0 240 किमी
किंग द्वीप
फ्लिंडर्स द्वीप
बैस ज.स.
लासेस्टन
तस्मानिया
क्वींसटाउन
होबार्ट
तिमोर सागर
बाथर्स्ट द्वी
मेल्विल द्वी.स.
डार्विन
रम जंगल
आर्न्हेम अंत
वीपा
यार्क अत
पाइन क्रीक
कैथरिन
मैटरंका
विक्टोरिया रिवर डाउन्स
बर्डम
डेली वाटर्स
न्यू कैसल वाटर्स
पॉवल क्रीक
उत्तरी क्षेत्र
टीनंट क्रीक
माउंट इज़ा
बारो क्रीक
एलिस स्प्रिंग्ज़
कार्पेंटेरिया की खाड़ी
वेलेज़्ली द्वीप
लॉरा
कुक टाउन
केअर्न्ज़
कोरल सागर
विलिस ग्रुप
नारमैंटन
क्रॉयडन
रेवेनशू
टुली
इंघम
डॉबिन
फोरसेथ
टाउन्सविल्ले
आयर
बोवेन
चार्टर्स टावर्स
क्लॉनकरी
ह्यूजेन्डेन
प्रासरपाइन
मैके
डजार्रा
क्वींस लैंड
क्लेरमोंट
लांगरीच
बार्कल्डाइन
एमेराल्ड
रॉकहैम्प्टन
माउंट मार्गन
बंडाबर्ग
मेरीबरो
यरका
ब्लैकऑल
शार्लविल
मिचेल
क्विल्पी
गिम्पी
गोल्ड कोस्ट
सनीबैंक
टवूबा
ब्रिस्बेन
इप्सविच
कन्नामल्ला
डिर्रनबंदी
वारिक
चेस्टरफील्ड द्वीप (फ्रा)
प्रशांत महासागर
मकर रेखा
विढम
ब्लैक रॉक
डर्बी
ब्रूम
फ़िट्ज़रॉय
हाल्स क्रीक
महासागर
पोर्ट हेडलैंड
रोबोर्न
मार्बल बार
आन्स्लो
विटेनूम
न्यूमैन
पश्चिमी ऑस्ट्रेलिया
एक्समाउथ
माउंट टाम प्राइस
कार्नारवन
हॉर्स शू
गैस्कोइन
मर्चिसन
विलूना
मीकाथारा
नार्दम्पटन
माउंट मैग्नेट
सैंडस्टोन
लैवर्टन
हिंद
जेराल्टन
डोंगारा
यालगू
लिओनोरा
मेज़ोस
कूलगार्डी
कालगूर्ली
मूरा
नॉर्दम
पर्थ
यार्क
नारोगीन
सदर्न क्रास
जेंथस
हेग
फॉरेस्ट
यूक्ला
अयर
नॉर्समैन
एस्परंस
फ्रीमेंटल
बनबरी
बुस्सेल्टन
कूली
कटानिंग
आगस्टा
मंजीमुप
ओंगेरुप
आल्बनी
ऊडनाडट्टा
आयर झील
दक्षिण ऑस्ट्रेलिया
मारलिंगा
मरी
टार्कुला
ली
ऊल्डेआ
पेनांग
वूमेरा
सेडूना
पोर्ट ऑगस्टा
कौर्न
आयरन नॉब
पीटर बोरो
पोर्ट वालारु
पोर्ट पीरी
सालीसब्री
पोर्ट लिंकन
एडेलेडी
मरि ब्रिज
ग्रेट ऑस्ट्रेलियन (खाड़ी)
कंगारु द्वीप
माउंट गैम्बियर
बैलारट
विक्टोरिया
मेलबर्न
जीलांग
बोम्बला
कूमा
कैनबरा
शेप्पर्टन
अल्बरी
वागा वागा
गौलबर्न
मिलदुरा
हे
बाथर्स्ट
ब्रोकेन हिल
कोबार
न्यू साउथ वेल्स
निंगन
डब्बो
नारब्री
मूरी
ग्लेनइन्स
लिज़्मोर
ग्राफ्टन
आर्मीडेल
मेटलैंड
न्यू कैसल
सिडनी
वुलनगांग
केम्बला
बूर्क
डार्लिंग
राजधानी सीमा
न्यूजीलैंड राजनैतिक
काइटाइआ
रुसल
ओकाहु
ऑकलैंड
तस्मान सागर
हेमिल्टन
न्यू प्लिमथ
गिज़्बर्न
वेलिंग्टन
वेस्टपोर्ट
ब्लेनिम
ग्रेमाउथ
होकीटीका
क्राइस्टचर्च
ओकुरुं
टिमरु
ओरावु
डनीडन
इनवारगील
दक्षिण प्रशांत महासागर
पैमाना 0 160 किमी

वार्षिक वर्षा एवं तापमान

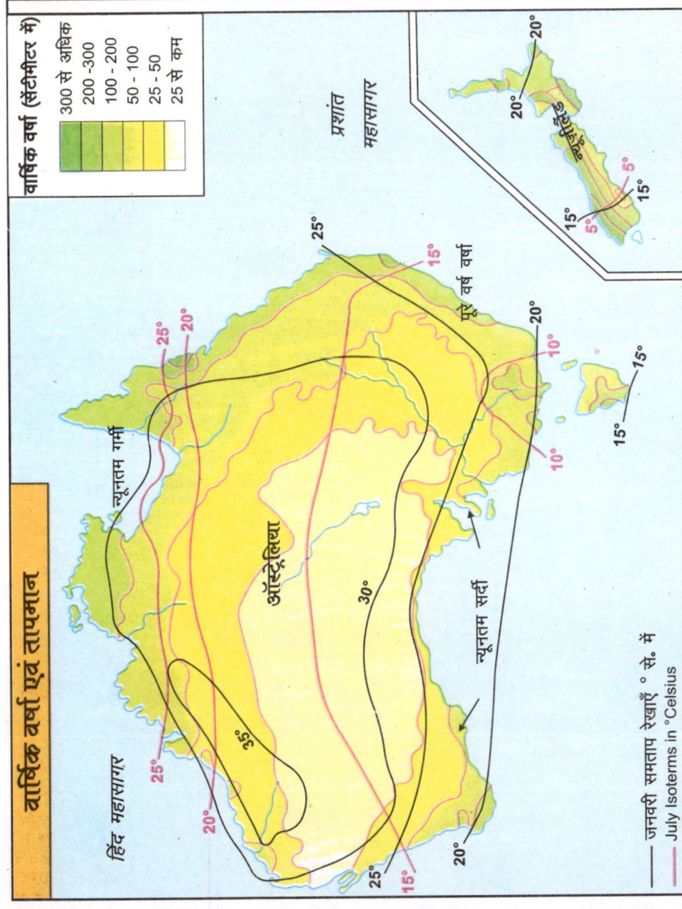

प्राकृतिक वनस्पति, प्राकृतिक खण्ड एवं कृषि

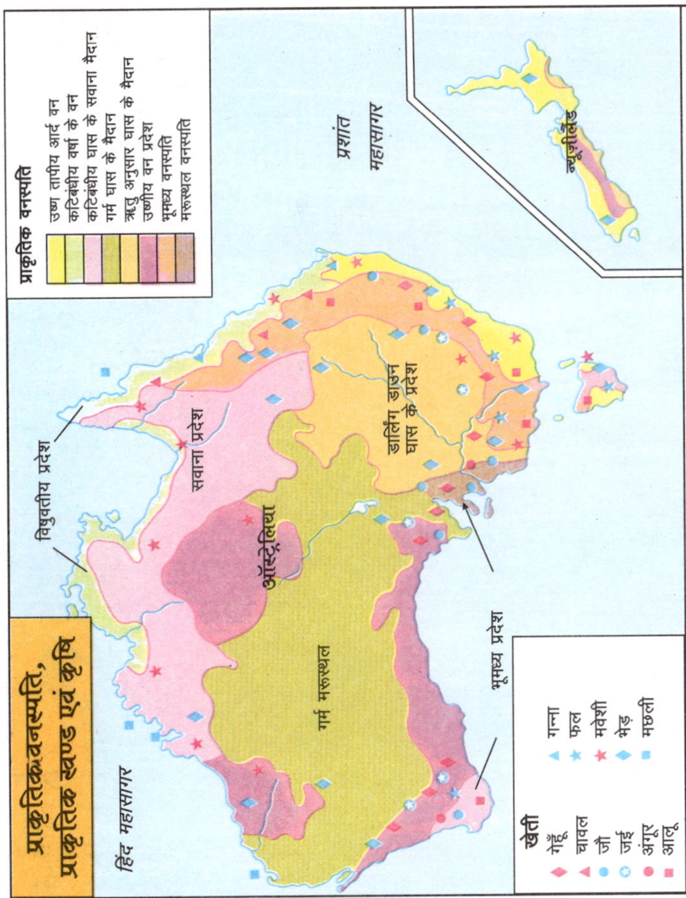

भूमि उपयोग, खनिज एवं औद्योगिक नगर

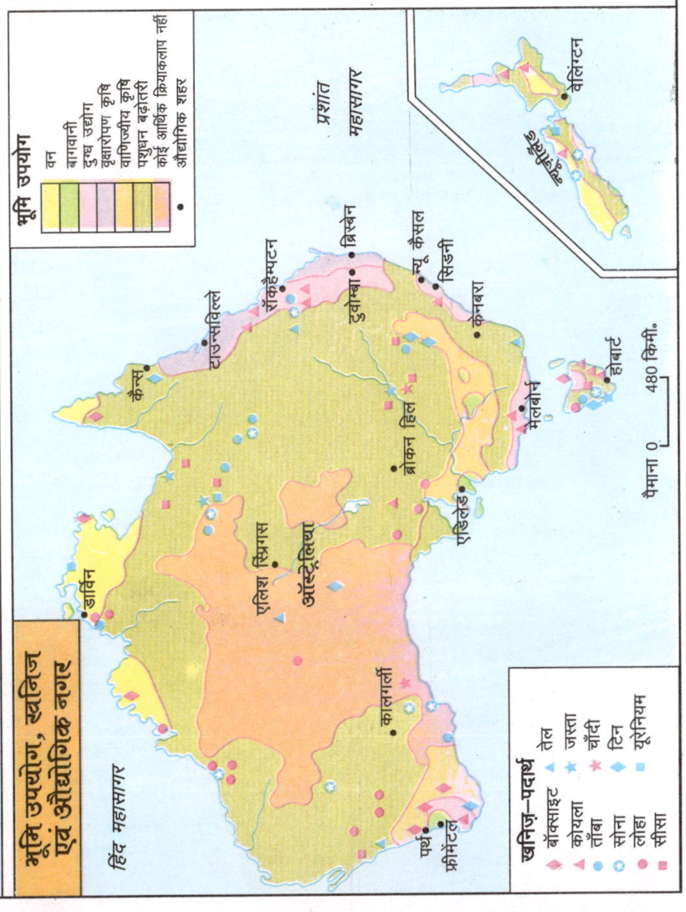

जनसंख्या घनत्व

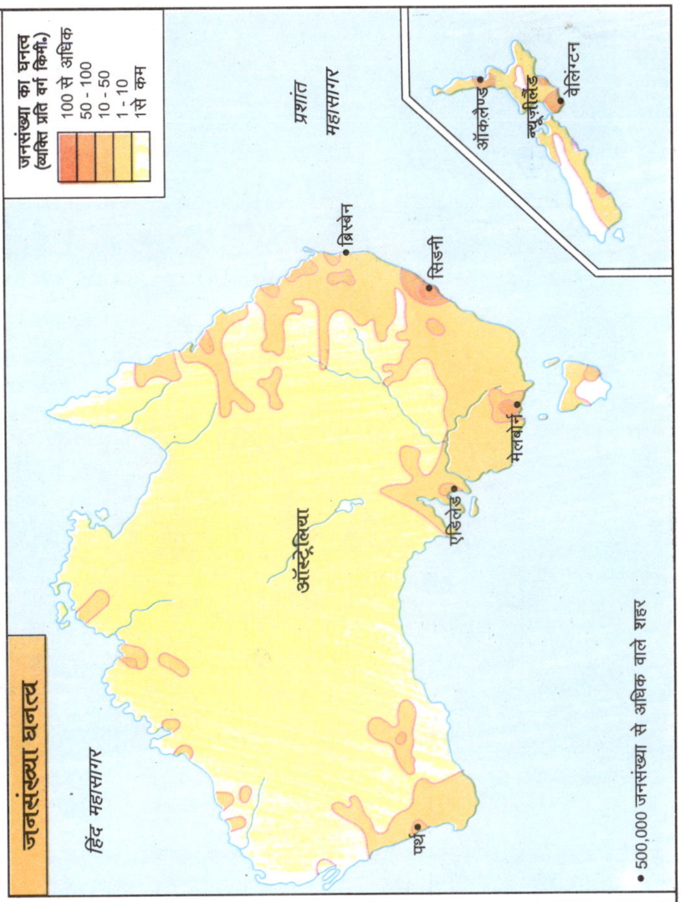

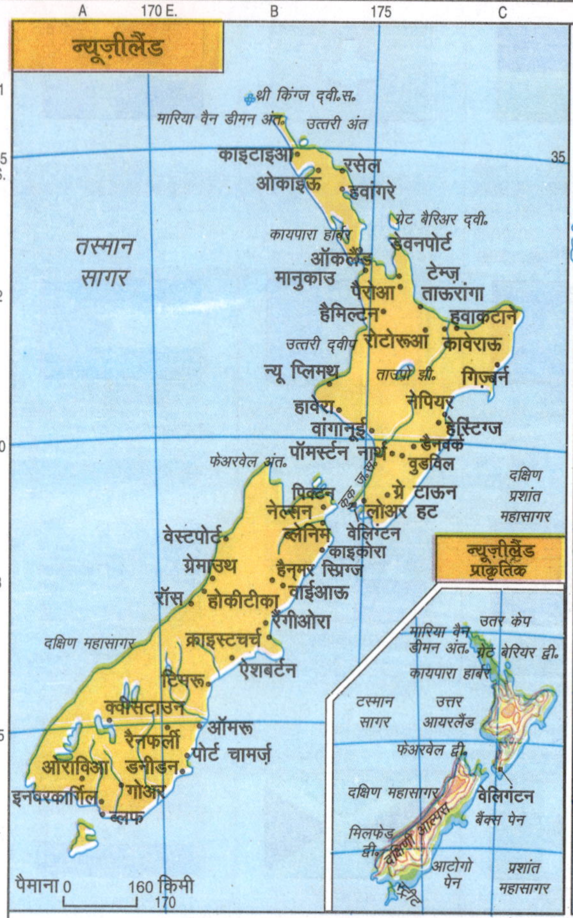

न्यूज़ीलैंड
थ्री किंग्ज द्वी.स.
मारिया वैन डीमन अंत
उत्तरी अंत
काइटाइआ
रसेल
ओकाइकं
ह्वांगरे
तस्मान सागर
कायपारा हार्बर
ग्रेट बैरिअर द्वी.
ऑकलैंड
डेवनपोर्ट
मानुकाउ
टेम्ज़
पेरोआ
ताऊरांगा
हैमिल्टन
ह्वाकटेन
उत्तरी द्वीप
रोटोरूआं
कावेराऊ
न्यू प्लिमथ
ताउपो झी.
गिज़्बर्न
हावेरा
नेपियर
वांगानूई
हेस्टिंग्ज
पॉमर्स्टन नार्थ
डेनवर्क
फेअरवेल अंत.
वुडविल
ग्रे टाऊन
पिक्टन
नेल्सन
लोअर हट
दक्षिण प्रशांत महासागर
वेस्टपोर्ट
ब्लेनिम
वेलिंग्टन
ग्रेमाउथ
काइकोरा
हैनमर स्प्रिंग्ज
रॉस
होकीटीका
वाईआऊ
रैंगीओरा
दक्षिण महासागर
क्राइस्टचर्च
ऐशबर्टन
टिमरू
क्वींसटाउन
ओमरू
रैनफर्ली
ओरांविआ
डनीडन
पोर्ट चामर्ज़
गोअर
इनवरकार्गिल
ब्लफ
पैमाना 0 160 किमी
न्यूज़ीलैंड प्राकृतिक
उत्तर केप
मारिया वैन डीमन अंत
ग्रेट बेरियर द्वी.
कायपारा हार्बर
टस्मान सागर
उत्तर आयरलैंड
फेअरवेल द्वी.
दक्षिण महासागर
वेलिंगटन
बैंक्स पेन
मिलफोर्ड
आटोगो पेन
प्रशांत महासागर

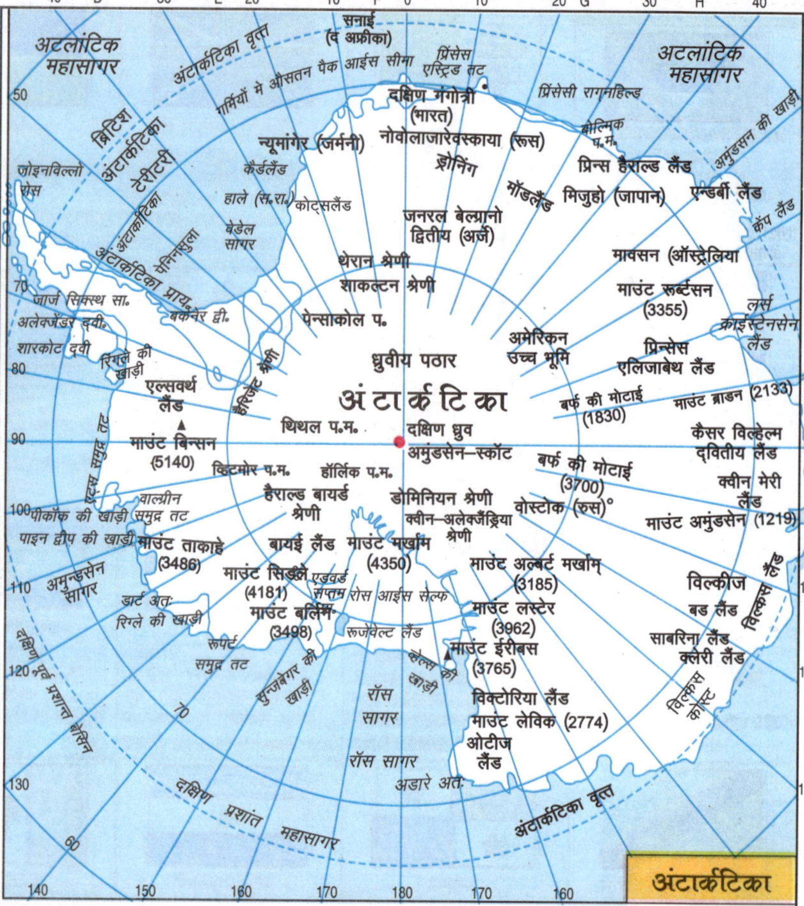

अटलांटिक महासागर
अंटार्कटिका वृत्त
गर्मियों में औसतन पैक आईस सीमा
सनाई (द अफ्रीका)
प्रिंसेस एस्ट्रिड तट
प्रिंसेसी रागनहिल्ड
दक्षिण गंगोत्री (भारत)
ब्रिटिश अंटार्कटिका टैरीटरी
न्यूमांगेर (जर्मनी)
नोवोलाजारेवस्काया (रूस)
प्रिन्स हैराल्ड लैंड
एन्डर्बी लैंड
कोट्सलैंड
मिजुहो (जापान)
जनरल बेल्ग्रानो द्वितीय (अर्जे)
बेडेल सागर
मावसन (ऑस्ट्रेलिया)
थेराना श्रेणी
शाकल्टन श्रेणी
अंटार्कटिका प्रायद्वीप
मांउट रूर्स्टसन (3355)
पेन्साकोल प.
लर्स क्रिश्चयनसेन लैंड
अमेरिकन उच्च भूमि
प्रिन्सेस एलिजाबेथ लैंड
ध्रुवीय पठार
एल्सवर्थ लैंड
अंटार्कटिका
मांउट ब्राउन (2133)
बर्फ की मोटाई (1830)
थिथल प.म.
दक्षिण ध्रुव
अमुंडसेन-स्कॉट
कैसर विल्हेल्म द्वितीय लैंड
मांउट बिन्सन (5140)
बर्फ की मोटाई (3700)
क्वीन मेरी लैंड
हैराल्ड बायर्ड श्रेणी
डोमिनियन श्रेणी
वोस्टोक (रूस)
मांउट अमुंडसेन (1219)
मांउट ताकाहे (3486)
बायर्ड लैंड
मांउट मर्खाम (4350)
अमुन्डसेन सागर
मांउट सिडली (4181)
रॉस आईस सेल्फ
मांउट अल्बर्ट मर्खाम (3185)
विल्कीज बड लैंड
मांउट बर्लिंग (3498)
मांउट लस्टेर (3962)
साबरिना लैंड
क्लेरी लैंड
मांउट ईरीबस (3765)
रॉस सागर
विक्टोरिया लैंड
मांउट लेविक (2774)
ओटीज लैंड
अडारे अंत
दक्षिण प्रशांत महासागर
अंटार्कटिका

ओखोटस्क सागर
यूक्रेन
कियेफ
मॉस्को
बेलारूस
तैमीर प्रा.
कारा सागर
नोवाया जेमल्या
हेलसिंकी
फिनलैंड
वार्सा
पोलैंड
लैप्टेव सागर
जॉर्ज लैंड
बैरेंट्स सागर
स्टॉकहोम
बर्लिन
उत्तरी अंत
आर्कटिक महासागर
फ्रांज जोसेफ लैंड
स्वीडन
कोपेनहेगन
जर्मनी
नीदरलैंड
बेरिंग द्वी.
स्पिट्सबर्गेन
ओस्लो
नार्वे
स्वालबार्ड (नार्वे)
नार्वेजियन सागर
संयुक्त राज्य
रैंगल द्वी.
उत्तर ध्रुव
पियरी 1909
बेरिंग सागर
ग्रीनलैंड सागर
डब्लिन
आयरलैंड
मॉरिस जॉसफ अं.
आइसलैंड
प्वाइंट बैरो
कोलंबिया अं.
रेक्यावीक
अलास्का (स.रा.अ.)
ग्रीनलैंड (डेन.)
प्रिंस पैट्रिक द्वी.
बोफर्ट सागर
मेल्विल द्वी.
बैंक्स द्वी.
बैफिन की खाड़ी
अटलांटिक महासागर
प्रशांत महासागर
विक्टोरिया द्वी.
ग्रेट बेअर झील
कनाडा
बैफिन द्वी.
नूक (गॉटहॉब)
लेब्राडोर सागर
पैमाना 0 440 किमी
आर्कटिक

उत्तर प्रशांत महासागर
दक्षिण प्रशांत महासागर
माइक्रोनेशिया
मेलानेशिया
पॉलिनेशिया
ऑस्ट्रेलिया
कैनबरा
सिडनी
मेलबर्न
होबार्ट
ब्रिस्बेन
डार्विन
एडिलेड
तस्मानिया
न्यूज़ीलैंड
वेलिंगटन
ऑकलैंड
क्राइस्टचर्च
न्यू गिनी
पोर्ट मोरेस्बी
पापुआ न्यू गिनी
सोलोमन द्वीप समूह
नाउरु
किरिबाती
तुवालु
वनुआतु
फ़िजी
सुवा
टोंगा
नुकुअलोफ़ा
न्यू कैलेडोनिया (फ्रांस)
मार्शल द्वीप समूह (सं.रा.)
कैरोलाइन द्वीप समूह
हवाई द्वीप समूह
होनोलूलू
जॉन्स्टन (सं.रा.)
टोकेलाउ (न्यूज़ी.)
पश्चिमी समोआ
कुक द्वीप समूह (न्यूज़ीलैंड)
फ्रेंच पॉलिनेशिया (फ्रेंच)
मार्केसस द्वीप समूह
ताहिती
पिटकैर्न (ब्रि.)
एडम्सटाउन
कोरल सागर
तस्मान सागर
फिलिपीन सागर
हिंद महासागर
कर्क रेखा
विषुवत रेखा
मकर वृत्त
पैमाना 0 200 किमी.

आ र्क टि क म हा सा ग र
ग्रीनलैंड
उत्तर अमेरिका
दक्षिण अमेरिका
अंटार्कटिका
ऑस्ट्रेलिया
कर्क रेखा
विषुवत रेखा
मकर रेखा
उत्तर प्रशांत महासागर
दक्षिण प्रशांत महासागर
उत्तर अटलांटिक महासागर
दक्षिण अटलांटिक महासागर
हिंद महासागर
द क्षि णी म हा सा ग र
अं टा र्क टि का
पैमाना 1 : 100 मी. लगभग

* संख्या द्वारा नक्शों पर दिखाये गये देश व उनकी राजधानियाँ

देश	राजधानी
अल्बानिया-20	तिराना
अल्जीरिया	अलजियर्स
अर्जेंटिना	ब्यूनस आयर्स
आर्मीनिया	येरेवान
ऑस्ट्रेलिया	कैनबरा
आस्ट्रेया-14 *	वियेना
अजरबैजान	बाकू
बहरीन	मनामा
बांग्लादेश	ढाका
बार्बेडोज	ब्रिजटाउन
बेलारुस	मिंस्क
बेल्जियम-23 *	ब्रुसेल्ज
भूटान	थिम्फू
बोस्निया-17*	सारायेबो
बोत्सवान	गाबरोनी
ब्राजील	ब्राजील्या
ब्रुनेई-33 *	बगावान
बूरुंडी-2 *	बंदर सेरी बगवान
कंबोडिया	नोमपेन्ह
कैमरून	याउंडे
कनाडा	ओटावा
चाड	एन् जामेना
चीन	बीजिंग
कांगो	ब्राजावील
कोस्टा रीका	सेन जोन
क्रोशिया-22 *	जग्रेब
साइप्रस-28 *	नीकोसिया
चेक गणतंत्र-12 *	प्राग
इजिप्त	काहिरा
इक्वै गिनी-5 *	मलाबो
अल सैल्वाडॉर	सेन सैलवार्डोर
इरिट्रिया	अस्मारा
एस्टोनिया	टालिन
फीजी	सुवा
फ्रांस	पेरिस
गेम्बिया-10 *	बाजूल
जॉर्जिया-25 *	तिफलिस
जर्मनी	बर्लिन
घाना-8 *	अकरा
ग्रीस	एथेन्स
ग्वाटेमाला	ग्वाटेमाला
गिनी	कोनाक्री
गिनी बिसाऊ-9 *	बिसाऊ
गयाना	जॉर्जटाउन
हैती	पोर्ट–ओ–प्रिस
हूडरास	तिगुसीगापी
हंगरी-16 *	बुडापेस्ट
भारत	दिल्ली
इराक	बगदाद
आयरलैंड	डब्लिन
इजराईल-30 *	जेरुसलेम
जमैका	किंग्स्टन
जापान	टोकियो
जार्डन-31 *	अमान
कुवैत	कुवैत शहर
किरगीजस्तान	फ्रूंजी
लाओस	व्येंत्यान
लात्विया	रीगा
लेबनान-29 *	बैरुत
लाइबीरिया	मनरोविया
लिबिया	त्रिपोली
लिथुएनिया	विलनिउस
मेसिडोनिया-19 *	स्कोप
मेडागास्कर	एंटेननरीवो
मलावी-1 *	लिलोंग्वे
मोरितानिया	नॉक चाट
मौरिशस	पोर्ट लुईस
मेक्सिको	मेक्सिको
मालडोवा	किशिनेफ
मंगोलिया	ऊलान बटोर
मोटीनीग्रे	पोगोरीका
मोजाम्बीक	मपूतो
नामीबिया	विंटहूक
नेपाल	काठमांडू
नीदरलैंड्स-24 *	एम्सटर्डम
न्यूजीलैंड	वेलिंगटन
निकारागवा	मनाग्वा
नाइजर	न्यामे
नाइजीरिया	अबुजा
ओमान	मस्कत
पनामा	पनामा
पुर्तगाल	लिस्बन
पैटो रीको-4 *	सेन जुआन
कतार-32 *	दोहा
रुमानिया	बुखारेस्ट
रशिया-11 *	मास्को
रवाडा-3 *	किगली
सेन मारिनो	सेन मारिनो
सऊदी अरब	रियाध
सेनेगल	डाकार
सरबीया-18 *	बेलग्रेडी
सिंगापुर	सिंगापुर
स्लोवाकिया.-13 *	ब्राटिस्लाव्हा
स्लोवेनिया-34 *	ल्यूबलाना
सोलोमन	होनीआरा
सोमालिया	मोंगदिशु
दक्षिण अफ्रीका	प्रिटोरिया
स्पेन	मेड्रिड
श्रीलंका	कोलम्बो
सेट लूकिआ-35 *	कास्ट्रीस
सूरीनेम	पारामोरीबो
स्वाजीलैंड	एम्बाबानी
स्विट्जरलैण्ड-15 *	बर्न
सीरिया	दमस्कश
ताइवान	ताइपेइ
ताजिकिस्तान	दुशान्बी
टोगो-7 *	लोमे
टेगो	नुकोलोया
तुर्की-21 *	अंकारा
तुर्कमेनिस्तान	अश्खाबाद
युगांडा	कम्पाला
यू.ए.ई.	आबू धाबी
यू.एस.ए.	वाशिंगटन
यूनाइटेडकिंगडम	लदंन
उज्बेकिस्तान	ताशकंद
वियतनाम	हनोई
जाम्बिया	लुसाका

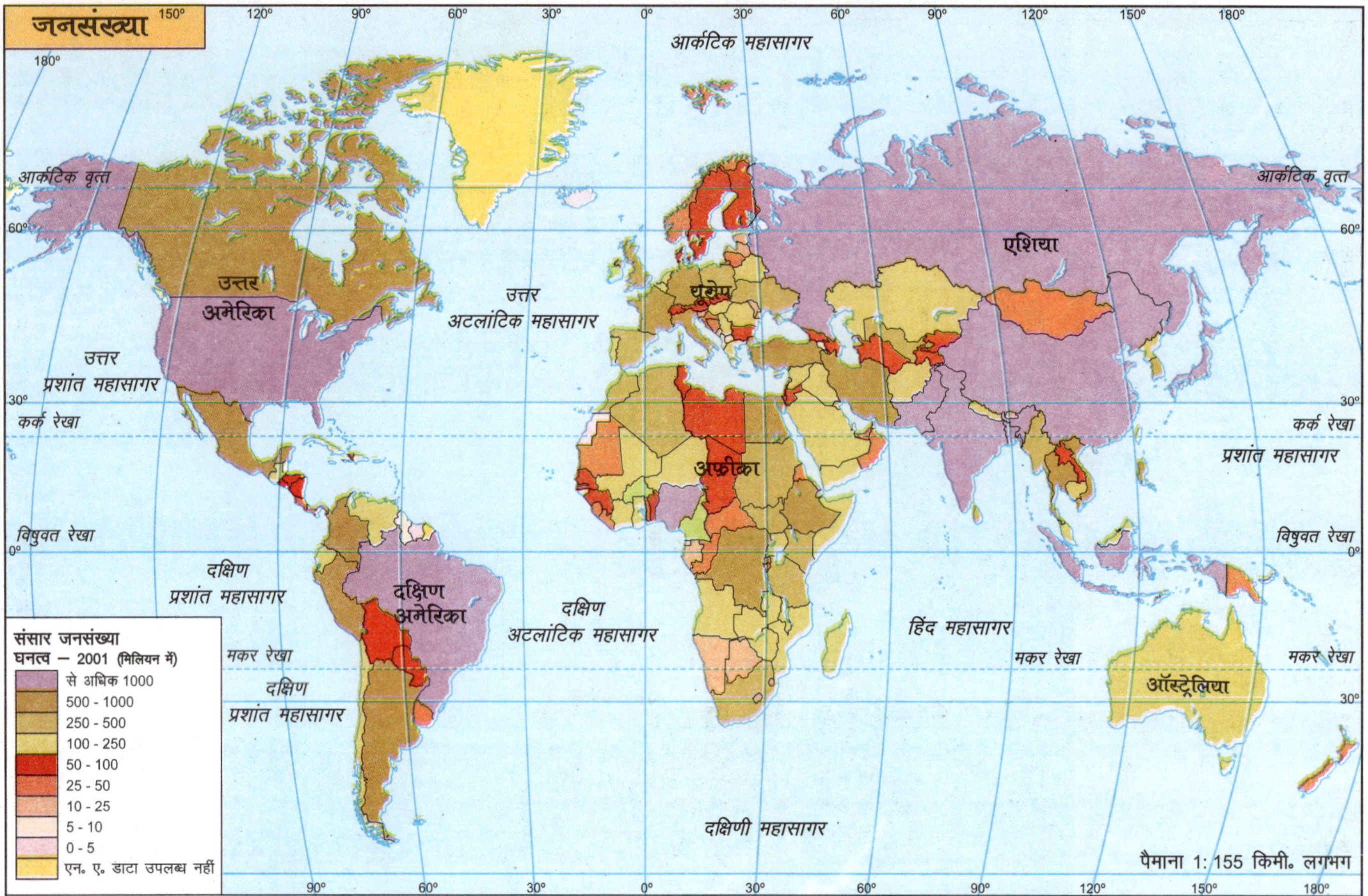
जनसंख्या
आर्कटिक महासागर
आर्कटिक वृत्त
एशिया
उत्तर अमेरिका
यूरोप
उत्तर अटलांटिक महासागर
उत्तर प्रशांत महासागर
कर्क रेखा
प्रशांत महासागर
अफ्रीका
विषुवत रेखा
दक्षिण प्रशांत महासागर
दक्षिण अमेरिका
दक्षिण अटलांटिक महासागर
हिंद महासागर
मकर रेखा
ऑस्ट्रेलिया
दक्षिणी महासागर
संसार जनसंख्या
घनत्व – 2001 (मिलियन में)
से अधिक 1000
500 - 1000
250 - 500
100 - 250
50 - 100
25 - 50
10 - 25
5 - 10
0 - 5
एन. ए. डाटा उपलब्ध नहीं
पैमाना 1: 155 किमी. लगभग

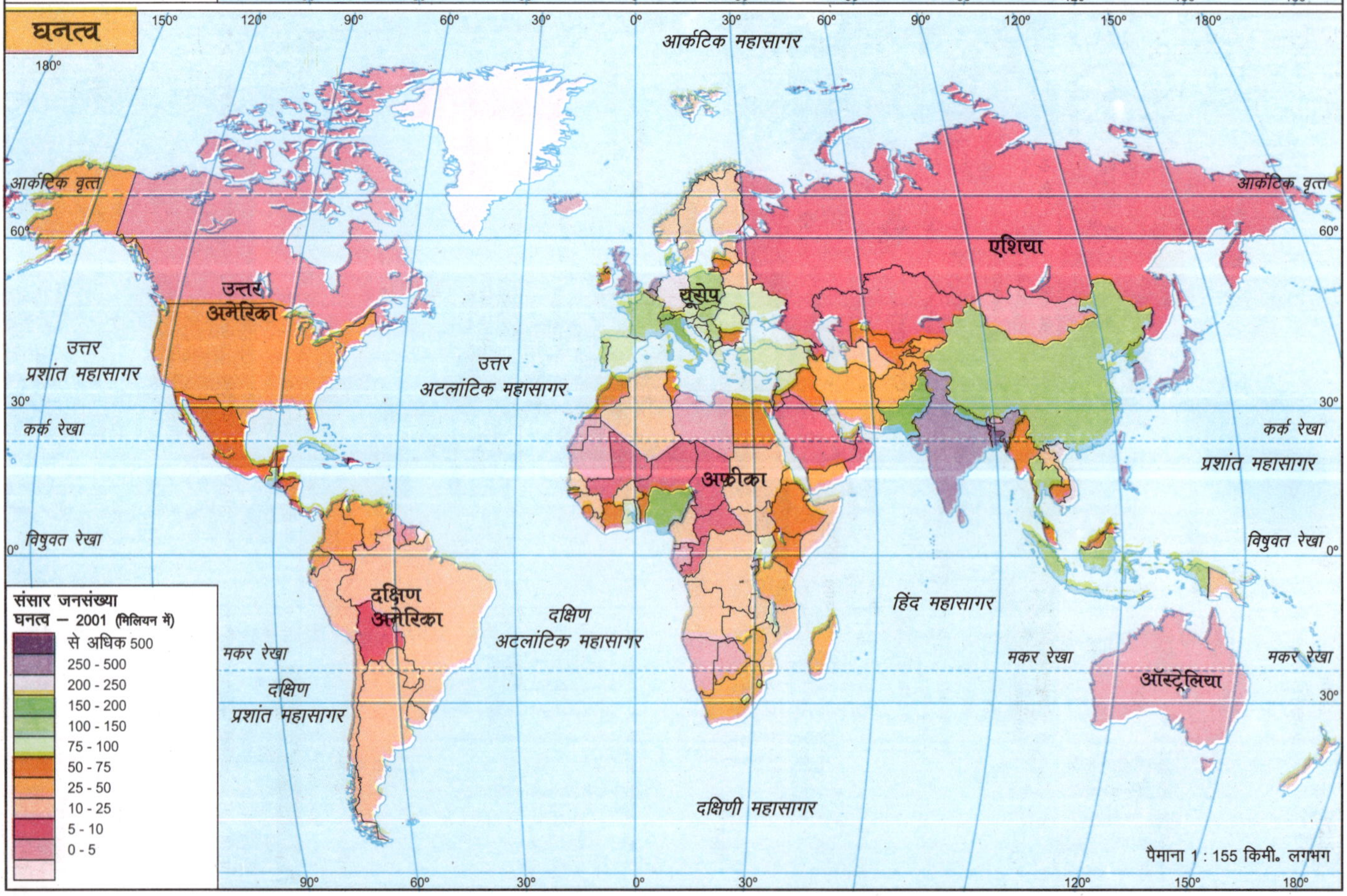
घनत्व
आर्कटिक महासागर
आर्कटिक वृत्त
एशिया
उत्तर अमेरिका
यूरोप
उत्तर प्रशांत महासागर
उत्तर अटलांटिक महासागर
कर्क रेखा
प्रशांत महासागर
अफ्रीका
विषुवत रेखा
दक्षिण अमेरिका
दक्षिण अटलांटिक महासागर
हिंद महासागर
मकर रेखा
दक्षिण प्रशांत महासागर
ऑस्ट्रेलिया
दक्षिणी महासागर
संसार जनसंख्या
घनत्व – 2001 (मिलियन में)
से अधिक 500
250 - 500
200 - 250
150 - 200
100 - 150
75 - 100
50 - 75
25 - 50
10 - 25
5 - 10
0 - 5
पैमाना 1 : 155 किमी. लगभग

समय का निर्धारण मध्यान्ह–देशान्तर–रेखा, जिसे 0° माना जाता है, के आधार पर किया जाता है। यह रेखा लंदन के निकट ग्रीनविच की वेधशाला से होकर निकलती है इसलिए इसे ग्रीनविच तिथि रेखा भी कहा जाता है।

पृथ्वी प्रत्येक 24 घंटों में अपनी धुरी पर 360° के कोण पर एक चक्कर पूरा करती है। इस तरह यह हर घंटे में 15° तथा हर 4 मिनट में 1° कोण पर घूमती है। चूंकि पृथ्वी 24 घंटों में अपना एक चक्कर पूरा करती है इसलिए ग्रीनविच देशान्तर के आधार पर पृथ्वी को 24 समय–क्षेत्रों में बांटा गया है।

साधारणतया एक व्यक्ति जब एक समय क्षेत्र में प्रवेश करता है तो उसे अपनी घड़ी में समय बदलना पड़ेगा। यदि ग्रीनविच–तिथि रेखा से पूर्व में सफर कर रहा है तो उसे अपनी घड़ी एक घंटा आगे करनी होगी और पश्चिम में सफर करते समय उसे अपनी घड़ी को एक घंटा पीछे करना होगा। ऐसी स्थिति में 0° देशान्तर यानि पूर्व की ओर जाने वाले यात्री को समय का लाभ होगा और पश्चिम की ओर जाने वाले यात्री को नुकसान होगा।

यदि आप अपना सफर सोमवार रात्रि 11 बजे ए स्थान से बी स्थान की ओर पूर्व में शुरू करेंगे तो आप अपने गंतव्य पर रविवार 3 जुलाई को 1 बजे पहुँचेंगे। इस तरह एक दिन का लाभ होगा। इसी तरह यदि आप बी स्थान से ए स्थान की ओर पश्चिम में 3 जुलाई को एक बजे अपना सफर शुरू करते हैं तो आप बी स्थान पर सोमवार रात्रि 11 बजे पहुँचेंगे। इस तरह एक दिन का नुकसान होगा।

हवाएँ और वर्षा

तापमान और महासागरीय धाराएँ

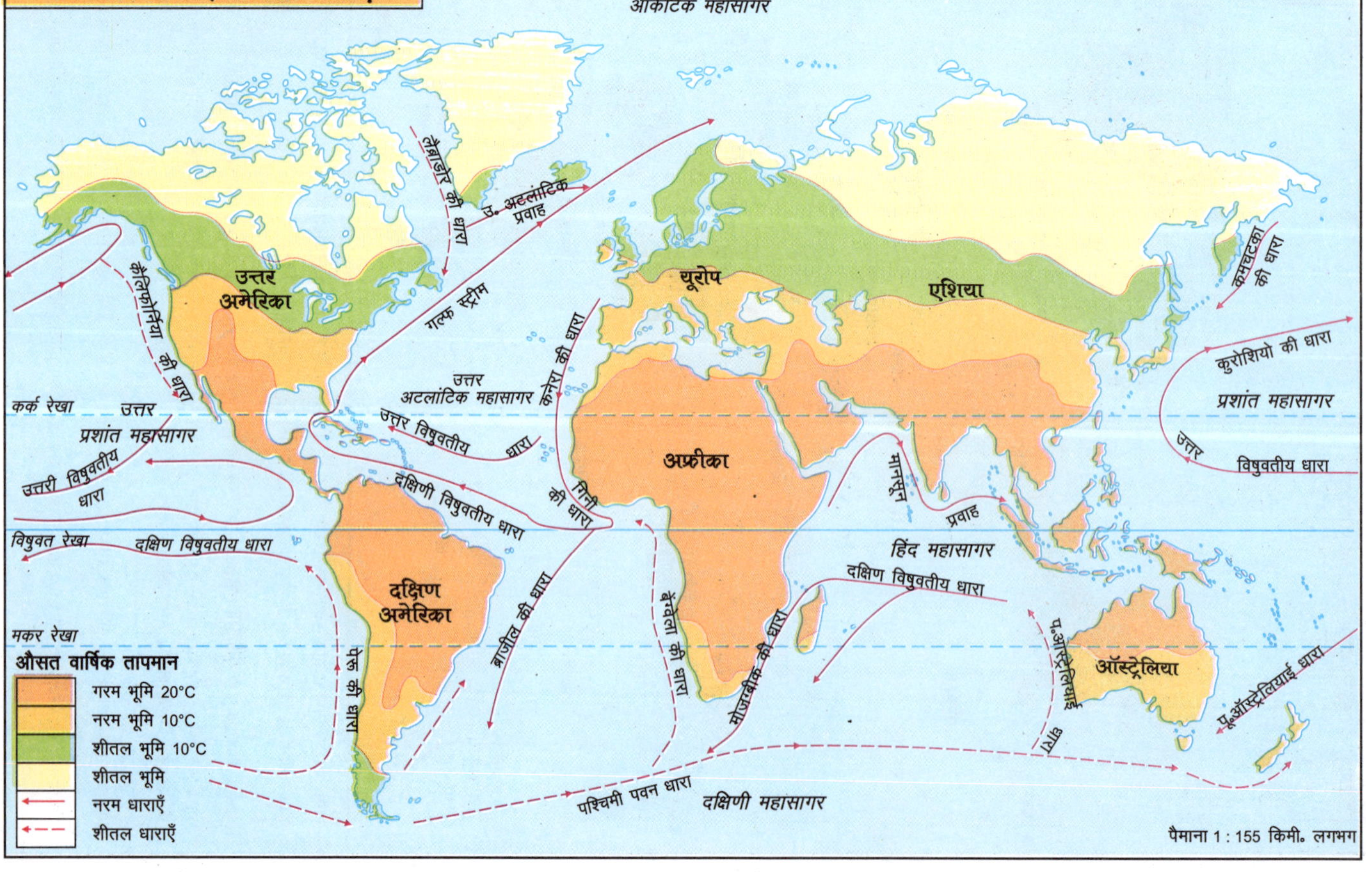

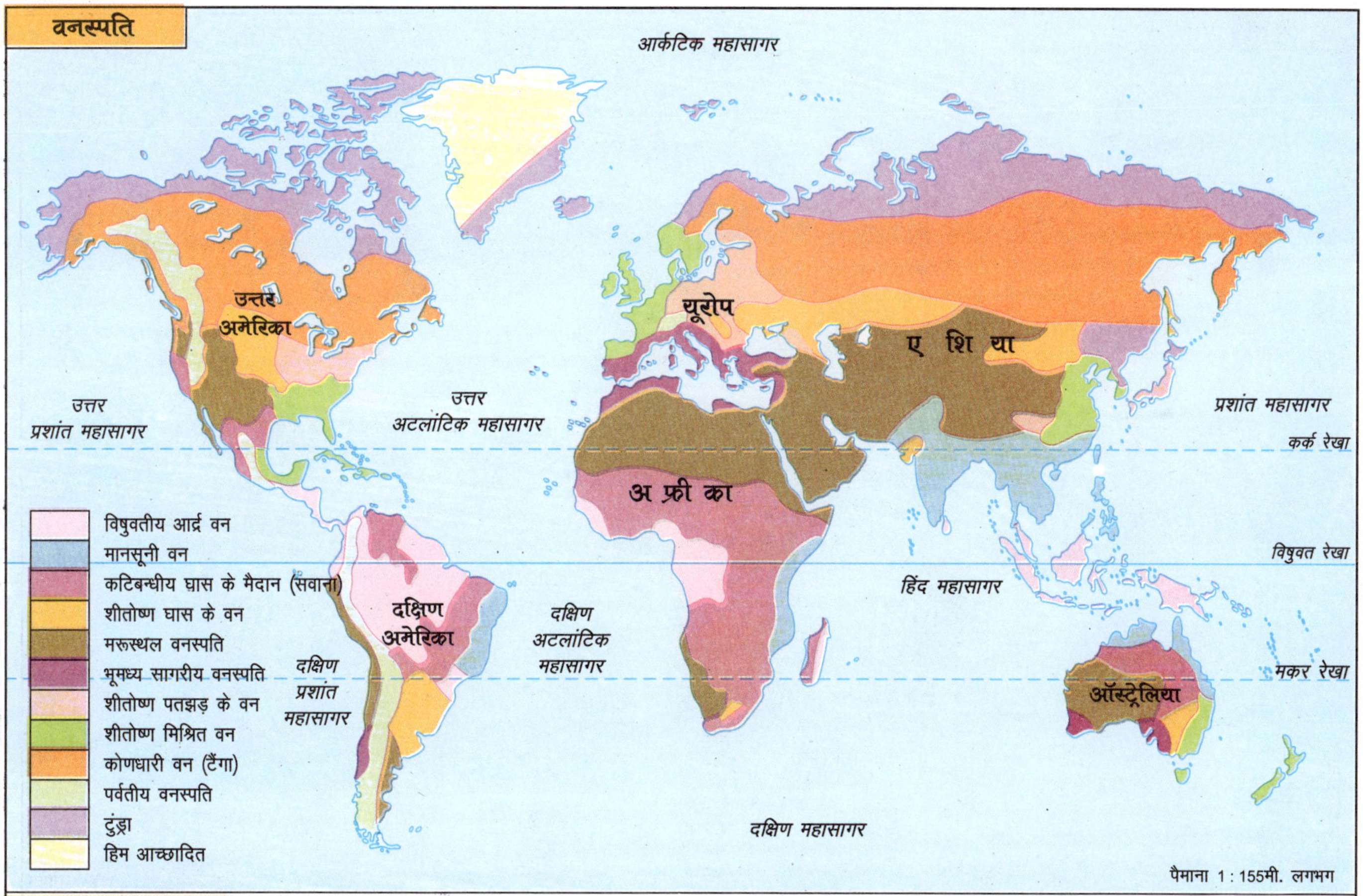
वनस्पति
आर्कटिक महासागर
उत्तर अमेरिका
यूरोप
ए शि या
उत्तर प्रशांत महासागर
उत्तर अटलांटिक महासागर
प्रशांत महासागर
कर्क रेखा
अ फ्री का
विषुवत रेखा
हिंद महासागर
दक्षिण अमेरिका
दक्षिण अटलांटिक महासागर
दक्षिण प्रशांत महासागर
मकर रेखा
ऑस्ट्रेलिया
दक्षिण महासागर
विषुवतीय आर्द्र वन
मानसूनी वन
कटिबन्धीय घास के मैदान (सवाना)
शीतोष्ण घास के वन
मरूस्थल वनस्पति
भूमध्य सागरीय वनस्पति
शीतोष्ण पतझड़ के वन
शीतोष्ण मिश्रित वन
कोणधारी वन (टैंगा)
पर्वतीय वनस्पति
टुंड्रा
हिम आच्छादित
पैमाना 1 : 155मी. लगभग

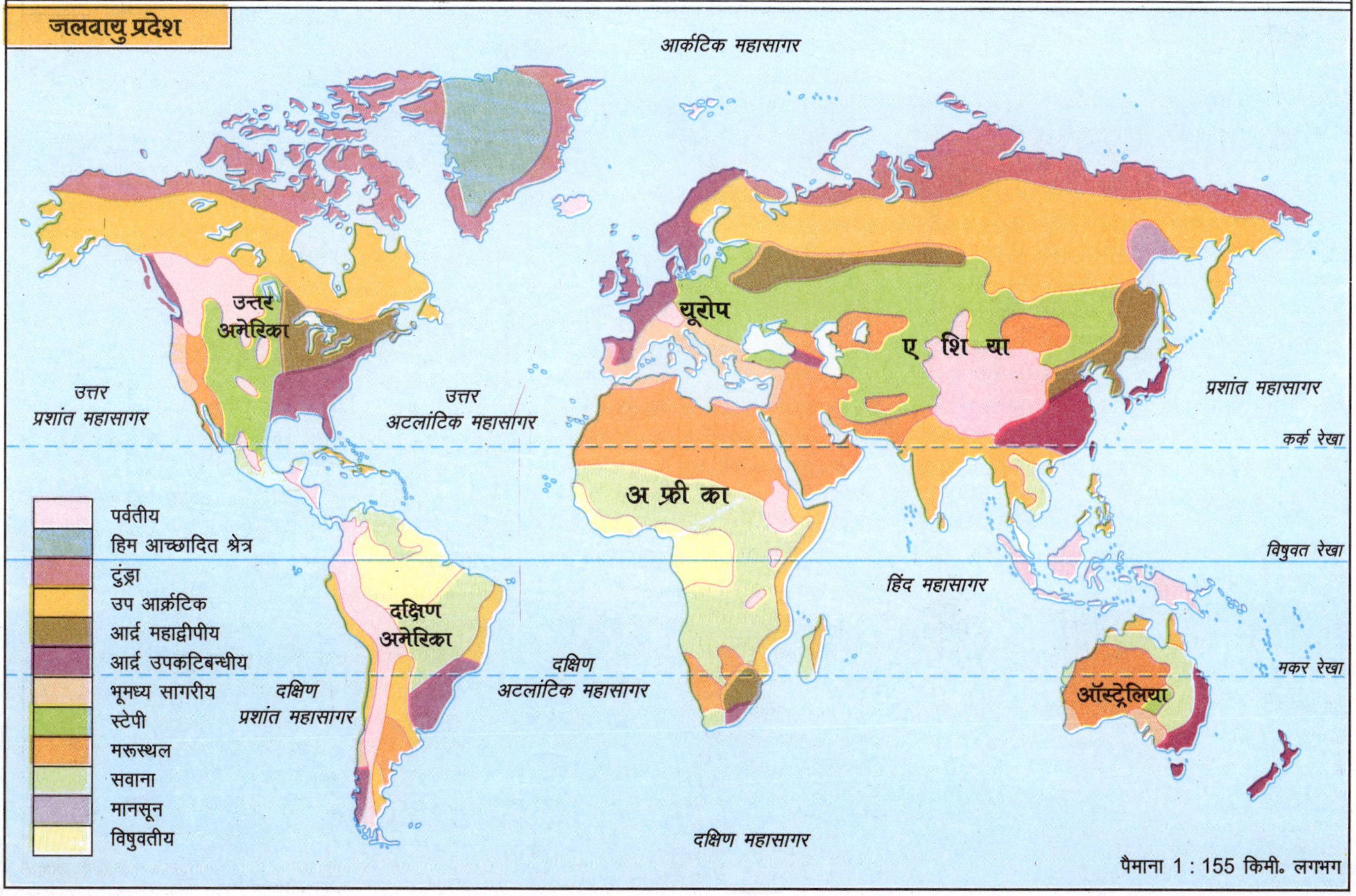
जलवायु प्रदेश
आर्कटिक महासागर
उत्तर अमेरिका
यूरोप
ए शि या
उत्तर प्रशांत महासागर
उत्तर अटलांटिक महासागर
प्रशांत महासागर
कर्क रेखा
अ फ्री का
विषुवत रेखा
हिंद महासागर
दक्षिण अमेरिका
दक्षिण अटलांटिक महासागर
दक्षिण प्रशांत महासागर
मकर रेखा
ऑस्ट्रेलिया
दक्षिण महासागर
पर्वतीय
हिम आच्छादित श्रेत्र
टुंड्रा
उप आर्क्रटिक
आर्द्र महाद्वीपीय
आर्द्र उपकटिबन्धीय
भूमध्य सागरीय
स्टेपी
मरूस्थल
सवाना
मानसून
विषुवतीय
पैमाना 1 : 155 किमी॰ लगभग

कृषि

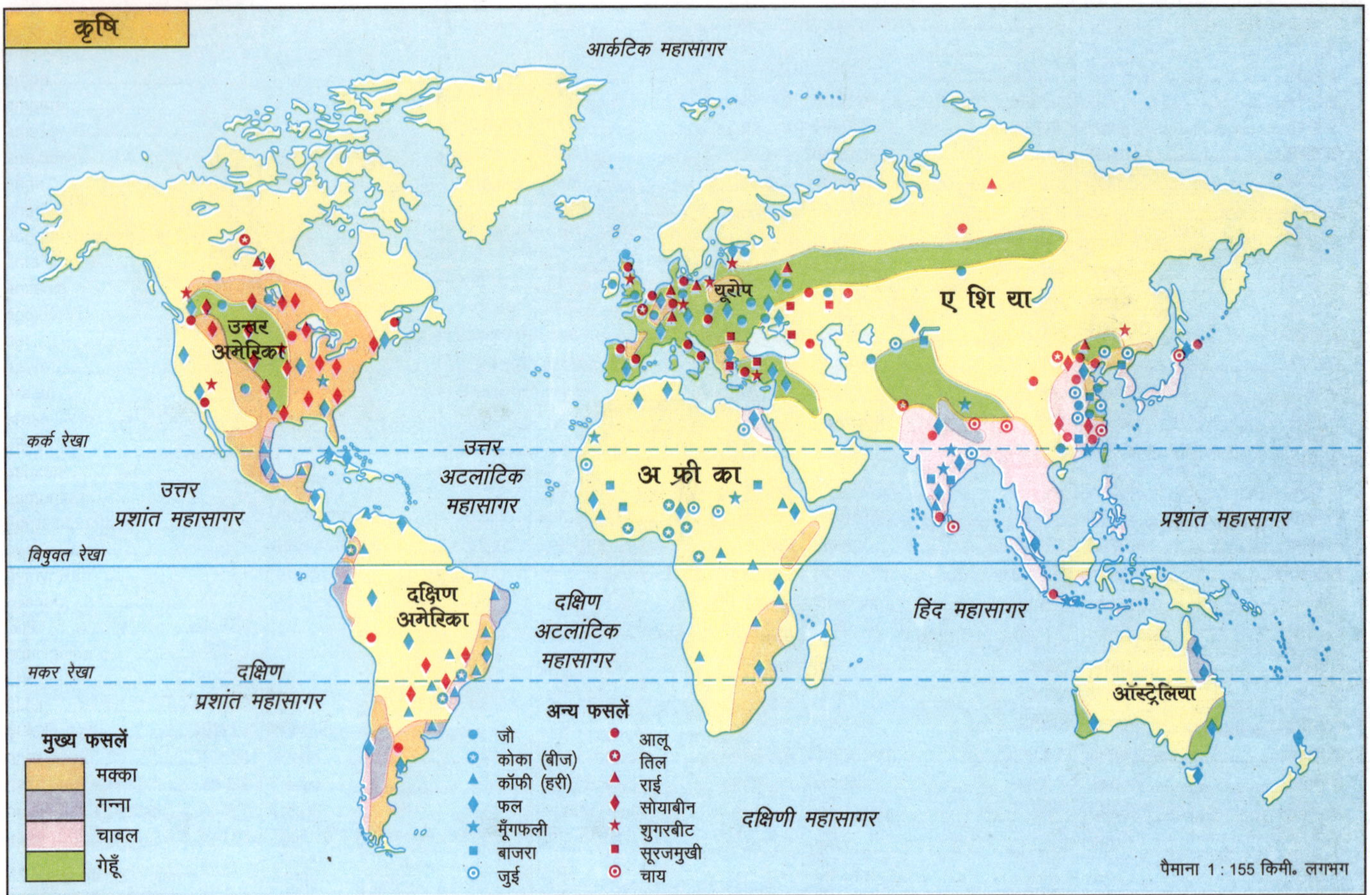
आर्कटिक महासागर
उत्तर अमेरिका
यूरोप
ए शि या
अ फ्री का
उत्तर अटलांटिक महासागर
उत्तर प्रशांत महासागर
प्रशांत महासागर
कर्क रेखा
विषुवत रेखा
मकर रेखा
दक्षिण अमेरिका
दक्षिण अटलांटिक महासागर
दक्षिण प्रशांत महासागर
हिंद महासागर
ऑस्ट्रेलिया
दक्षिणी महासागर
मुख्य फसलें
मक्का
गन्ना
चावल
गेहूँ
अन्य फसलें
जौ
कोका (बीज)
कॉफी (हरी)
फल
मूँगफली
बाजरा
जुई
आलू
तिल
राई
सोयाबीन
शुगरबीट
सूरजमुखी
चाय
पैमाना 1 : 155 किमी. लगभग

खनिज

आर्कटिक महासागर
उत्तर अमेरिका
यूरोप
ए शि या
उत्तर प्रशांत महासागर
उत्तर अटलांटिक महासागर
कर्क रेखा
अ फ्री का
प्रशांत महासागर
विषुवत रेखा
दक्षिण अमेरिका
दक्षिण अटलांटिक महासागर
दक्षिण प्रशांत महासागर
हिंद महासागर
मकर रेखा
ऑस्ट्रेलिया
खनिज
एल्युमिनियम
एस्बेस्टॉस
क्रोमियम
कोबाल्ट
ताँबा
हीरा
सोना
लोहा
सीसा
मैंगनीज
निकल
फॉस्फेट
प्लेटिनम्
चाँदी
गंधक
टिन
टाइटेनियम
टंगस्टन
यूरेनियम
जस्ता
दक्षिणी महासागर
पैमाना 1 : 155 किमी. लगभग

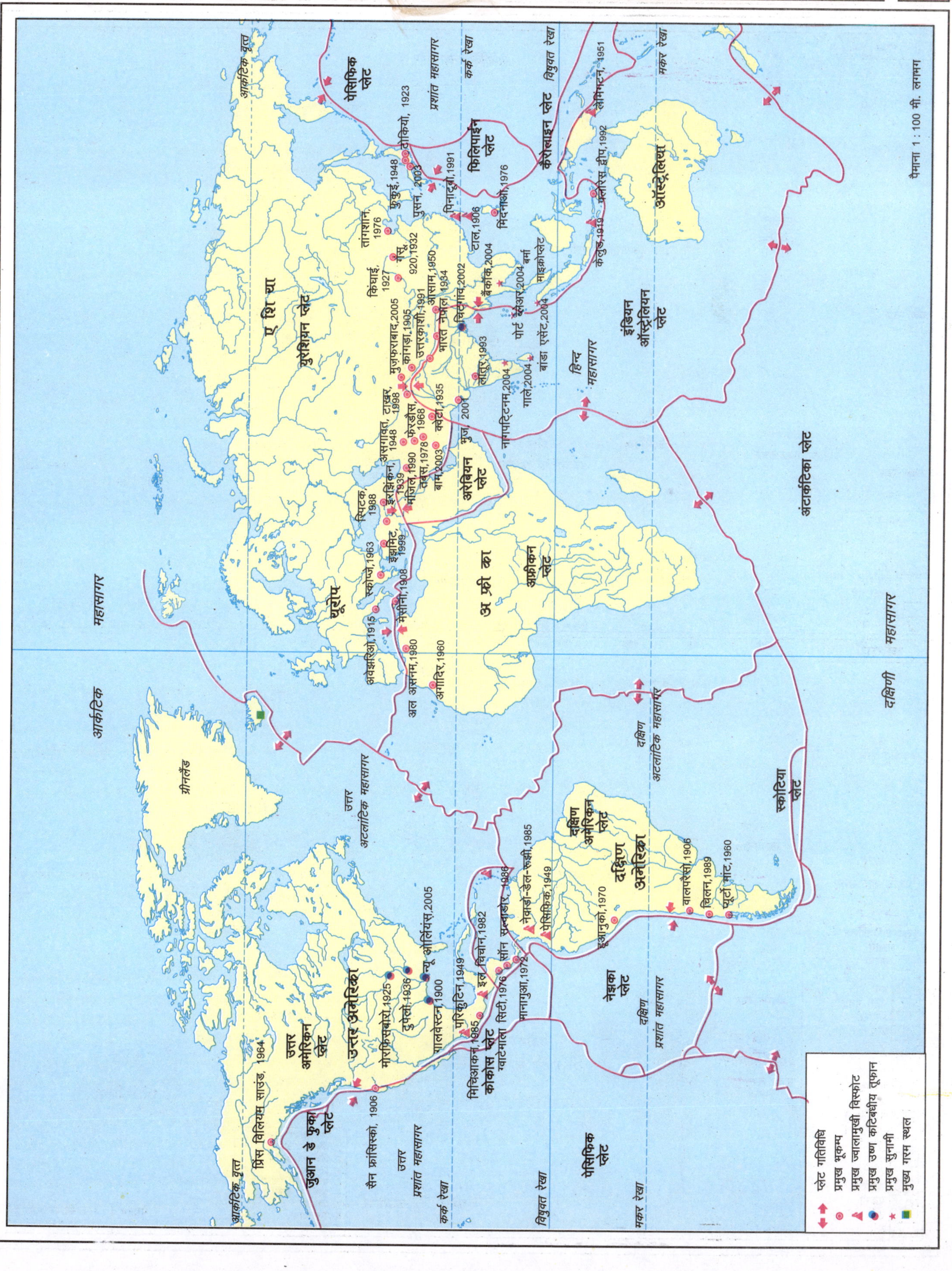
आर्कटिक महासागर
ग्रीनलैंड
आर्कटिक वृत्त
प्रिंस विलियम साउंड, 1964
उत्तर अमेरिकन प्लेट
जुआन डे फुका प्लेट
उत्तर अमेरिका
सैन फ्रांसिस्को, 1906
मोरफिसबोरो,1925
दुपेलो,1936
न्यू ओर्लियंस,2005
गालवेस्टन,1900
उत्तर प्रशांत महासागर
कर्क रेखा
परिकुटिन,1949
मिचिआकन,1985
कोकोस प्लेट
इल चिचोन,1982
ग्वाटेमाला सिटी,1976
सॉन सल्वाडोर, 1986
मानागुआ,1972
नेवाडो-डेल-रुइज़,1985
पेसिफिक,1949
विषुवत रेखा
पेसिफिक प्लेट
नेझका प्लेट
दक्षिण प्रशांत महासागर
मकर रेखा
हुआनुको,1970
दक्षिण अमेरिकन प्लेट
दक्षिण अमेरिका
वालपरेसो,1906
चिलन,1989
प्यूर्टो मांट,1960
स्कोटिया प्लेट
उत्तर अटलांटिक महासागर
दक्षिण अटलांटिक महासागर
यूरोप
अवेझरिओ,1915
स्कोप्जे,1963
स्पिटक, 1988
मेसीना,1908
इझमिट, 1999
इरझिंकन, 1939
अल असनम,1980
अगादिर,1960
असगावत, 1948
टाब्बर, 1998
मंजिल,1990
तबस,1978
फेरडौस, 1968
बाम,2003
क्वेटा,1935
अ फ्री का
अरेबियन प्लेट
अफ्रीकन प्लेट
ए शि या
युरेशियन प्लेट
मुज़फराबाद,2005
कांगड़ा,1905
उत्तरकाशी,1991
आसाम,1950
भारत नेपाल 1934
किंघाई, 1927
तांगशान, 1976
गैंसू, 920,1932
फुकुई,1948
टोकियो, 1923
पुसन, 2003
भुज, 2001
लातूर,1993
चिटगांव,2002
नागपट्टिनम,2004
गाले,2004
पोर्ट ब्लेअर,2004
बर्मा माइक्रोप्लेट
बांडा एसेंट,2004
बैंकॉक,2004
टाल,1906
पिनाटूबो,1991
मिंदनाओ,1976
फिलिपाईन प्लेट
पेसिफिक प्लेट
प्रशांत महासागर
कैरोलाइन प्लेट
केलुड,1919
फ्लोरेस द्वीप,1992
लेमिंगटन, 1951
हिन्द महासागर
इंडियन ऑस्ट्रेलियन प्लेट
ऑस्ट्रेलिया
अंटार्कटिका प्लेट
दक्षिणी महासागर
प्लेट गतिविधि
प्रमुख भूकम्प
प्रमुख ज्वालामुखी विस्फोट
प्रमुख उष्ण कटिबंधीय तूफान
प्रमुख सुनामी
मुख्य गरम स्थल
पैमाना 1 : 100 मी. लगभग

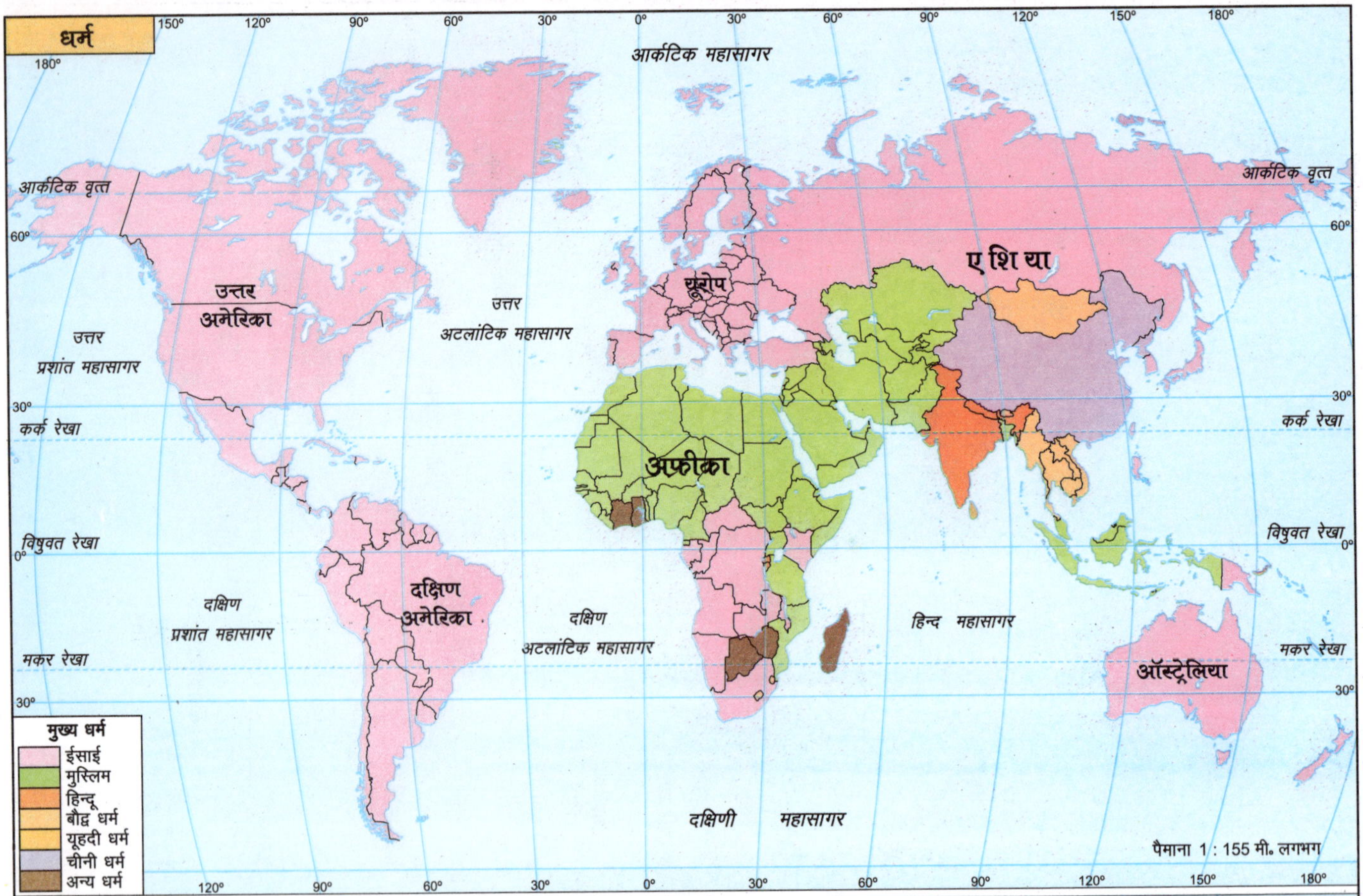
धर्म
आर्कटिक महासागर
आर्कटिक वृत्त
उत्तर अमेरिका
यूरोप
ए शि या
उत्तर प्रशांत महासागर
उत्तर अटलांटिक महासागर
कर्क रेखा
अफ्रीका
विषुवत रेखा
दक्षिण अमेरिका
दक्षिण प्रशांत महासागर
दक्षिण अटलांटिक महासागर
हिन्द महासागर
मकर रेखा
ऑस्ट्रेलिया
दक्षिणी महासागर
मुख्य धर्म
ईसाई
मुस्लिम
हिन्दू
बौद्ध धर्म
यूहदी धर्म
चीनी धर्म
अन्य धर्म
पैमाना 1 : 155 मी. लगभग

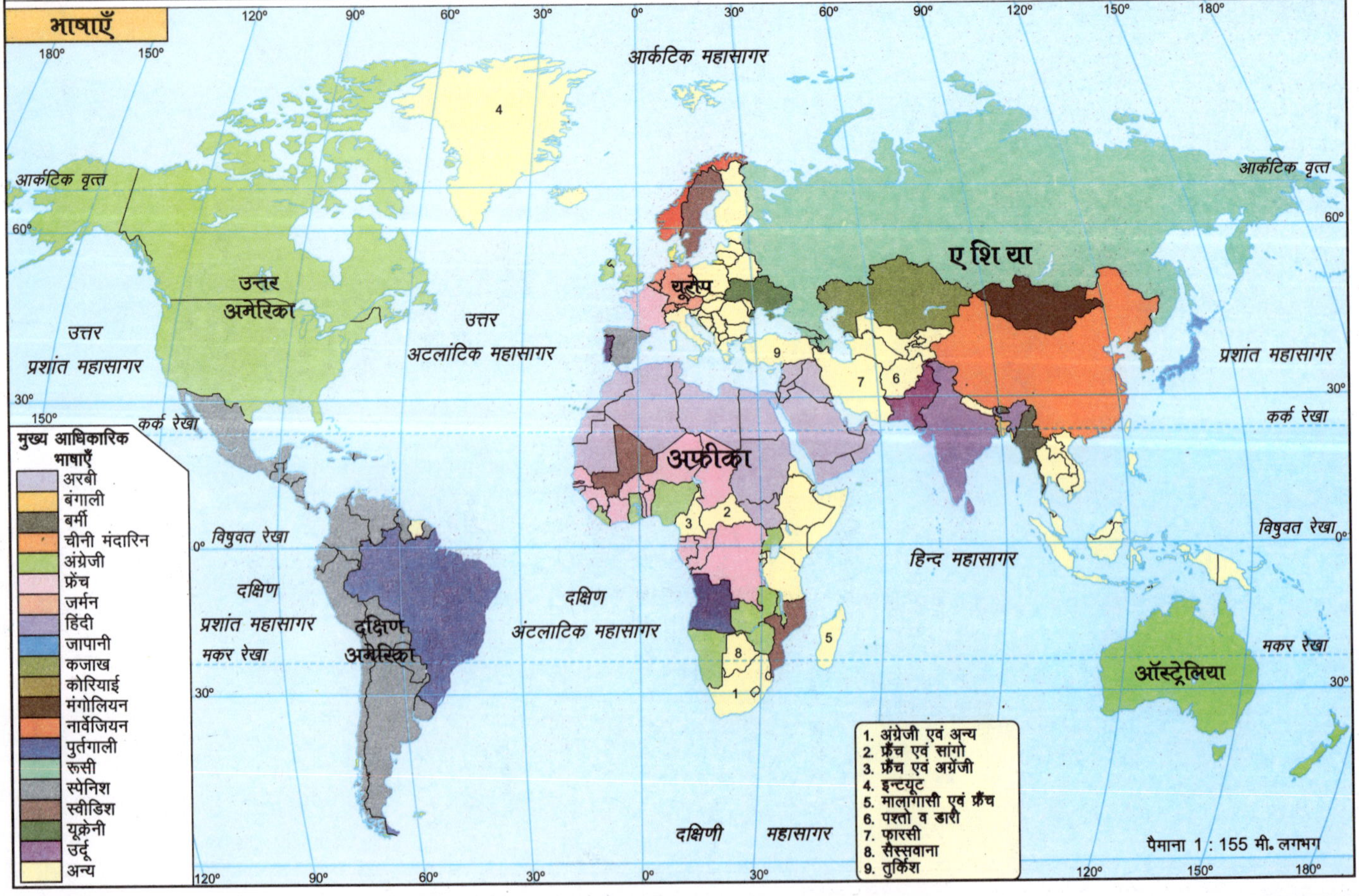
भाषाएँ
आर्कटिक महासागर
आर्कटिक वृत्त
उत्तर अमेरिका
यूरोप
ए शि या
उत्तर प्रशांत महासागर
उत्तर अटलांटिक महासागर
प्रशांत महासागर
कर्क रेखा
अफ्रीका
विषुवत रेखा
दक्षिण अमेरिका
दक्षिण प्रशांत महासागर
दक्षिण अटलांटिक महासागर
हिन्द महासागर
मकर रेखा
ऑस्ट्रेलिया
दक्षिणी महासागर
मुख्य आधिकारिक भाषाएँ
अरबी
बंगाली
बर्मी
चीनी मंदारिन
अंग्रेजी
फ्रेंच
जर्मन
हिंदी
जापानी
कजाख
कोरियाई
मंगोलियन
नार्वेजियन
पुर्तगाली
रूसी
स्पेनिश
स्वीडिश
यूक्रेनी
उर्दू
अन्य
1. अंग्रेजी एवं अन्य
2. फ्रैंच एवं सांगो
3. फ्रैंच एवं अंग्रेजी
4. इन्टयूट
5. मालागासी एवं फ्रैंच
6. पश्तो व डारी
7. फारसी
8. सैस्त्वाना
9. तुर्किश
पैमाना 1 : 155 मी. लगभग

हवाई - मार्ग

सड़क और समुद्री मार्ग

अफ्रीका

अल्जीरिया

राजधानी : अल्जीयर्स
क्षेत्रफल : 23,81,741 वर्ग किमी.
मुद्रा : अल्जीरियन दिनार
स्वतन्त्रता : 5 जुलाई, 1962
भाषाएँ : अरेबिक, बेरबर एवं फ्रेंच

अंगोला

राजधानी : लुआण्डा
क्षेत्रफल : 12,46,700 वर्ग किमी.
मुद्रा : क्वांजा
स्वतन्त्रता : 11 नवम्बर, 1975
भाषाएँ : पुर्तगाली, बन्टू

बेनिन

राजधानी : पोर्टा नोवो
क्षेत्रफल : 1,14,763 वर्ग किमी.
मुद्रा : फ्रेंक, C.F.A
स्वतन्त्रता : 1 अगस्त, 1960
भाषाएँ : फ्रेंच, कबीलाई

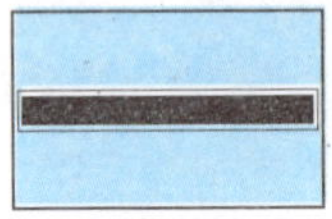

बोत्स्वाना

राजधानी : गैबोरोन
क्षेत्रफल : 5,81,730 वर्ग किमी.
मुद्रा : पुला
स्वतन्त्रता : 30 सितम्बर 1966
भाषाएँ : अंग्रेजी और सेत्स्वान

बरकिना फासो

राजधानी : ओगाडुगु
क्षेत्रफल : 2,74,222 वर्ग किमी.
मुद्रा : फ्रैंक, C.F.A
स्वतन्त्रता : 5 अगस्त 1960
भाषाएँ : फ्रेंच तथा स्थानीय भाषा

बुरुण्डी

राजधानी : बुजुमबुरा
क्षेत्रफल : 27,834 वर्ग किमी.
मुद्रा : बुरुडियन फ्रेंक
स्वतन्त्रता : 1 जुलाई 1962
भाषाएँ : फ्रेंच और किरुण्डी

कैमरून

राजधानी : याओण्डे
क्षेत्रफल : 4,75,442 वर्ग किमी.
मुद्रा : फ्रैंक C.F.A
स्वतन्त्रता : 01 जनवरी 1960
भाषाएँ : फ्रेंच और अंग्रेजी

केप वेर्डे

राजधानी : प्रैया
क्षेत्रफल : 4,033 वर्ग किमी.
मुद्रा : एस्क्युडो
स्वतन्त्रता : 05 जुलाई 1975
भाषाएँ : पुर्तगाली, क्रिओयूल

सेन्ट्रल अफ्रीकन रिपब्लिक

राजधानी : बंगुई
क्षेत्रफल : 622,436 वर्ग किमी.
मुद्रा : फ्रैंक C.F.A
स्वतन्त्रता : 13 अगस्त, 1960
भाषाएँ : फ्रेंच और संघों

चाड

राजधानी : एनजमेना
क्षेत्रफल : 12,84,000 वर्ग किमी.
मुद्रा : फ्रैंक C.F.A
स्वतन्त्रता : 11 अगस्त 1960
भाषाएँ : फ्रेंच और अरबी, कबीलाई बोली

कोमोरोस

राजधानी : मोरोनी
क्षेत्रफल : 1,862 वर्ग किमी.
मुद्रा : कोमेरियन फ्रैंक
स्वतन्त्रता : 6 जुलाई 1975
भाषाएँ : अरबी, कोमोरोन

कांगो लोकतांत्रिक गणराज्य

राजधानी : किन्हासा
क्षेत्रफल : 23,44,858 वर्ग किमी.
मुद्रा : कंगाली फ्रैंच
स्वतन्त्रता : 30 जून 1960
भाषाएँ : फ्रेंच, लिंगला, कांगो, टेके

कांगो

राजधानी : ब्राजिविल्ले
क्षेत्रफल : 3,42,000 वर्ग किमी.
मुद्रा : फ्रैंक C.F.A
स्वतन्त्राता : 15 अगस्त 1960
भाषाएँ : फ्रेंच, लिंगला, कांगो, टेके

कोटे डी आइवरी

राजधानी : अबिदजान (यामोउस्स्क्रो)
क्षेत्रफल : 3,22,463 वर्ग किमी.
मुद्रा : फ्रैंक C.F.A
स्वतन्त्रता : 7 अगस्त, 1960
भाषाएँ : फ्रेंच और कबायली

जिबूती

राजधानी : जिबूती
क्षेत्रफल : 23,200 वर्ग किमी.
मुद्रा : जिबूती फ्रेंक
स्वतन्त्रता : 27 जून, 1977
भाषाएँ : फ्रेंच, अरबी, अफ्फार, ईस्सा

मिस्त्र (इजिप्ट)

राजधानी : काहिरा
क्षेत्रफल : 10,02,450 वर्ग किमी.
मुद्रा : मिस्री पाउण्ड
स्वतन्त्रता : 28 फरवरी, 1922
भाषाएँ : अरबी और अंग्रेजी

इक्वीटोरियल गिनी

राजधानी : मलाबो
क्षेत्रफल : 28,051 वर्ग किमी.
मुद्रा : फ्रैंक C.F.A
स्वतन्त्रता : 12 अक्टूम्बर 1968
भाषाएँ : स्पेनिश, फ्रैंग बूबी और पिडगिन

इरीट्रिया

राजधानी : असमारा
क्षेत्रफल : 1,17,600 वर्ग किमी.
मुद्रा : नक्फा
स्वतन्त्रता : 24 मई, 1993
भाषाएँ : टिगरिनया, स्थानीय भाषा

इथियोपिया

राजधानी : आदिस अबाबा
क्षेत्रफल : 11,04,300 वर्ग किमी.
मुद्रा : अमहारिक
स्वतन्त्रता : 07 अगस्त 1960
भाषाएँ : अमहारिक

गैबन

राजधानी : लिबरविले
क्षेत्रफल : 2,67,668 वर्ग किमी.
मुद्रा : फ्रैंक C.F.A
स्वतन्त्रता : 17 अगस्त, 1960
भाषाएँ : फ्रेंच और बान्टू बोलियां

गैम्बिया

राजधानी : बांजुल
क्षेत्रफल : 11,295 वर्ग किमी.
मुद्रा : दलासी
स्वतन्त्रता : 18 फरवरी 1965
भाषाएँ : अंग्रेजी, मन्डिका, वोलोफ

घाना

राजधानी : अकरा
क्षेत्रफल : 2,38,533 वर्ग किमी.
मुद्रा : सेडी
स्वतन्त्रता : 6 मार्च, 1957
भाषाएँ : अंग्रेजी (शासकीय), आठ प्रमुख राष्ट्रीय भाषाएँ

गिनी

राजधानी : कोनाक्री
क्षेत्रफल : 2,45,857 वर्ग किमी.
मुद्रा : गिनी फ्रैंक
स्वतन्त्रता : 02 अक्टूम्बर 1958
भाषाएँ : फ्रेंच, आठ राष्ट्रीय भाषाएँ

गिनी बिसाऊ

राजधानी : बिसाऊ
क्षेत्रफल : 36,125 वर्ग किमी.
मुद्रा : फ्रैंक C.F.A
स्वतंत्रता : 24 सितम्बर, 1973
भाषाएँ : क्रिओलू, पुर्तगाली, आदिवासी

केन्या

राजधानी : नैरोबी
क्षेत्रफल : 5,80,367 वर्ग किमी.
मुद्रा : शिलिंग
स्वतन्त्रता : 12 दिसम्बर, 1963
भाषाएँ : किसवाहिली, अंग्रेजी, किकियू, स्थानीय भाषाएँ

लेसोथो

राजधानी : मसेरु
क्षेत्रफल : 30,355 वर्ग किमी.
मुद्रा : लोटी
स्वतन्त्रता : 4 अक्टूबर, 1966
भाषाएँ : अंग्रेजी और लेसोथे

लाइबेरिया

राजधानी : मोनरोविया
क्षेत्रफल : 1,11,369 वर्ग किमी.
मुद्रा : डॉलर
स्वतन्त्रता : 26 जुलाई, 1847
भाषाएँ : अंग्रेजी और कबायली

लीबिया

राजधानी : त्रिपोली
क्षेत्रफल : 17,59,540 वर्ग किमी.
मुद्रा : लीबियाई दिनार
स्वतन्त्रता : 24 दिसम्बर, 1951
भाषाएँ : अरबी

मैडागास्कर

राजधानी : एंटातनानारिवो
क्षेत्रफल : 5,87,041 वर्ग किमी.
मुद्रा : अरियारी
स्वतन्त्रता : 26 जून, 1960
भाषाएँ : मालागासी, फ्रैंच

मलावी

राजधानी : लिलोंग्वे
क्षेत्रफल : 1,18,484 वर्ग किमी.
मुद्रा : क्वाचा
स्वतन्त्रता : 6 जुलाई, 1964
भाषाएँ : अंग्रेजी, चिचेवा, लोम्बे-याव

माली

राजधानी : बमाको
क्षेत्रफल : 12,40,192 वर्ग किमी.
मुद्रा : माली फ्रैंक
स्वतन्त्रता : 22 सितम्बर, 1960
भाषाएँ : फ्रेंच (शासकीय), बम्बारा, अफ्रीकी

मौरितानिया

राजधानी : न्वाकचोऐट
क्षेत्रफल : 10,30,700 वर्ग किमी.
मुद्रा : ओगुइया
स्वतन्त्रता : 28 नवम्बर, 1960
भाषाएँ : अरबी, फ्रेंच (शासकीय)

मॉरीशस

राजधानी : पोर्ट लुई
क्षेत्रफल : 2,040 वर्ग किमी.
मुद्रा : रुपया
स्वतन्त्रता : 12 मार्च, 1968
भाषाएँ : अंग्रेजी, फ्रेंच और हिन्दुस्तानी

मोरक्को

राजधानी : रबात
क्षेत्रफल : 4,46,550 वर्ग किमी.
मुद्रा : दिरहम
स्वतन्त्रता : 2 मार्च, 1956
भाषाएँ : अरबी, बरबर

मोजम्बीक

राजधानी : मापूतो
क्षेत्रफल : 8,01,590 वर्ग किमी.
मुद्रा : मेटीकल
स्वतन्त्रता : 25 जून, 1975
भाषाएँ : पुर्तगाली, बन्टू

नामीबिया

राजधानी : विंडहाक
क्षेत्रफल : 8,25,615 वर्ग किमी.
मुद्रा : नामीबियाई डॉलर
स्वतन्त्रता : 21 मार्च, 1990
भाषाएँ : अंग्रेजी, अफ्रीकी, जर्मन

नाइजर
राजधानी : नियामी
क्षेत्रफल : 12,67,000 वर्ग किमी.
मुद्रा : फ्रैंक C.F.A
स्वतन्त्रता : 03 अगस्त 1960
भाषाएँ : फ्रेंच और हौंसा

नाइजीरिया
राजधानी : अबुजा
क्षेत्रफल : 9,23,768 वर्ग किमी.
मुद्रा : नैरा
स्वतन्त्रता : 1 अक्टूबर, 1960
भाषाएँ : अंग्रेजी, हौंसा, इबो, योरुबा

रुवाण्डा
राजधानी : किगली
क्षेत्रफल : 26,338 वर्ग किमी.
मुद्रा : रुवाण्डा फ्रैंक
स्वतन्त्रता : 1 जुलाई 1962
भाषाएँ : फ्रेंच, किन्यारवाण्डा

सहारवी गणतंत्र
राजधानी : लायूने
क्षेत्रफल : 2,66,000 वर्ग किमी.
मुद्रा : मोर दिरहम
भाषाएँ : अरेबिक

साओ टोमे एवं प्रिंसिप
राजधानी : साओ टोमे
क्षेत्रफल : 964 वर्ग किमी.
मुद्रा : डोबरा
स्वतन्त्रता : 12 जुलाई, 1975
भाषाएँ : पुर्तगाली,

सेनेगल
राजधानी : डकार
क्षेत्रफल : 1,96,722 वर्ग किमी.
मुद्रा : फ्रैंक C.F.A
स्वतन्त्रता : 4 अप्रैल, 1960
भाषाएँ : फ्रेंच, स्थानीय बोलियां

सेशेल्स
राजधानी : विक्टोरिया
क्षेत्रफल : 452 वर्ग किमी.
मुद्रा : सेशेल्स रुपया
स्वतन्त्रता : 29 जून, 1976
भाषाएँ : क्रियोल, अंग्रेजी, फ्रेंच

सिएरा लियोन
राजधानी : फ्रीटाउन
क्षेत्रफल : 71,740 वर्ग किमी.
मुद्रा : लियोन
स्वतन्त्रता : 27 अप्रैल 1961
भाषाएँ : अंग्रेजी, कबायली

सोमालिया
राजधानी : मोगदिशु
क्षेत्रफल : 6,37,657 वर्ग किमी.
मुद्रा : सोमाली शिलिंग
स्वतन्त्रता : 1 जुलाई, 1960
भाषाएँ : सोमालिया, अंग्रेजी, अरबी, इटेलियन

दक्षिण अफ्रीका
राजधानी : प्रिटोरिया, केपटाउन
क्षेत्रफल : 12,21,037 वर्ग किमी.
मुद्रा : रैंड
स्वतन्त्रता : 31 मई, 1910
भाषाएँ : अफ्रीकन्स, अंग्रेजी

दक्षिण सुडान
राजधानी : जुबा
क्षेत्रफल : 619,745 वर्ग किमी.
मुद्रा : दक्षिण सुडान पाउंड
स्वतन्त्रता : 9 जुलाई, 2011
भाषाएँ : अरबी, अंग्रेजी, जुबा अरबी, दिनका

सुडान
राजधानी : खारतूम
क्षेत्रफल : 18,86,068 वर्ग किमी.
मुद्रा : दीनार
स्वतन्त्रता : 1 जनवरी, 1956
भाषाएँ : अरबी, अंग्रेजी, दिनका, नुबियन

स्वीजीलैण्ड
राजधानी : म्बाबने
क्षेत्रफल : 17,364 वर्ग किमी.
मुद्रा : इलेंगेनी
स्वतन्त्रता : 6 सितंबर, 1968
भाषाएँ : अंग्रेजी, स्वाजी

तंजानिया
राजधानी : डोडोमा
क्षेत्रफल : 9,45,087 वर्ग किमी.
मुद्रा : शिलिंग
स्वतन्त्रता : 26 अप्रेल, 1964
भाषाएँ : किस्वेहिली, अंग्रेजी

टोगो
राजधानी : लोमे
क्षेत्रफल : 56,785 वर्ग किमी.
मुद्रा : फ्रैंक C.F.A
स्वतन्त्रता : 27 अप्रेल, 1960
भाषाएँ : फ्रेंच (सरकारी), कबायली

ट्यूनीशिया
राजधानी : ट्यूनिस
क्षेत्रफल : 1,63,610 वर्ग किमी.
मुद्रा : दिनार
स्वतन्त्रता : 20 मार्च, 1956
भाषाएँ : अरबी, फ्रेंच

युगांडा
राजधानी : कंपाला
क्षेत्रफल : 2,41,550 वर्ग किमी.
मुद्रा : युगांडा शिलिंग
स्वतन्त्रता : 9 अक्टूबर, 1962
भाषाएँ : अंग्रेजी, लुगाण्डा, स्वाहिली

ज़ाम्बिया
राजधानी : लुसाका
क्षेत्रफल : 7,52,612 वर्ग किमी.
मुद्रा : क्वाचा
स्वतन्त्रता : 24 अक्टूबर 1964
भाषाएँ : बन्तू, अंग्रेजी

जिम्बाब्वे
राजधानी : हरारे
क्षेत्रफल : 3,90,757 वर्ग किमी.
मुद्रा : डॉलर
स्वतन्त्रता : 18 अप्रैल 1980
भाषाएँ : अंग्रेजी, शोना, नडेबैला

एशिया

अफगानिस्तान
राजधानी : काबुल
क्षेत्रफल : 6,52,230 वर्ग किमी.
मुद्रा : अफगानी
स्वतन्त्रता : 19 अगस्त, 1919
भाषाएँ : पश्तो, दारी, फारसी

बहरीन
राजधानी : मनामा
क्षेत्रफल : 765 वर्ग किमी.
मुद्रा : बाहरेनी दिनार
स्वतन्त्रता : 15 अगस्त 1971
भाषाएँ : अरबी, अंग्रेजी, फारसी

बांग्लादेश
राजधानी : ढाका
क्षेत्रफल : 1,47,570 वर्ग किमी.
मुद्रा : टका
स्वतन्त्रता : 26 मार्च, 1971
भाषाएँ : बांग्ला, चकमा, माध

भूटान
राजधानी : थिम्फू
क्षेत्रफल : 38,394 वर्ग किमी.
मुद्रा : न्गुलट्रम, भारतीय रुपया
स्वतन्त्रता : 8 अगस्त, 1949
भाषाएँ : जोग्खा, नेपाली, अंग्रेजी गुरुंग, असमी

ब्रुनेई दारूसलेम
राजधानी : बंदर सेरी बेगावान
क्षेत्रफल : 5,765 वर्ग किमी.
मुद्रा : ब्रुनेई डॉलर
स्वतन्त्रता : 1 जनवरी, 1984
भाषाएँ : मलय, चीनी, अंग्रेजी

कंबोडिया
राजधानी : नोम पेन्ह
क्षेत्रफल : 1,81,035 वर्ग किमी.
मुद्रा : रिल
स्वतन्त्रता : 9 नवम्बर, 1953
भाषाएँ : खमेर, फ्रेंच

चीन
राजधानी : बीजिंग
क्षेत्रफल : 95,72,900 वर्ग किमी.
मुद्रा : युआन, हाँग कांग डॉलर
स्वतन्त्रता : 1 अक्टूबर, 1949
भाषाएँ : चीनी, (मंदारिन)

पूर्व तिमोर
राजधानी : दिली
क्षेत्रफल : 14,874 वर्ग किमी.
मुद्रा : यू.एस. डॉलर
स्वतन्त्रता : 20 मई 2002
भाषाएँ : तेलूम, पुर्तगाली

भारत
राजधानी : नई दिल्ली
क्षेत्रफल : 32,87,263 वर्ग किमी.
मुद्रा : भारतीय रुपया
स्वतन्त्रता : 15 अगस्त 1947
भाषाएँ : हिन्दी, 14 अन्य भाषाएँ

इंडोनेशिया
राजधानी : जकार्ता
क्षेत्रफल : 19,04,569 वर्ग किमी.
मुद्रा : रुपिया
स्वतन्त्रता : 17 अगस्त, 1945
भाषाएँ : बहासा इंडोनेशियात, डच अंग्रेजी, अन्य आस्ट्रेनेशियन भाषा

ईरान
राजधानी : तेहरान
क्षेत्रफल : 16,48,195 वर्ग किमी.
मुद्रा : ईरानी रियाल
स्वतन्त्रता : 1 अप्रैल, 1979
भाषाएँ : फारसी, तुर्क, कुर्दिश, अरबी

इराक
राजधानी : बगदाद
क्षेत्रफल : 4,38,317 वर्ग किमी.
मुद्रा : इराकी डॉलर
स्वतन्त्रता : 3 अक्तूबर 1932
भाषाएँ : अरबी (शासकीय), कुर्दिश

इज़रायल
राजधानी : जेरुसलम
क्षेत्रफल : 20,770 वर्ग किमी.
मुद्रा : न्यू शेकेल
स्वतन्त्रता : 14 मई, 1948
भाषाएँ : हिब्रू (शासकीय), अरबी

जापान
राजधानी : टोक्यो
क्षेत्रफल : 3,77,930 वर्ग किमी.
मुद्रा : येन
स्वतन्त्रता : 17, जीवन प्रत्याशा : ई.पू. 660
भाषाएँ : जापानी

जॉर्डन
राजधानी : अम्मान
क्षेत्रफल : 89,342 वर्ग किमी.
मुद्रा : जॉर्डन दीनार
स्वतन्त्रता : 25 मई, 1946
भाषाएँ : अरबी, अंग्रेजी

कज़ाखस्तान
राजधानी : अस्ताना (अकमोला)
क्षेत्रफल : 27,24,900 वर्ग किमी.
मुद्रा : टेंग
स्वतन्त्रता : 16 दिसम्बर 1991
भाषाएँ : कजाख, रुसी, जर्मन

कुवैत
राजधानी : कुवैत शहर
क्षेत्रफल : 17,818 वर्ग किमी.
मुद्रा : कुवैत दिनार
स्वतन्त्रता : 19 जून 1961
भाषाएँ : अरबी, अंग्रेजी

किरगिज्स्तान
राजधानी : बिशकेक
क्षेत्रफल : 199,951 वर्ग किमी.
मुद्रा : सोम
स्वतन्त्रता : 31 अगस्त, 1991
भाषाएँ : किरगिज़, रूसी

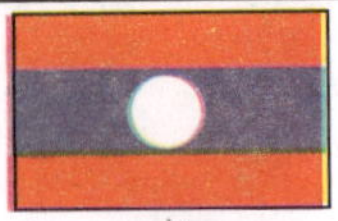

लाओस
राजधानी : वियन्तियान
क्षेत्रफल : 2,36,800 वर्ग किमी.
मुद्रा : किप
स्वतन्त्रता : 19 जुलाई, 1949
भाषाएँ : लाओ, अंग्रेजी, फ्रेंच, कबायली

लेबनान
राजधानी : बेरुत
क्षेत्रफल : 10,452 वर्ग किमी.
मुद्रा : पौण्ड
स्वतन्त्रता : 22 नवंबर, 1943
भाषाएँ : अरबी, फ्रेंच, अंग्रेजी

मलेशिया
राजधानी : क्वालालंपुर
क्षेत्रफल : 3,30,803 वर्ग किमी.
मुद्रा : रिंगिट
स्वतन्त्रता : 31 अगस्त, 1957
भाषाएँ : मलय, अंग्रेजी, चीनी, तमिल

मालदीव
राजधानी : माले
क्षेत्रफल : 300 वर्ग किमी.
मुद्रा : रुफिया
स्वतन्त्रता : 26 जुलाई, 1965
भाषाएँ : दिवही

मंगोलिया
राजधानी : उलान बटोर
क्षेत्रफल : 15,64,110 वर्ग किमी.
मुद्रा : तुगरिक
स्वतन्त्रता : 11 जुलाई, 1921
भाषाएँ : मंगोलियन

म्यांमार
राजधानी : नेपिता
क्षेत्रफल : 6,76,578 वर्ग किमी.
मुद्रा : क्यात
स्वतन्त्रता : 4 जनवरी, 1948
भाषाएँ : बर्मी, कबीलाई

नेपाल
राजधानी : काठमाण्डू
क्षेत्रफल : 1,47,181 वर्ग किमी.
मुद्रा : नेपाली रुपया
स्वतन्त्रता : 21 दिसम्बर 1768
भाषाएँ : नेपाली, मैथिर, भोजपुरी

उत्तर कोरिया
राजधानी : प्योंगयांग
क्षेत्रफल : 1,20,538 वर्ग किमी.
मुद्रा : वोन
स्वतन्त्रता : 15 अगस्त, 1945
भाषाएँ : कोरियाई

ओमान
राजधानी : मस्कट
क्षेत्रफल : 3,09,500 वर्ग कि.मी.
मुद्रा : ओमानी रियाल
स्वतन्त्रता : 18 नवम्बर 1950
भाषाएँ : अरेबिक

पाकिस्तान
राजधानी : इस्लामाबाद
क्षेत्रफल : 8,81,912 वर्ग किमी.
मुद्रा : पाकिस्तानी रुपया
स्वतन्त्रता : 14 अगस्त 1947
भाषाएँ : उर्दू, पजांबी, सिंधी,अंग्रेजी

फिलीपीन्स
राजधानी : मनीला
क्षेत्रफल : 3,00,000 वर्ग किमी.
मुद्रा : फिलीपीन्स पीसो
स्वतन्त्रता : 12 जून 1898
भाषाएँ : फिलीपीन, अंग्रेजी

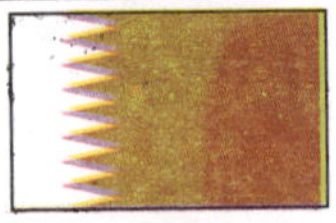

कतर
राजधानी : दोहा
क्षेत्रफल : 11,437 वर्ग कि.मी.
मुद्रा : कतारी रियाल
स्वतन्त्रता : 01 सितम्बर 1971
भाषाएँ : अरेबिक, अंग्रेजी

सऊदी अरब
राजधानी : रियाध
क्षेत्रफल : 21,49,690 वर्ग किमी.
मुद्रा : रियाल
स्वतन्त्रता : 23 सितम्बर 1932
भाषाएँ : अरबी

सिंगापुर
राजधानी : सिंगापुर सिटी
क्षेत्रफल : 719 वर्ग किमी.
मुद्रा : सिंगापुर डॉलर
स्वतन्त्रता : 9 अगस्त, 1965
भाषाएँ : मलया, मण्डरिन, तमील, अंग्रेजी

दक्षिण कोरिया
राजधानी : सोल
क्षेत्रफल : 1,00,210 वर्ग किमी.
मुद्रा : वोन
स्वतन्त्रता : 15 अगस्त, 1945
भाषाएँ : कोरियाई

श्रीलंका
राजधानी : कोलम्बो
क्षेत्रफल : 65,610 वर्ग किमी
मुद्रा : श्रीलंका रुपया
स्वतन्त्रता : 4 फरवरी, 1948
भाषाएँ : सिन्हाला, तमिल, अंग्रेजी

सीरिया
राजधानी :दमिश्क
क्षेत्रफल : 1,85,180 वर्ग किमी.
मुद्रा : सीरियाई पाउंड
स्वतन्त्रता : 17 अप्रैल, 1946
भाषाएँ :अरबी,कुर्दिश,आर्मेनियन

ताइवान
राजधानी : ताइपे
क्षेत्रफल : 35,981 वर्ग किमी.
मुद्रा : ताइवान डॉलर
स्वतन्त्रता :
भाषाएँ : मेण्डेरिन, चीनी, हाक्का,

ताजिकिस्तान
राजधानी : दुशानबे
क्षेत्रफल : 1,43,100 वर्ग किमी.
मुद्रा : सोमोनी
स्वतन्त्रता : 9 सितम्बर, 1991
भाषाएँ : ताजिक, रुसी

थाईलैंड
राजधानी : बैंकाक
क्षेत्रफल : 5,13,120 वर्ग किमी.
मुद्रा : बाह्ट
स्वतन्त्रता : 1238
भाषाएँ : थाई, चीनी, अंग्रेजी, मलय

तुर्की
राजधानी : अंकारा
क्षेत्रफल : 7,83,562 वर्ग किमी.
मुद्रा : टर्की लीरा
स्वतन्त्रता : 29, अक्टूबर, 1923
भाषाएँ : तुर्की, कुर्दिश, अरबी

तुर्कमेनिस्तान
राजधानी : अश्काबाद
क्षेत्रफल : 4,88,100 वर्ग किमी.
मुद्रा : मनाट
स्वतन्त्रता : 27 अक्टूबर, 1991
भाषाएँ : टुर्कमेन, रुसी,

संयुक्त अरब अमीरात
राजधानी : आबू धाबी
क्षेत्रफल : 83,600 वर्ग किमी.
मुद्रा : दिरहम
स्वतन्त्रता : 2 दिसम्बर, 1971
भाषाएँ : अरबी,

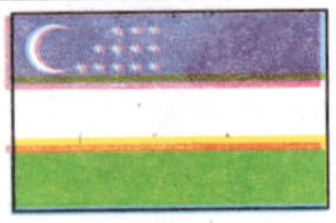

उज़्बेकिस्तान
राजधानी : ताशकंद
क्षेत्रफल : 4,47,400 वर्ग किमी.
मुद्रा : सोम
स्वतन्त्रता : 1 सितंबर, 1991
भाषाएँ : उजबेक, रुसी

वियतनाम
राजधानी : हनोई
क्षेत्रफल : 3,31,212 वर्ग किमी.
मुद्रा : डोंग
स्वतन्त्रता : 2 सितम्बर, 1945
भाषाएँ : वियतनामी, फ्रेंच, अंग्रेजी,चीनी

यमन
राजधानी : सना
क्षेत्रफल : 5,27,968 वर्ग किमी.
मुद्रा : रियाल
स्वतन्त्रता : 22 मई, 1990
भाषाएँ : अरबी

ऑस्ट्रेलिया / ओसीनिया

ऑस्ट्रेलिया
राजधानी : कैनबरा
क्षेत्रफल : 76,92,024 वर्ग किमी.
मुद्रा : आस्ट्रेलियन डॉलर
स्वतन्त्रता : 1 जनवरी, 1901
भाषाएँ : अंग्रेजी

माइक्रोनेशिया
राजधानी : पालिकिर
क्षेत्रफल : 702 वर्ग किमी.
मुद्रा : अमरीकी डॉलर
स्वतन्त्रता : 3 नवम्बर, 1986
भाषाएँ : अंग्रेजी, स्थानीय भाषाएं

फिजी
राजधानी : सुवा
क्षेत्रफल : 18,272 वर्ग किमी.
मुद्रा : डॉलर
स्वतन्त्रता : 10 अक्टूबर,1970
भाषाएँ : अंग्रेजी, फिजी

किरिबाती
राजधानी : तरावा
क्षेत्रफल : 811 वर्ग किमी.
मुद्रा : आस्ट्रेलियन डॉलर
स्वतन्त्रता : 12 जुलाई, 1979
भाषाएँ : जिल्बर्टी, अंग्रजी

मार्शल द्वीप
राजधानी : दपाल-उलिगा-डैरिट
क्षेत्रफल : 181 वर्ग किमी.
मुद्रा : डॉलर (स.रा.)
स्वतन्त्रता : 21 अक्टूबर, 1986
भाषाएँ : मार्शलीज, अंग्रेजी, अन्य

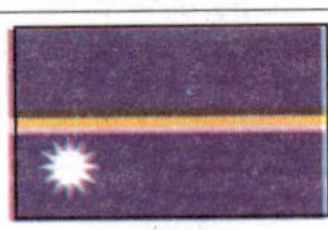

नौरू
राजधानी : यारेन
क्षेत्रफल : 21 वर्ग किमी.
मुद्रा : आस्ट्रेलियाई डॉलर
स्वतन्त्रता : 31 जनवरी, 1968
भाषाएँ : अंग्रेजी, नौरु

न्यूज़ीलैण्ड
राजधानी : वेलिंगटन
क्षेत्रफल : 2,70,467 वर्ग किमी.
मुद्रा : डॉलर
स्वतन्त्रता : 26 सितंबर, 1907
भाषाएँ : अंग्रेजी, माओरी

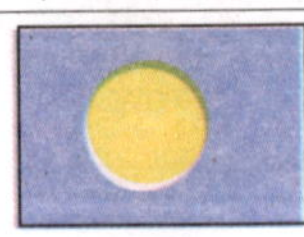

पलाऊ
राजधानी : न्गेरुलमुड
क्षेत्रफल : 459 वर्ग किमी.
मुद्रा : अमरीकी डॉलर
स्वतन्त्रता : 1 अक्टूबर, 1994
भाषाएँ : पलाउन, अंग्रेजी

पापुआ न्यूगिनी
राजधानी : पोर्ट मोरेस्बी
क्षेत्रफल : 4,62,840 वर्ग किमी.
मुद्रा : किना
स्वतन्त्रता : 16 सितम्बर, 1975
भाषाएँ : मेलानेशियन, पापुअन

सामोआ
राजधानी : एपिआ
क्षेत्रफल : 2,842 वर्ग किमी.
मुद्रा : टाला
स्वतन्त्रता : 1 जनवरी, 1962
भाषाएँ : सामोअन, अंग्रेजी

सालोमन द्वीप
राजधानी : होनिआरा
क्षेत्रफल : 28,896 वर्ग किमी.
मुद्रा : सोलोमन आइसलैण्ड डॉलर
स्वतन्त्रता : 7 जुलाई, 1978
भाषाएँ : अंग्रेजी, पिडगिन अंग्रेजी

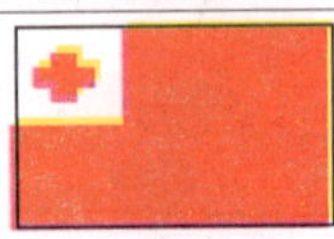

टोंगा
राजधानी : नूकू एलोफा
क्षेत्रफल : 747 वर्ग कि.मी.
मुद्रा : पांगा
स्वतन्त्रता : 04 जून 1970
भाषाएँ : अंग्रेजी, टोंगन

टुवालू
राजधानी : फुनाफुटी
क्षेत्रफल : 26 वर्ग किमी.
मुद्रा : आस्ट्रेलियन डॉलर
स्वतन्त्रता : 1 अक्टूबर, 1978
भाषाएँ : टुवालुअन, अंग्रेजी

वनुआतु
राजधानी : पोर्ट विला
क्षेत्रफल : 12,189 वर्ग किमी.
मुद्रा : वातू
स्वतन्त्रता : 30 जुलाई 1980
भाषाएँ : बिस्लामा, फ्रैंच, अंग्रेजी

अल्बानिया
राजधानी : तिराना
क्षेत्रफल : 28,748 वर्ग किमी.
मुद्रा : लेक
स्वतन्त्रता : 28 नवम्बर, 1912
भाषाएँ : अल्बानी, यूनानी

अंडोरा
राजधानी : अण्डोरे-ला-विले
क्षेत्रफल : 468 वर्ग किमी.
मुद्रा : यूरो
स्वतन्त्रता : 08 सितम्बर, 1278
भाषाएँ : कैटालन,स्पेनिश व फ्रेंच

आर्मीनिया
राजधानी : येरेवान
क्षेत्रफल : 29,743 वर्ग किमी.
मुद्रा : ड्राम
स्वतन्त्रता : 21 सितम्बर, 1991
भाषाएँ : आर्मीनिया

ऑस्ट्रिया
राजधानी : वियना
क्षेत्रफल : 83,871 वर्ग किमी.
मुद्रा : यूरो
स्वतन्त्रता : 24 जुलाई, 1156
भाषाएँ : जर्मन

अजरबैजान
राजधानी : बाकू
क्षेत्रफल : 86,600 वर्ग किमी.
मुद्रा : मनट
स्वतन्त्रता : 18 अक्टूबर, 1991
भाषाएँ : अजेरी, तुर्की,रुसी

बेलारूस
राजधानी : मिन्स्क
क्षेत्रफल : 2,07,600 वर्ग किमी.
मुद्रा : बेलारुसी रुबल
स्वतन्त्रता : 25 अगस्त, 1991
भाषाएँ : बेलारशियन, रुसी

बेल्जियम
राजधानी : ब्रसेल्स
क्षेत्रफल : 30,528 वर्ग किमी.
मुद्रा : यूरो
स्वतन्त्रता : 04 अक्टूबर 1830
भाषाएँ : फ्लेमिश, डच, फ्रेंच, जर्मन

बोस्निया और हर्जेगोविना
राजधानी : सरायेवा
क्षेत्रफल : 51,209 वर्ग किमी.
मुद्रा : मार्का
स्वतन्त्रता : 01 मार्च, 1992
भाषाएँ : सार्बो-क्रोएशियन

बल्गारिया
राजधानी : सोफिया
क्षेत्रफल : 1,10,879 वर्ग किमी.
मुद्रा : लेव
स्वतन्त्रता : 03 मार्च, 1878
भाषाएँ : बल्गेरियन, तुर्की

क्रोएशिया
राजधानी : जाग्रेब
क्षेत्रफल : 56,594 वर्ग किमी.
मुद्रा : क्यूना
स्वतन्त्रता : 25 जून, 1991
भाषाएँ : सर्बो-क्रोएशियन

साइप्रस
राजधानी : निकोसिया
क्षेत्रफल : 9,251 वर्ग किमी.
मुद्रा : यूरो
स्वतन्त्रता : 16 अगस्त, 1960
भाषाएँ : यूनानी और तुर्की

चेक गणराज
राजधानी : प्राग
क्षेत्रफल : 78,864 वर्ग किमी.
मुद्रा : चेक काऊन
स्वतन्त्रता : 01 जनवरी, 1993
भाषाएँ : चेक

डेनमार्क
राजधानी : कोपेनहेगन
क्षेत्रफल : 43,094 वर्ग किमी.
मुद्रा : क्रोन
स्वतन्त्रता : 05 जून, 1962
भाषाएँ : डेनिश

एस्टोनिया
राजधानी : ताल्लिन
क्षेत्रफल : 45,277 वर्ग किमी.
मुद्रा : यूरो
स्वतन्त्रता : 20 अगस्त, 1991
भाषाएँ : एस्टोनियन

फिनलैंड
राजधानी : हेलसिंकी
क्षेत्रफल : 3,38,424 वर्ग किमी.
मुद्रा : यूरो
स्वतन्त्रता : 06 दिसम्बर, 1917
भाषाएँ : फिनिश, स्वीडिश

फ्रांस
राजधानी : पेरिस
क्षेत्रफल : 6,40,679 वर्ग किमी.
मुद्रा : यूरो
स्वतन्त्रता : 14 जुलाई, 1789
भाषाएँ : फ्रेंच

जॉर्जिया
राजधानी : तिब्लिसी
क्षेत्रफल : 69,700 वर्ग किमी.
मुद्रा : लारी
स्वतन्त्रता : 09 अप्रैल, 1991
भाषाएँ : जार्जियन, व रशियन

जर्मनी
राजधानी : बर्लिन
क्षेत्रफल : 3,57,114 वर्ग किमी.
मुद्रा : यूरो
स्वतन्त्रता : 03 अक्टूबर, 1990
भाषाएँ : जर्मन

ग्रीस
राजधानी : एथेन्स
क्षेत्रफल : 1,31,990 वर्ग किमी.
मुद्रा : यूरो
स्वतन्त्रता : 25 मार्च, 1829
भाषाएँ : यूनानी

हंगरी
राजधानी : बुडापेस्ट
क्षेत्रफल : 93,033 वर्ग किमी.
मुद्रा : फोरिन्ट
स्वतन्त्रता : 23 अप्रेल, 1949
भाषाएँ : हंगेरियन

आइसलैंड
राजधानी : रिक्याविक
क्षेत्रफल : 1,03,000 वर्ग किमी.
मुद्रा : क्रोना
स्वतन्त्रता : 17 जून, 1944
भाषाएँ : आइसलैंडिक

आयरलैण्ड
राजधानी : डबलिन
क्षेत्रफल : 81,638 वर्ग किमी.
मुद्रा : यूरो
स्वतन्त्रता 06 दिसम्बर, 1922
भाषाएँ : आइरिश, अंग्रेजी

इटली
राजधानी : रोम
क्षेत्रफल : 301,338 वर्ग किमी.
मुद्रा : यूरो
स्वतन्त्रता 17 मार्च, 1861
भाषाएँ : इटालियन

लात्विया
राजधानी : रीगा
क्षेत्रफल : 64,559 वर्ग किमी.
मुद्रा : लाट्स
स्वतन्त्रता : 21 अगस्त, 1991
भाषाएँ : लैटवियन

लिस्टेंसटाइन
राजधानी : वाडुज़
क्षेत्रफल : 160 वर्ग किमी.
मुद्रा : स्विस फ्रैंक
स्वतन्त्रता 23 जनवरी, 1719
भाषाएँ : जर्मन

लिथुअनिया
राजधानी : विलनिउस
क्षेत्रफल : 65,300 वर्ग किमी.
मुद्रा : यूरो
स्वतन्त्रता : 11 मार्च, 1990
भाषाएँ : लिथुआनियन

लक्ज़मबर्ग
राजधानी : लक्ज़मबर्ग
क्षेत्रफल : 2,586 वर्ग किमी.
मुद्रा : यूरो
स्वतन्त्रता : 09 जनवरी, 1839
भाषाएँ : फ्रेंच, अंग्रेजी, जर्मन

मैसेडेनिया
राजधानी : स्कोप्जे
क्षेत्रफल : 25,713 वर्ग किमी.
मुद्रा : दीनार
स्वतन्त्रता: 08 सितम्बर, 1991
भाषाएँ : मोसिडोनियन

माल्टा
राजधानी : वेलेट्टा
क्षेत्रफल : 316 वर्ग किमी.
मुद्रा : यूरो
स्वतन्त्रता : 21 सितम्बर, 1964
भाषाएँ : माल्टा और अंग्रेजी

मॉल्डोवा
राजधानी : चिशिनाउ
क्षेत्रफल : 33,846 वर्ग किमी.
मुद्रा : मॉल्डोवन लियु
स्वतन्त्रता : 27 अगस्त, 1991
भाषाएँ : रोमनियाई और उक्रेनियन

मोनाको
राजधानी : मोनाको
क्षेत्रफल : 2,02 वर्ग किमी.
मुद्रा : यूरो
स्वतन्त्रता : 1419
भाषाएँ : फ्रेंच,इटालियन, मोनेगास्क

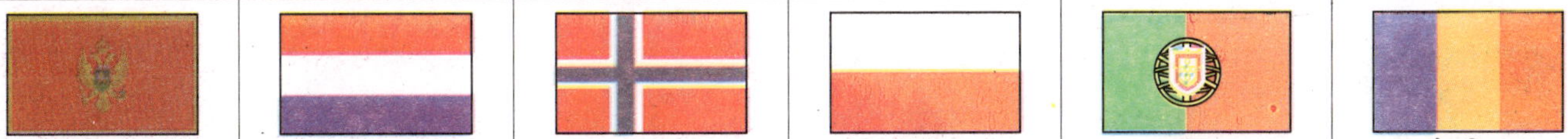

माण्टीनिग्रो
राजधानी : पोडगोरिका
क्षेत्रफल : 13,812 वर्ग किमी.
मुद्रा : यूरो
स्वतन्त्रता : 03 जनवरी, 2006
भाषाएँ : मोण्टेनीग्रिन

नीदरलैण्ड
राजधानी : एम्स्टर्डम
क्षेत्रफल : 41,850 वर्ग किमी.
मुद्रा : यूरो
स्वतन्त्रता : 26 जुलाई, 1579
भाषाएँ : डच

नार्वे
राजधानी : ऑस्लो
क्षेत्रफल : 3,23,802 वर्ग किमी.
मुद्रा : क्रोन
स्वतन्त्रता : 07 मार्च, 1905
भाषाएँ : नार्वेजियन

पोलैण्ड
राजधानी : वॉर्सो
क्षेत्रफल : 3,12,679 वर्ग किमी.
मुद्रा : ज्लोटी
स्वतन्त्रता : 11 नवम्बर, 1918
भाषाएँ : पोलिश

पुर्तगाल
राजधानी : लिस्बन
क्षेत्रफल : 92,090 वर्ग किमी.
मुद्रा : यूरो
स्वतन्त्रता : 02 दिसम्बर, 1640
भाषाएँ : पुर्तगाली

रोमानिया
राजधानी : बुखारेस्ट
क्षेत्रफल : 2,38,391 वर्ग किमी.
मुद्रा : लियू
स्वतन्त्रता : 09 मई, 1877
भाषाएँ : रोमानियन, हंगेरियन, जर्मनी

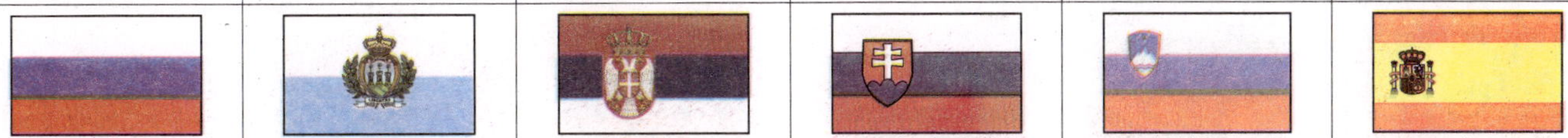

रूस
राजधानी : मॉस्को
क्षेत्रफल : 1,70,98,246 वर्ग किमी.
मुद्रा : रुबल
स्वतन्त्रता : 24 अगस्त, 1991
भाषाएँ : रुसी, यूक्रेनियन, बेलारुशियन, उज्बेक

सेन मेरीनो
राजधानी : सेन मेरीनो
क्षेत्रफल : 61 वर्ग किमी.
मुद्रा : यूरो
स्वतन्त्रता: 03 सितम्बर, 301 ई.पू.
भाषाएँ : इटेलियन

सर्बिया
राजधानी : बेलग्रेड
क्षेत्रफल : 88,361 वर्ग किमी.
मुद्रा : सर्बियन दिनार
स्वतन्त्रता : 27 अप्रैल, 1992
भाषाएँ : सर्बो क्रोएशियन,अल्बानियन, स्लोवेनियन, मैकेंडोनियन

स्लोवाकिया
राजधानी : ब्राटिस्लावा
क्षेत्रफल : 49,037 वर्ग किमी.
मुद्रा : यूरो
स्वतन्त्रता : 01 जनवरी, 1993
भाषाएँ : स्लोवाक, मगयार

स्लोवेनिया
राजधानी : जुब्लजाना
क्षेत्रफल : 20,273 वर्ग किमी.
मुद्रा : यूरो
स्वतन्त्रता : 25 जून, 1991
भाषाएँ : स्लोवेनियन

स्पेन
राजधानी : मेड्रिड
क्षेत्रफल : 5,05,992 वर्ग किमी.
मुद्रा : यूरो
स्वतन्त्रता : 1492
भाषाएँ : स्पेनिश, कैटेलान, बास्क, गैलिशियन

स्वीडन
राजधानी : स्टॉकहोम
क्षेत्रफल : 4,50,295 वर्ग कि.मी.
मुद्रा : यूरो
स्वतन्त्रता : 06 अगस्त, 1983
भाषाएँ : स्वीडिश

स्विट्जरलैंड
राजधानी : बर्न
क्षेत्रफल : 41,284 वर्ग किमी.
मुद्रा : स्विस फ्रैंक
स्वतन्त्रता : 01 अगस्त, 1291
भाषाएँ : रोमन, फ्रैंच, इटेलियन

यूक्रेन
राजधानी : कीव
क्षेत्रफल : 6,03,500 वर्ग किमी.
मुद्रा : हिरिविनिया
स्वतन्त्रता : 24 अगस्त, 1991
भाषाएँ : यूक्रेनियन, रशियन

यूनाइटेड किंगडम
राजधानी : लंदन
क्षेत्रफल : 2,42,495 वर्ग किमी.
मुद्रा : पौंड
स्वतन्त्रता : 1284
भाषाएँ : अंग्रेजी,वेल्श,स्कोड्स

वेटिकन
राजधानी : वेटिकन सिटी
क्षेत्रफल : 0. 4 वर्ग किमी.
मुद्रा : यूरो
स्वतन्त्रता : 11 फरवरी, 1929
भाषाएँ : लैटिन, इटेलियन

उत्तर अमेरिका

एंटीगुआ और बरबुडा
राजधानी : सेंट जॉन्स
क्षेत्रफल : 442 वर्ग कि.मी.
मुद्रा : पूर्वी कैरीबियाई डॉलर
स्वतन्त्रता : 01 नवम्बर, 1981
भाषाएँ : अंग्रेजी और पैटोइज

द बहामास
राजधानी : नसाऊ
क्षेत्रफल : 13,943 वर्ग किमी.
मुद्रा : बहामी डॉलर
स्वतन्त्रता : 10 जुलाई, 1973
भाषाएँ : अंग्रेजी

बरबडोस
राजधानी : ब्रिजटाउन
क्षेत्रफल : 430 वर्ग किमी.
मुद्रा : बरबडोस डॉलर
स्वतन्त्रता : 30 नवम्बर, 1966
भाषाएँ : अंग्रेजी, क्रियोल

बेलीज़
राजधानी : बेलमोपान
क्षेत्रफल : 22,966 वर्ग कि.मी.
मुद्रा : डॉलर
स्वतन्त्रता : 21 सितम्बर, 1981
भाषाएँ : अंग्रेजी,स्पेनिश

कनाडा
राजधानी : ओटावा
क्षेत्रफल : 99,84,670 वर्ग किमी.
मुद्रा : डॉलर
स्वतन्त्रता : 01 जुलाई, 1867
भाषाएँ : अंग्रेजी, फ्रेंच

कोस्टारिका
राजधानी : सैन जोज़
क्षेत्रफल : 51,100 वर्ग किमी.
मुद्रा : कोलोन
स्वतन्त्रता : 15 सितम्बर, 1821
भाषाएँ : स्पेनिश, अंग्रेजी

क्यूबा
राजधानी : हवाना
क्षेत्रफल : 1,09,884 वर्ग किमी.
मुद्रा : क्यूबा पेसो
स्वतन्त्रता : 20 मई, 1902
भाषाएँ : स्पेनिश

डोमिनिका
राजधानी : रोजियो
क्षेत्रफल : 751 वर्ग किमी.
मुद्रा : पूर्वी कैरीबियन डॉलर
स्वतन्त्रता : 03 नवंबर, 1978
भाषाएँ : अंग्रेजी और फ्रैंच

डोमिनिकन रिपब्लिक
राजधानी : सैण्टो डोमिगो
क्षेत्रफल : 48,671 वर्ग किमी.
मुद्रा : पेसो
स्वतन्त्रता : 27 फरवरी,1844
भाषाएँ : स्पेनिश

एल सल्वाडोर
राजधानी : सैन सल्वाडोर
क्षेत्रफल : 21,040 वर्ग किमी.
मुद्रा : अमेरिकी डॉलर
स्वतन्त्रता : 15 सितंबर, 1821
भाषाएँ : स्पेनिश

ग्रेनाडा
राजधानी : सेंट जॉर्ज
क्षेत्रफल : 344 वर्ग किमी.
मुद्रा : पूर्वी कैरीबियन डॉलर
स्वतन्त्रता : 07 फरवरी,1974
भाषाएँ : अंग्रेजी और फ्रैंच-अफ्रीकी पटोइस

ग्वाटेमाला
राजधानी : ग्वाटेमाला सिटी
क्षेत्रफल : 1,08,889 वर्ग किमी.
मुद्रा : क्वेटजल
स्वतन्त्रता :15 सितम्बर,1821
भाषाएँ : स्पेनिश और रेड इंडियन

हैती
राजधानी : पोर्ट-ओ-प्रिंस
क्षेत्रफॅल : 27,750 वर्ग किमी.
मुद्रा : गूर्ड
स्वतन्त्रता : 01 जनवरी,1908
भाषाएँ : फ्रैंच, क्रियोल

हॉण्डुरास
राजधानी : तेगुसीगल्पा
क्षेत्रफल : 1,12,492 वर्ग किमी.
मुद्रा : लेम्पीरा
स्वतन्त्रता : 15 सितम्बर,1821
भाषाएँ : स्पेनिश

जमैका
राजधानी : किंगस्टन
क्षेत्रफल : 10,991 वर्ग किमी.
मुद्रा : जमैकी डॉलर
स्वतन्त्रता : 06 अगस्त, 1962
भाषाएँ : अंग्रेजी, जमैकन सिरोल

मैक्सिको
राजधानी : मैक्सिको सिटी
क्षेत्रफल : 19,64,375 वर्ग किमी.
मुद्रा : मैक्सीकन पेसो
स्वतन्त्रता : 24 सितम्बर,1821
भाषाएँ : स्पेनिश, अमेरिडियन

निकारागुआ
राजधानी : मानागुआ
क्षेत्रफल : 130,373 वर्ग किमी.
मुद्रा : कोरडोबा
स्वतन्त्रता : 15 सितंबर, 1821
भाषाएँ : स्पेनी व अंग्रेजी

पनामा
राजधानी : पनामा सिटी
क्षेत्रफल : 75,417 वर्ग किमी.
मुद्रा : बलबोआ
स्वतन्त्रता : 03 नवंबर, 1903
भाषाएँ : स्पेनिश व अंग्रेजी

सेंट किट्स और नेविस
राजधानी : बस्सेटेरे
क्षेत्रफल : 261 वर्ग किमी.
मुद्रा : पूर्वी केरीबियन डॉलर
स्वतन्त्रता : 19 सितंबर, 1983
भाषाएँ : अंग्रेजी और पेटोइस

सेंट लुसिया
राजधानी : केस्ट्राइज
क्षेत्रफल : 616 वर्ग किमी.
मुद्रा : पूर्वी कैरीबियन डॉलर
स्वतन्त्रता : 22 फरवरी,1979
भाषाएँ : अंग्रेजी और पेटोइस

सेण्ट विन्सेण्ट और ग्रेनेडाइंस
राजधानी : किंग्सटाउन
क्षेत्रफल : 389 वर्ग किमी.
मुद्रा : पूर्वी केरिबियन डॉलर
स्वतन्त्रता : 27 अक्टूबर, 1979
भाषाएँ : अंग्रेजी और फ्रैंच पटोइस

ट्रिनिडाड और टोबोगो
राजधानी : पोर्ट ऑफ स्पेन
क्षेत्रफल : 5,130 वर्ग किमी.
मुद्रा : ट्रिनिडाड और टोबोगो डॉलर
स्वतन्त्रता : 31 अगस्त,1962
भाषाएँ : अंग्रेजी

संयुक्त राज्य अमेरिका
राजधानी : वाशिंगटन डी.सी.
क्षेत्रफल : 95,26,468 वर्ग किमी.
मुद्रा : यू.एस.डॉलर
स्वतन्त्रता : 04 जुलाई 1776
भाषाएँ : अंग्रेजी

दक्षिण अमेरिका

अर्जेन्टीना
राजधानी : ब्यूनेस आयर्स
क्षेत्रफल : 27,80,400 वर्ग किमी.
मुद्रा : अर्जेन्टीना पेसो
स्वतन्त्रता : 09 जुलाई, 1816
भाषाएँ : स्पेनिश, इटेलियन

बोलिविया
राजधानी : लापॉज
क्षेत्रफल : 10,98,581 वर्ग किमी.
मुद्रा : दी बोलिवियानो
स्वतन्त्रता : 06 अगस्त, 1825
भाषाएँ : स्पेनिश, कुचुआ व अइमारा

ब्राजील
राजधानी : ब्रासीलिया
क्षेत्रफल : 85,15,767 वर्ग किमी.
मुद्रा : रियाल
स्वतन्त्रता : 07 सितम्बर, 1822
भाषाएँ : पुर्तगाली, अंग्रेजी, जर्मन

चिली
राजधानी : सैण्टियागो
क्षेत्रफल : 7,56,102 वर्ग किमी.
मुद्रा : पेसो
स्वतन्त्रता : 18 सितंबर, 1810
भाषाएँ : स्पेनिश

कोलम्बिया
राजधानी : बोगोटा
क्षेत्रफल : 11,41,748 वर्ग किमी.
मुद्रा : पेसो
स्वतन्त्रता : 20 जुलाई, 1810
भाषाएँ : स्पेनिश

इक्वेडोर
राजधानी : क्विटो
क्षेत्रफल : 2,76,841 वर्ग किमी.
मुद्रा : यू.एस.डॉलर
स्वतन्त्रता : 24 मई, 1822
भाषाएँ : स्पेनिश, कबीलाई

गयाना
राजधानी : जॉर्ज टाउन
क्षेत्रफल : 2,14,969 वर्ग किमी.
मुद्रा : गयाना डॉलर
स्वतन्त्रता : 26 मई, 1966
भाषाएँ : अंग्रेजी, हिन्दी, उर्दू, क्रियोल

पराग्वे
राजधानी : असनश्यान
क्षेत्रफल : 4,06,752 वर्ग किमी.
मुद्रा : गुआरानी
स्वतन्त्रता : 14 मई,1811
भाषाएँ : स्पेनिश, गुरानी

पेरू
राजधानी : लीमा
क्षेत्रफल : 12,85,216 वर्ग किमी.
मुद्रा : न्यू सोल
स्वतन्त्रता : 28 जुलाई, 1821
भाषाएँ : स्पेनिश,क्वेचुआ,आयमारा

सुरीनाम
राजधानी : परमारीबो
क्षेत्रफल : 1,63, 820 वर्ग किमी.
मुद्रा : सूरीनामी डॉलर
स्वतन्त्रता : 25 नवम्बर,1975
भाषाएँ : डच, अंग्रेजी, हिन्दी, सूरीनामी और जैवेनीज

ऊरूग्वे
राजधानी : मोन्टेवीडियो
क्षेत्रफल : 1,76,215 वर्ग किमी.
मुद्रा : पेसो
स्वतन्त्रता : 25 अगस्त,1825
भाषाएँ : स्पेनिश

वेनेजुएला
राजधानी : कराकास
क्षेत्रफल : 9,16,445 वर्ग किमी.
मुद्रा : बोलिवर
स्वतन्त्रता : 05 जुलाई, 1811
भाषाएँ : स्पेनिश

संयुक्त राज्य
हेडक्वांटर : न्यूयॉर्क
सदस्य : 193 राज्य

इस स्थान सूची में विभिन्न देशों तथा स्थानों के महत्वपूर्ण नामों का समावेश किया गया है, प्रत्येक नाम के आगे दिया गया पहला अंक दर्शाता है कि उक्त नाम एटलस के किस पृष्ठ पर है। इसके बाद के अक्षर तथा अंक अक्षांश वृत्तों तथा देशांतर रेखाओं द्वारा बने उस खाने को दर्शाते हैं, जिसमें वह नाम समाविष्ट है।